公司法

及司法解释、相关规定
与典型案例指引

收录全新修订《中华人民共和国公司法》
及主要司法解释、相关规定

中国法制出版社
CHINA LEGAL PUBLISHING HOUSE

出版说明

公司是最重要的市场主体，公司法是社会主义市场经济制度的基础性法律。我国现行公司法于1993年制定，1999年、2004年对个别条款进行了修改，2005年进行了全面修订，2013年、2018年又对公司资本制度相关问题作了两次重要修改。

公司法的制定和修改，与我国社会主义市场经济体制的建立和完善密切相关，颁布实施以来，对于建立健全现代企业制度，促进社会主义市场经济持续健康发展，发挥了重要作用。为进一步落实党中央关于深化国有企业改革、优化营商环境、加强产权保护、促进资本市场健康发展等重大决策部署，我国再次推动了对公司法修改。修订后的《中华人民共和国公司法》，已由中华人民共和国第十四届全国人民代表大会常务委员会第七次会议于2023年12月29日通过，自2024年7月1日起施行。

为便于读者学习、查阅《中华人民共和国公司法》和主要司法解释，以及相关法律法规、规范性文件等规定，特编写此书。书中收录了新修订的《中华人民共和国公司法》，以及与公司设立、运行、破产有关的一些较为基础的相关规定，并辅以最高人民法院发布的部分典型案例等。

希望本书能为读者了解和运用公司法律相关制度提供一定帮助。

目录

第一部分 公司法 1

中华人民共和国公司法 / 3
（2023 年 12 月 29 日）
 典型案例指引　宋文军诉西安市大华餐饮有限公司股东资格确认纠
      纷案 / 49
 典型案例指引　如皋市金鼎置业有限公司、叶宏滨与吴良好等股东
      资格确认纠纷案 / 52
 典型案例指引　昆明闽某纸业有限责任公司等污染环境刑事附带民
      事公益诉讼案 / 53

第二部分 相关司法解释 57

最高人民法院关于适用《中华人民共和国公司法》若干问题的规定（一）/ 59
（2014 年 2 月 20 日）
最高人民法院关于适用《中华人民共和国公司法》若干问题的规定（二）/ 60
（2020 年 12 月 29 日）
最高人民法院关于适用《中华人民共和国公司法》若干问题的规定（三）/ 66
（2020 年 12 月 29 日）
最高人民法院关于适用《中华人民共和国公司法》若干问题的规定（四）/ 73
（2020 年 12 月 29 日）
最高人民法院关于适用《中华人民共和国公司法》若干问题的规定（五）/ 78
（2020 年 12 月 29 日）

最高人民法院关于适用《中华人民共和国民法典》有关担保制度的
  解释／80
  （2020 年 12 月 31 日）
最高人民法院关于适用《中华人民共和国企业破产法》若干问题的
  规定（一）／99
  （2011 年 9 月 9 日）
最高人民法院关于适用《中华人民共和国企业破产法》若干问题的
  规定（二）／101
  （2020 年 12 月 29 日）
最高人民法院关于适用《中华人民共和国企业破产法》若干问题的
  规定（三）／111
  （2020 年 12 月 29 日）
  典型案例指引　上海某某港实业有限公司破产清算转破产重整案／115
  典型案例指引　力帆实业（集团）股份有限公司及其 10 家全资子
    公司司法重整案／119
最高人民法院关于人民法院强制执行股权若干问题的规定／121
  （2021 年 12 月 20 日）
  典型案例指引　深圳市丙投资企业（有限合伙）被诉股东损害赔
    偿责任纠纷抗诉案／126

第三部分　相关规定 ……………………………………………… 131

中华人民共和国民法典（节录）／133
  （2020 年 5 月 28 日）
中华人民共和国企业所得税法／137
  （2018 年 12 月 29 日）
中华人民共和国企业破产法／146
  （2006 年 8 月 27 日）
  典型案例指引　甲制衣公司诉某市市场监督管理局行政处罚案／169

典型案例指引　福建安溪铁观音集团股份有限公司及其关联企业
　　　　　　　破产重整案／170

中华人民共和国企业所得税法实施条例／172
　　（2019年4月23日）

中华人民共和国市场主体登记管理条例／195
　　（2021年7月27日）
　　典型案例指引　浙江省杭州市某区人民检察院督促治理虚假登记
　　　　　　　市场主体检察监督案／204

优化营商环境条例／209
　　（2019年10月22日）

企业国有资产监督管理暂行条例／223
　　（2019年3月2日）

中华人民共和国市场主体登记管理条例实施细则／231
　　（2022年3月1日）

企业名称登记管理规定实施办法／247
　　（2023年8月29日）

企业标准化促进办法／258
　　（2023年8月31日）

公司债券发行与交易管理办法／263
　　（2023年10月20日）

企业档案管理规定／281
　　（2023年8月8日）

· 第一部分 ·
公 司 法

中华人民共和国公司法

（1993年12月29日第八届全国人民代表大会常务委员会第五次会议通过　根据1999年12月25日第九届全国人民代表大会常务委员会第十三次会议《关于修改〈中华人民共和国公司法〉的决定》第一次修正　根据2004年8月28日第十届全国人民代表大会常务委员会第十一次会议《关于修改〈中华人民共和国公司法〉的决定》第二次修正　2005年10月27日第十届全国人民代表大会常务委员会第十八次会议第一次修订　根据2013年12月28日第十二届全国人民代表大会常务委员会第六次会议《关于修改〈中华人民共和国海洋环境保护法〉等七部法律的决定》第三次修正　根据2018年10月26日第十三届全国人民代表大会常务委员会第六次会议《关于修改〈中华人民共和国公司法〉的决定》第四次修正　2023年12月29日第十四届全国人民代表大会常务委员会第七次会议第二次修订　2023年12月29日中华人民共和国主席令第15号公布　自2024年7月1日起施行）

目　录

第一章　总　　则
第二章　公司登记
第三章　有限责任公司的设立和组织机构
　第一节　设　　立
　第二节　组织机构
第四章　有限责任公司的股权转让
第五章　股份有限公司的设立和组织机构
　第一节　设　　立
　第二节　股 东 会

第三节　董事会、经理

　　第四节　监　事　会

　　第五节　上市公司组织机构的特别规定

第六章　股份有限公司的股份发行和转让

　　第一节　股份发行

　　第二节　股份转让

第七章　国家出资公司组织机构的特别规定

第八章　公司董事、监事、高级管理人员的资格和义务

第九章　公司债券

第十章　公司财务、会计

第十一章　公司合并、分立、增资、减资

第十二章　公司解散和清算

第十三章　外国公司的分支机构

第十四章　法律责任

第十五章　附　　则

第一章　总　　则

第一条　为了规范公司的组织和行为，保护公司、股东、职工和债权人的合法权益，完善中国特色现代企业制度，弘扬企业家精神，维护社会经济秩序，促进社会主义市场经济的发展，根据宪法，制定本法。

第二条　本法所称公司，是指依照本法在中华人民共和国境内设立的有限责任公司和股份有限公司。

第三条　公司是企业法人，有独立的法人财产，享有法人财产权。公司以其全部财产对公司的债务承担责任。

　　公司的合法权益受法律保护，不受侵犯。

第四条　有限责任公司的股东以其认缴的出资额为限对公司承担责任；股份有限公司的股东以其认购的股份为限对公司承担责任。

　　公司股东对公司依法享有资产收益、参与重大决策和选择管理者等权利。

第五条　设立公司应当依法制定公司章程。公司章程对公司、股东、董

事、监事、高级管理人员具有约束力。

第六条 公司应当有自己的名称。公司名称应当符合国家有关规定。

公司的名称权受法律保护。

第七条 依照本法设立的有限责任公司，应当在公司名称中标明有限责任公司或者有限公司字样。

依照本法设立的股份有限公司，应当在公司名称中标明股份有限公司或者股份公司字样。

第八条 公司以其主要办事机构所在地为住所。

第九条 公司的经营范围由公司章程规定。公司可以修改公司章程，变更经营范围。

公司的经营范围中属于法律、行政法规规定须经批准的项目，应当依法经过批准。

第十条 公司的法定代表人按照公司章程的规定，由代表公司执行公司事务的董事或者经理担任。

担任法定代表人的董事或者经理辞任的，视为同时辞去法定代表人。

法定代表人辞任的，公司应当在法定代表人辞任之日起三十日内确定新的法定代表人。

第十一条 法定代表人以公司名义从事的民事活动，其法律后果由公司承受。

公司章程或者股东会对法定代表人职权的限制，不得对抗善意相对人。

法定代表人因执行职务造成他人损害的，由公司承担民事责任。公司承担民事责任后，依照法律或者公司章程的规定，可以向有过错的法定代表人追偿。

第十二条 有限责任公司变更为股份有限公司，应当符合本法规定的股份有限公司的条件。股份有限公司变更为有限责任公司，应当符合本法规定的有限责任公司的条件。

有限责任公司变更为股份有限公司的，或者股份有限公司变更为有限责任公司的，公司变更前的债权、债务由变更后的公司承继。

第十三条 公司可以设立子公司。子公司具有法人资格，依法独立承担民事责任。

公司可以设立分公司。分公司不具有法人资格,其民事责任由公司承担。

第十四条 公司可以向其他企业投资。

法律规定公司不得成为对所投资企业的债务承担连带责任的出资人的,从其规定。

第十五条 公司向其他企业投资或者为他人提供担保,按照公司章程的规定,由董事会或者股东会决议;公司章程对投资或者担保的总额及单项投资或者担保的数额有限额规定的,不得超过规定的限额。

公司为公司股东或者实际控制人提供担保的,应当经股东会决议。

前款规定的股东或者受前款规定的实际控制人支配的股东,不得参加前款规定事项的表决。该项表决由出席会议的其他股东所持表决权的过半数通过。

第十六条 公司应当保护职工的合法权益,依法与职工签订劳动合同,参加社会保险,加强劳动保护,实现安全生产。

公司应当采用多种形式,加强公司职工的职业教育和岗位培训,提高职工素质。

第十七条 公司职工依照《中华人民共和国工会法》组织工会,开展工会活动,维护职工合法权益。公司应当为本公司工会提供必要的活动条件。公司工会代表职工就职工的劳动报酬、工作时间、休息休假、劳动安全卫生和保险福利等事项依法与公司签订集体合同。

公司依照宪法和有关法律的规定,建立健全以职工代表大会为基本形式的民主管理制度,通过职工代表大会或者其他形式,实行民主管理。

公司研究决定改制、解散、申请破产以及经营方面的重大问题、制定重要的规章制度时,应当听取公司工会的意见,并通过职工代表大会或者其他形式听取职工的意见和建议。

第十八条 在公司中,根据中国共产党章程的规定,设立中国共产党的组织,开展党的活动。公司应当为党组织的活动提供必要条件。

第十九条 公司从事经营活动,应当遵守法律法规,遵守社会公德、商业道德,诚实守信,接受政府和社会公众的监督。

第二十条 公司从事经营活动,应当充分考虑公司职工、消费者等利益相关者的利益以及生态环境保护等社会公共利益,承担社会责任。

国家鼓励公司参与社会公益活动，公布社会责任报告。

第二十一条 公司股东应当遵守法律、行政法规和公司章程，依法行使股东权利，不得滥用股东权利损害公司或者其他股东的利益。

公司股东滥用股东权利给公司或者其他股东造成损失的，应当承担赔偿责任。

第二十二条 公司的控股股东、实际控制人、董事、监事、高级管理人员不得利用关联关系损害公司利益。

违反前款规定，给公司造成损失的，应当承担赔偿责任。

第二十三条 公司股东滥用公司法人独立地位和股东有限责任，逃避债务，严重损害公司债权人利益的，应当对公司债务承担连带责任。

股东利用其控制的两个以上公司实施前款规定行为的，各公司应当对任一公司的债务承担连带责任。

只有一个股东的公司，股东不能证明公司财产独立于股东自己的财产的，应当对公司债务承担连带责任。

第二十四条 公司股东会、董事会、监事会召开会议和表决可以采用电子通信方式，公司章程另有规定的除外。

第二十五条 公司股东会、董事会的决议内容违反法律、行政法规的无效。

第二十六条 公司股东会、董事会的会议召集程序、表决方式违反法律、行政法规或者公司章程，或者决议内容违反公司章程的，股东自决议作出之日起六十日内，可以请求人民法院撤销。但是，股东会、董事会的会议召集程序或者表决方式仅有轻微瑕疵，对决议未产生实质影响的除外。

未被通知参加股东会会议的股东自知道或者应当知道股东会决议作出之日起六十日内，可以请求人民法院撤销；自决议作出之日起一年内没有行使撤销权的，撤销权消灭。

第二十七条 有下列情形之一的，公司股东会、董事会的决议不成立：

（一）未召开股东会、董事会会议作出决议；

（二）股东会、董事会会议未对决议事项进行表决；

（三）出席会议的人数或者所持表决权数未达到本法或者公司章程规定的人数或者所持表决权数；

（四）同意决议事项的人数或者所持表决权数未达到本法或者公司章程规定的人数或者所持表决权数。

第二十八条　公司股东会、董事会决议被人民法院宣告无效、撤销或者确认不成立的，公司应当向公司登记机关申请撤销根据该决议已办理的登记。

股东会、董事会决议被人民法院宣告无效、撤销或者确认不成立的，公司根据该决议与善意相对人形成的民事法律关系不受影响。

第二章　公司登记

第二十九条　设立公司，应当依法向公司登记机关申请设立登记。

法律、行政法规规定设立公司必须报经批准的，应当在公司登记前依法办理批准手续。

第三十条　申请设立公司，应当提交设立登记申请书、公司章程等文件，提交的相关材料应当真实、合法和有效。

申请材料不齐全或者不符合法定形式的，公司登记机关应当一次性告知需要补正的材料。

第三十一条　申请设立公司，符合本法规定的设立条件的，由公司登记机关分别登记为有限责任公司或者股份有限公司；不符合本法规定的设立条件的，不得登记为有限责任公司或者股份有限公司。

第三十二条　公司登记事项包括：

（一）名称；

（二）住所；

（三）注册资本；

（四）经营范围；

（五）法定代表人的姓名；

（六）有限责任公司股东、股份有限公司发起人的姓名或者名称。

公司登记机关应当将前款规定的公司登记事项通过国家企业信用信息公示系统向社会公示。

第三十三条　依法设立的公司，由公司登记机关发给公司营业执照。公司营业执照签发日期为公司成立日期。

公司营业执照应当载明公司的名称、住所、注册资本、经营范围、法定代表人姓名等事项。

公司登记机关可以发给电子营业执照。电子营业执照与纸质营业执照具有同等法律效力。

第三十四条 公司登记事项发生变更的，应当依法办理变更登记。

公司登记事项未经登记或者未经变更登记，不得对抗善意相对人。

第三十五条 公司申请变更登记，应当向公司登记机关提交公司法定代表人签署的变更登记申请书、依法作出的变更决议或者决定等文件。

公司变更登记事项涉及修改公司章程的，应当提交修改后的公司章程。

公司变更法定代表人的，变更登记申请书由变更后的法定代表人签署。

第三十六条 公司营业执照记载的事项发生变更的，公司办理变更登记后，由公司登记机关换发营业执照。

第三十七条 公司因解散、被宣告破产或者其他法定事由需要终止的，应当依法向公司登记机关申请注销登记，由公司登记机关公告公司终止。

第三十八条 公司设立分公司，应当向公司登记机关申请登记，领取营业执照。

第三十九条 虚报注册资本、提交虚假材料或者采取其他欺诈手段隐瞒重要事实取得公司设立登记的，公司登记机关应当依照法律、行政法规的规定予以撤销。

第四十条 公司应当按照规定通过国家企业信用信息公示系统公示下列事项：

（一）有限责任公司股东认缴和实缴的出资额、出资方式和出资日期，股份有限公司发起人认购的股份数；

（二）有限责任公司股东、股份有限公司发起人的股权、股份变更信息；

（三）行政许可取得、变更、注销等信息；

（四）法律、行政法规规定的其他信息。

公司应当确保前款公示信息真实、准确、完整。

第四十一条 公司登记机关应当优化公司登记办理流程，提高公司登记效率，加强信息化建设，推行网上办理等便捷方式，提升公司登记便利化水平。

国务院市场监督管理部门根据本法和有关法律、行政法规的规定，制定公司登记注册的具体办法。

第三章 有限责任公司的设立和组织机构

第一节 设 立

第四十二条 有限责任公司由一个以上五十个以下股东出资设立。

第四十三条 有限责任公司设立时的股东可以签订设立协议，明确各自在公司设立过程中的权利和义务。

第四十四条 有限责任公司设立时的股东为设立公司从事的民事活动，其法律后果由公司承受。

公司未成立的，其法律后果由公司设立时的股东承受；设立时的股东为二人以上的，享有连带债权，承担连带债务。

设立时的股东为设立公司以自己的名义从事民事活动产生的民事责任，第三人有权选择请求公司或者公司设立时的股东承担。

设立时的股东因履行公司设立职责造成他人损害的，公司或者无过错的股东承担赔偿责任后，可以向有过错的股东追偿。

第四十五条 设立有限责任公司，应当由股东共同制定公司章程。

第四十六条 有限责任公司章程应当载明下列事项：

（一）公司名称和住所；

（二）公司经营范围；

（三）公司注册资本；

（四）股东的姓名或者名称；

（五）股东的出资额、出资方式和出资日期；

（六）公司的机构及其产生办法、职权、议事规则；

（七）公司法定代表人的产生、变更办法；

（八）股东会认为需要规定的其他事项。

股东应当在公司章程上签名或者盖章。

第四十七条 有限责任公司的注册资本为在公司登记机关登记的全体股

东认缴的出资额。全体股东认缴的出资额由股东按照公司章程的规定自公司成立之日起五年内缴足。

法律、行政法规以及国务院决定对有限责任公司注册资本实缴、注册资本最低限额、股东出资期限另有规定的，从其规定。

第四十八条 股东可以用货币出资，也可以用实物、知识产权、土地使用权、股权、债权等可以用货币估价并可以依法转让的非货币财产作价出资；但是，法律、行政法规规定不得作为出资的财产除外。

对作为出资的非货币财产应当评估作价，核实财产，不得高估或者低估作价。法律、行政法规对评估作价有规定的，从其规定。

第四十九条 股东应当按期足额缴纳公司章程规定的各自所认缴的出资额。

股东以货币出资的，应当将货币出资足额存入有限责任公司在银行开设的账户；以非货币财产出资的，应当依法办理其财产权的转移手续。

股东未按期足额缴纳出资的，除应当向公司足额缴纳外，还应当对给公司造成的损失承担赔偿责任。

第五十条 有限责任公司设立时，股东未按照公司章程规定实际缴纳出资，或者实际出资的非货币财产的实际价额显著低于所认缴的出资额的，设立时的其他股东与该股东在出资不足的范围内承担连带责任。

第五十一条 有限责任公司成立后，董事会应当对股东的出资情况进行核查，发现股东未按期足额缴纳公司章程规定的出资的，应当由公司向该股东发出书面催缴书，催缴出资。

未及时履行前款规定的义务，给公司造成损失的，负有责任的董事应当承担赔偿责任。

第五十二条 股东未按照公司章程规定的出资日期缴纳出资，公司依照前条第一款规定发出书面催缴书催缴出资的，可以载明缴纳出资的宽限期；宽限期自公司发出催缴书之日起，不得少于六十日。宽限期届满，股东仍未履行出资义务的，公司经董事会决议可以向该股东发出失权通知，通知应当以书面形式发出。自通知发出之日起，该股东丧失其未缴纳出资的股权。

依照前款规定丧失的股权应当依法转让，或者相应减少注册资本并注销该股权；六个月内未转让或者注销的，由公司其他股东按照其出资比例足额缴纳相应出资。

股东对失权有异议的，应当自接到失权通知之日起三十日内，向人民法院提起诉讼。

第五十三条　公司成立后，股东不得抽逃出资。

违反前款规定的，股东应当返还抽逃的出资；给公司造成损失的，负有责任的董事、监事、高级管理人员应当与该股东承担连带赔偿责任。

第五十四条　公司不能清偿到期债务的，公司或者已到期债权的债权人有权要求已认缴出资但未届出资期限的股东提前缴纳出资。

第五十五条　有限责任公司成立后，应当向股东签发出资证明书，记载下列事项：

（一）公司名称；

（二）公司成立日期；

（三）公司注册资本；

（四）股东的姓名或者名称、认缴和实缴的出资额、出资方式和出资日期；

（五）出资证明书的编号和核发日期。

出资证明书由法定代表人签名，并由公司盖章。

第五十六条　有限责任公司应当置备股东名册，记载下列事项：

（一）股东的姓名或者名称及住所；

（二）股东认缴和实缴的出资额、出资方式和出资日期；

（三）出资证明书编号；

（四）取得和丧失股东资格的日期。

记载于股东名册的股东，可以依股东名册主张行使股东权利。

第五十七条　股东有权查阅、复制公司章程、股东名册、股东会会议记录、董事会会议决议、监事会会议决议和财务会计报告。

股东可以要求查阅公司会计账簿、会计凭证。股东要求查阅公司会计账簿、会计凭证的，应当向公司提出书面请求，说明目的。公司有合理根据认为股东查阅会计账簿、会计凭证有不正当目的，可能损害公司合法利益的，可以拒绝提供查阅，并应当自股东提出书面请求之日起十五日内书面答复股东并说明理由。公司拒绝提供查阅的，股东可以向人民法院提起诉讼。

股东查阅前款规定的材料，可以委托会计师事务所、律师事务所等中介机构进行。

股东及其委托的会计师事务所、律师事务所等中介机构查阅、复制有关材料，应当遵守有关保护国家秘密、商业秘密、个人隐私、个人信息等法律、行政法规的规定。

股东要求查阅、复制公司全资子公司相关材料的，适用前四款的规定。

第二节 组织机构

第五十八条 有限责任公司股东会由全体股东组成。股东会是公司的权力机构，依照本法行使职权。

第五十九条 股东会行使下列职权：

（一）选举和更换董事、监事，决定有关董事、监事的报酬事项；

（二）审议批准董事会的报告；

（三）审议批准监事会的报告；

（四）审议批准公司的利润分配方案和弥补亏损方案；

（五）对公司增加或者减少注册资本作出决议；

（六）对发行公司债券作出决议；

（七）对公司合并、分立、解散、清算或者变更公司形式作出决议；

（八）修改公司章程；

（九）公司章程规定的其他职权。

股东会可以授权董事会对发行公司债券作出决议。

对本条第一款所列事项股东以书面形式一致表示同意的，可以不召开股东会会议，直接作出决定，并由全体股东在决定文件上签名或者盖章。

第六十条 只有一个股东的有限责任公司不设股东会。股东作出前条第一款所列事项的决定时，应当采用书面形式，并由股东签名或者盖章后置备于公司。

第六十一条 首次股东会会议由出资最多的股东召集和主持，依照本法规定行使职权。

第六十二条 股东会会议分为定期会议和临时会议。

定期会议应当按照公司章程的规定按时召开。代表十分之一以上表决权的股东、三分之一以上的董事或者监事会提议召开临时会议的，应当召开临时会议。

第六十三条　股东会会议由董事会召集，董事长主持；董事长不能履行职务或者不履行职务的，由副董事长主持；副董事长不能履行职务或者不履行职务的，由过半数的董事共同推举一名董事主持。

董事会不能履行或者不履行召集股东会会议职责的，由监事会召集和主持；监事会不召集和主持的，代表十分之一以上表决权的股东可以自行召集和主持。

第六十四条　召开股东会会议，应当于会议召开十五日前通知全体股东；但是，公司章程另有规定或者全体股东另有约定的除外。

股东会应当对所议事项的决定作成会议记录，出席会议的股东应当在会议记录上签名或者盖章。

第六十五条　股东会会议由股东按照出资比例行使表决权；但是，公司章程另有规定的除外。

第六十六条　股东会的议事方式和表决程序，除本法有规定的外，由公司章程规定。

股东会作出决议，应当经代表过半数表决权的股东通过。

股东会作出修改公司章程、增加或者减少注册资本的决议，以及公司合并、分立、解散或者变更公司形式的决议，应当经代表三分之二以上表决权的股东通过。

第六十七条　有限责任公司设董事会，本法第七十五条另有规定的除外。

董事会行使下列职权：

（一）召集股东会会议，并向股东会报告工作；

（二）执行股东会的决议；

（三）决定公司的经营计划和投资方案；

（四）制订公司的利润分配方案和弥补亏损方案；

（五）制订公司增加或者减少注册资本以及发行公司债券的方案；

（六）制订公司合并、分立、解散或者变更公司形式的方案；

（七）决定公司内部管理机构的设置；

（八）决定聘任或者解聘公司经理及其报酬事项，并根据经理的提名决定聘任或者解聘公司副经理、财务负责人及其报酬事项；

（九）制定公司的基本管理制度；

（十）公司章程规定或者股东会授予的其他职权。

公司章程对董事会职权的限制不得对抗善意相对人。

第六十八条 有限责任公司董事会成员为三人以上，其成员中可以有公司职工代表。职工人数三百人以上的有限责任公司，除依法设监事会并有公司职工代表的外，其董事会成员中应当有公司职工代表。董事会中的职工代表由公司职工通过职工代表大会、职工大会或者其他形式民主选举产生。

董事会设董事长一人，可以设副董事长。董事长、副董事长的产生办法由公司章程规定。

第六十九条 有限责任公司可以按照公司章程的规定在董事会中设置由董事组成的审计委员会，行使本法规定的监事会的职权，不设监事会或者监事。公司董事会成员中的职工代表可以成为审计委员会成员。

第七十条 董事任期由公司章程规定，但每届任期不得超过三年。董事任期届满，连选可以连任。

董事任期届满未及时改选，或者董事在任期内辞任导致董事会成员低于法定人数的，在改选出的董事就任前，原董事仍应当依照法律、行政法规和公司章程的规定，履行董事职务。

董事辞任的，应当以书面形式通知公司，公司收到通知之日辞任生效，但存在前款规定情形的，董事应当继续履行职务。

第七十一条 股东会可以决议解任董事，决议作出之日解任生效。

无正当理由，在任期届满前解任董事的，该董事可以要求公司予以赔偿。

第七十二条 董事会会议由董事长召集和主持；董事长不能履行职务或者不履行职务的，由副董事长召集和主持；副董事长不能履行职务或者不履行职务的，由过半数的董事共同推举一名董事召集和主持。

第七十三条 董事会的议事方式和表决程序，除本法有规定的外，由公司章程规定。

董事会会议应当有过半数的董事出席方可举行。董事会作出决议，应当经全体董事的过半数通过。

董事会决议的表决，应当一人一票。

董事会应当对所议事项的决定作成会议记录，出席会议的董事应当在会议记录上签名。

第七十四条　有限责任公司可以设经理，由董事会决定聘任或者解聘。

经理对董事会负责，根据公司章程的规定或者董事会的授权行使职权。经理列席董事会会议。

第七十五条　规模较小或者股东人数较少的有限责任公司，可以不设董事会，设一名董事，行使本法规定的董事会的职权。该董事可以兼任公司经理。

第七十六条　有限责任公司设监事会，本法第六十九条、第八十三条另有规定的除外。

监事会成员为三人以上。监事会成员应当包括股东代表和适当比例的公司职工代表，其中职工代表的比例不得低于三分之一，具体比例由公司章程规定。监事会中的职工代表由公司职工通过职工代表大会、职工大会或者其他形式民主选举产生。

监事会设主席一人，由全体监事过半数选举产生。监事会主席召集和主持监事会会议；监事会主席不能履行职务或者不履行职务的，由过半数的监事共同推举一名监事召集和主持监事会会议。

董事、高级管理人员不得兼任监事。

第七十七条　监事的任期每届为三年。监事任期届满，连选可以连任。

监事任期届满未及时改选，或者监事在任期内辞任导致监事会成员低于法定人数的，在改选出的监事就任前，原监事仍应当依照法律、行政法规和公司章程的规定，履行监事职务。

第七十八条　监事会行使下列职权：

（一）检查公司财务；

（二）对董事、高级管理人员执行职务的行为进行监督，对违反法律、行政法规、公司章程或者股东会决议的董事、高级管理人员提出解任的建议；

（三）当董事、高级管理人员的行为损害公司的利益时，要求董事、高级管理人员予以纠正；

（四）提议召开临时股东会会议，在董事会不履行本法规定的召集和主持股东会会议职责时召集和主持股东会会议；

（五）向股东会会议提出提案；

（六）依照本法第一百八十九条的规定，对董事、高级管理人员提起诉讼；

（七）公司章程规定的其他职权。

第七十九条 监事可以列席董事会会议，并对董事会决议事项提出质询或者建议。

监事会发现公司经营情况异常，可以进行调查；必要时，可以聘请会计师事务所等协助其工作，费用由公司承担。

第八十条 监事会可以要求董事、高级管理人员提交执行职务的报告。

董事、高级管理人员应当如实向监事会提供有关情况和资料，不得妨碍监事会或者监事行使职权。

第八十一条 监事会每年度至少召开一次会议，监事可以提议召开临时监事会会议。

监事会的议事方式和表决程序，除本法有规定的外，由公司章程规定。

监事会决议应当经全体监事的过半数通过。

监事会决议的表决，应当一人一票。

监事会应当对所议事项的决定作成会议记录，出席会议的监事应当在会议记录上签名。

第八十二条 监事会行使职权所必需的费用，由公司承担。

第八十三条 规模较小或者股东人数较少的有限责任公司，可以不设监事会，设一名监事，行使本法规定的监事会的职权；经全体股东一致同意，也可以不设监事。

第四章 有限责任公司的股权转让

第八十四条 有限责任公司的股东之间可以相互转让其全部或者部分股权。

股东向股东以外的人转让股权的，应当将股权转让的数量、价格、支付方式和期限等事项书面通知其他股东，其他股东在同等条件下有优先购买权。股东自接到书面通知之日起三十日内未答复的，视为放弃优先购买权。两个以上股东行使优先购买权的，协商确定各自的购买比例；协商不成的，按照转让时各自的出资比例行使优先购买权。

公司章程对股权转让另有规定的，从其规定。

第八十五条 人民法院依照法律规定的强制执行程序转让股东的股权时，应当通知公司及全体股东，其他股东在同等条件下有优先购买权。其他股东自人民法院通知之日起满二十日不行使优先购买权的，视为放弃优先购买权。

第八十六条 股东转让股权的，应当书面通知公司，请求变更股东名册；需要办理变更登记的，并请求公司向公司登记机关办理变更登记。公司拒绝或者在合理期限内不予答复的，转让人、受让人可以依法向人民法院提起诉讼。

股权转让的，受让人自记载于股东名册时起可以向公司主张行使股东权利。

第八十七条 依照本法转让股权后，公司应当及时注销原股东的出资证明书，向新股东签发出资证明书，并相应修改公司章程和股东名册中有关股东及其出资额的记载。对公司章程的该项修改不需再由股东会表决。

第八十八条 股东转让已认缴出资但未届出资期限的股权的，由受让人承担缴纳该出资的义务；受让人未按期足额缴纳出资的，转让人对受让人未按期缴纳的出资承担补充责任。

未按照公司章程规定的出资日期缴纳出资或者作为出资的非货币财产的实际价额显著低于所认缴的出资额的股东转让股权的，转让人与受让人在出资不足的范围内承担连带责任；受让人不知道且不应当知道存在上述情形的，由转让人承担责任。

第八十九条 有下列情形之一的，对股东会该项决议投反对票的股东可以请求公司按照合理的价格收购其股权：

（一）公司连续五年不向股东分配利润，而公司该五年连续盈利，并且符合本法规定的分配利润条件；

（二）公司合并、分立、转让主要财产；

（三）公司章程规定的营业期限届满或者章程规定的其他解散事由出现，股东会通过决议修改章程使公司存续。

自股东会决议作出之日起六十日内，股东与公司不能达成股权收购协议的，股东可以自股东会决议作出之日起九十日内向人民法院提起诉讼。

公司的控股股东滥用股东权利，严重损害公司或者其他股东利益的，其他股东有权请求公司按照合理的价格收购其股权。

公司因本条第一款、第三款规定的情形收购的本公司股权，应当在六个月内依法转让或者注销。

第九十条 自然人股东死亡后，其合法继承人可以继承股东资格；但是，公司章程另有规定的除外。

第五章 股份有限公司的设立和组织机构

第一节 设 立

第九十一条 设立股份有限公司，可以采取发起设立或者募集设立的方式。

发起设立，是指由发起人认购设立公司时应发行的全部股份而设立公司。

募集设立，是指由发起人认购设立公司时应发行股份的一部分，其余股份向特定对象募集或者向社会公开募集而设立公司。

第九十二条 设立股份有限公司，应当有一人以上二百人以下为发起人，其中应当有半数以上的发起人在中华人民共和国境内有住所。

第九十三条 股份有限公司发起人承担公司筹办事务。

发起人应当签订发起人协议，明确各自在公司设立过程中的权利和义务。

第九十四条 设立股份有限公司，应当由发起人共同制订公司章程。

第九十五条 股份有限公司章程应当载明下列事项：

（一）公司名称和住所；

（二）公司经营范围；

（三）公司设立方式；

（四）公司注册资本、已发行的股份数和设立时发行的股份数，面额股的每股金额；

（五）发行类别股的，每一类别股的股份数及其权利和义务；

（六）发起人的姓名或者名称、认购的股份数、出资方式；

（七）董事会的组成、职权和议事规则；

（八）公司法定代表人的产生、变更办法；

（九）监事会的组成、职权和议事规则；

（十）公司利润分配办法；

（十一）公司的解散事由与清算办法；

（十二）公司的通知和公告办法；

（十三）股东会认为需要规定的其他事项。

第九十六条 股份有限公司的注册资本为在公司登记机关登记的已发行股份的股本总额。在发起人认购的股份缴足前，不得向他人募集股份。

法律、行政法规以及国务院决定对股份有限公司注册资本最低限额另有规定的，从其规定。

第九十七条 以发起设立方式设立股份有限公司的，发起人应当认足公司章程规定的公司设立时应发行的股份。

以募集设立方式设立股份有限公司的，发起人认购的股份不得少于公司章程规定的公司设立时应发行股份总数的百分之三十五；但是，法律、行政法规另有规定的，从其规定。

第九十八条 发起人应当在公司成立前按照其认购的股份全额缴纳股款。

发起人的出资，适用本法第四十八条、第四十九条第二款关于有限责任公司股东出资的规定。

第九十九条 发起人不按照其认购的股份缴纳股款，或者作为出资的非货币财产的实际价额显著低于所认购的股份的，其他发起人与该发起人在出资不足的范围内承担连带责任。

第一百条 发起人向社会公开募集股份，应当公告招股说明书，并制作认股书。认股书应当载明本法第一百五十四条第二款、第三款所列事项，由认股人填写认购的股份数、金额、住所，并签名或者盖章。认股人应当按照所认购股份足额缴纳股款。

第一百零一条 向社会公开募集股份的股款缴足后，应当经依法设立的验资机构验资并出具证明。

第一百零二条 股份有限公司应当制作股东名册并置备于公司。股东名册应当记载下列事项：

（一）股东的姓名或者名称及住所；

（二）各股东所认购的股份种类及股份数；

（三）发行纸面形式的股票的，股票的编号；

（四）各股东取得股份的日期。

第一百零三条 募集设立股份有限公司的发起人应当自公司设立时应发行股份的股款缴足之日起三十日内召开公司成立大会。发起人应当在成立大会召开十五日前将会议日期通知各认股人或者予以公告。成立大会应当有持有表决权过半数的认股人出席，方可举行。

以发起设立方式设立股份有限公司成立大会的召开和表决程序由公司章程或者发起人协议规定。

第一百零四条 公司成立大会行使下列职权：

（一）审议发起人关于公司筹办情况的报告；

（二）通过公司章程；

（三）选举董事、监事；

（四）对公司的设立费用进行审核；

（五）对发起人非货币财产出资的作价进行审核；

（六）发生不可抗力或者经营条件发生重大变化直接影响公司设立的，可以作出不设立公司的决议。

成立大会对前款所列事项作出决议，应当经出席会议的认股人所持表决权过半数通过。

第一百零五条 公司设立时应发行的股份未募足，或者发行股份的股款缴足后，发起人在三十日内未召开成立大会的，认股人可以按照所缴股款并加算银行同期存款利息，要求发起人返还。

发起人、认股人缴纳股款或者交付非货币财产出资后，除未按期募足股份、发起人未按期召开成立大会或者成立大会决议不设立公司的情形外，不得抽回其股本。

第一百零六条 董事会应当授权代表，于公司成立大会结束后三十日内向公司登记机关申请设立登记。

第一百零七条 本法第四十四条、第四十九条第三款、第五十一条、第五十二条、第五十三条的规定，适用于股份有限公司。

第一百零八条 有限责任公司变更为股份有限公司时，折合的实收股本总额不得高于公司净资产额。有限责任公司变更为股份有限公司，为增加注册资本公开发行股份时，应当依法办理。

第一百零九条 股份有限公司应当将公司章程、股东名册、股东会会议记录、董事会会议记录、监事会会议记录、财务会计报告、债券持有人名册置备于本公司。

第一百一十条 股东有权查阅、复制公司章程、股东名册、股东会会议记录、董事会会议决议、监事会会议决议、财务会计报告，对公司的经营提出建议或者质询。

连续一百八十日以上单独或者合计持有公司百分之三以上股份的股东要求查阅公司的会计账簿、会计凭证的，适用本法第五十七条第二款、第三款、第四款的规定。公司章程对持股比例有较低规定的，从其规定。

股东要求查阅、复制公司全资子公司相关材料的，适用前两款的规定。

上市公司股东查阅、复制相关材料的，应当遵守《中华人民共和国证券法》等法律、行政法规的规定。

第二节　股　东　会

第一百一十一条 股份有限公司股东会由全体股东组成。股东会是公司的权力机构，依照本法行使职权。

第一百一十二条 本法第五十九条第一款、第二款关于有限责任公司股东会职权的规定，适用于股份有限公司股东会。

本法第六十条关于只有一个股东的有限责任公司不设股东会的规定，适用于只有一个股东的股份有限公司。

第一百一十三条 股东会应当每年召开一次年会。有下列情形之一的，应当在两个月内召开临时股东会会议：

（一）董事人数不足本法规定人数或者公司章程所定人数的三分之二时；

（二）公司未弥补的亏损达股本总额三分之一时；

（三）单独或者合计持有公司百分之十以上股份的股东请求时；

（四）董事会认为必要时；

（五）监事会提议召开时；

（六）公司章程规定的其他情形。

第一百一十四条 股东会会议由董事会召集,董事长主持;董事长不能履行职务或者不履行职务的,由副董事长主持;副董事长不能履行职务或者不履行职务的,由过半数的董事共同推举一名董事主持。

董事会不能履行或者不履行召集股东会会议职责的,监事会应当及时召集和主持;监事会不召集和主持的,连续九十日以上单独或者合计持有公司百分之十以上股份的股东可以自行召集和主持。

单独或者合计持有公司百分之十以上股份的股东请求召开临时股东会会议的,董事会、监事会应当在收到请求之日起十日内作出是否召开临时股东会会议的决定,并书面答复股东。

第一百一十五条 召开股东会会议,应当将会议召开的时间、地点和审议的事项于会议召开二十日前通知各股东;临时股东会会议应当于会议召开十五日前通知各股东。

单独或者合计持有公司百分之一以上股份的股东,可以在股东会会议召开十日前提出临时提案并书面提交董事会。临时提案应当有明确议题和具体决议事项。董事会应当在收到提案后二日内通知其他股东,并将该临时提案提交股东会审议;但临时提案违反法律、行政法规或者公司章程的规定,或者不属于股东会职权范围的除外。公司不得提高提出临时提案股东的持股比例。

公开发行股份的公司,应当以公告方式作出前两款规定的通知。

股东会不得对通知中未列明的事项作出决议。

第一百一十六条 股东出席股东会会议,所持每一股份有一表决权,类别股股东除外。公司持有的本公司股份没有表决权。

股东会作出决议,应当经出席会议的股东所持表决权过半数通过。

股东会作出修改公司章程、增加或者减少注册资本的决议,以及公司合并、分立、解散或者变更公司形式的决议,应当经出席会议的股东所持表决权的三分之二以上通过。

第一百一十七条 股东会选举董事、监事,可以按照公司章程的规定或者股东会的决议,实行累积投票制。

本法所称累积投票制,是指股东会选举董事或者监事时,每一股份拥有与应选董事或者监事人数相同的表决权,股东拥有的表决权可以集中使用。

第一百一十八条 股东委托代理人出席股东会会议的,应当明确代理人代理的事项、权限和期限；代理人应当向公司提交股东授权委托书，并在授权范围内行使表决权。

第一百一十九条　股东会应当对所议事项的决定作成会议记录，主持人、出席会议的董事应当在会议记录上签名。会议记录应当与出席股东的签名册及代理出席的委托书一并保存。

第三节　董事会、经理

第一百二十条　股份有限公司设董事会，本法第一百二十八条另有规定的除外。

本法第六十七条、第六十八条第一款、第七十条、第七十一条的规定，适用于股份有限公司。

第一百二十一条　股份有限公司可以按照公司章程的规定在董事会中设置由董事组成的审计委员会，行使本法规定的监事会的职权，不设监事会或者监事。

审计委员会成员为三名以上，过半数成员不得在公司担任除董事以外的其他职务，且不得与公司存在任何可能影响其独立客观判断的关系。公司董事会成员中的职工代表可以成为审计委员会成员。

审计委员会作出决议，应当经审计委员会成员的过半数通过。

审计委员会决议的表决，应当一人一票。

审计委员会的议事方式和表决程序，除本法有规定的外，由公司章程规定。

公司可以按照公司章程的规定在董事会中设置其他委员会。

第一百二十二条　董事会设董事长一人，可以设副董事长。董事长和副董事长由董事会以全体董事的过半数选举产生。

董事长召集和主持董事会会议，检查董事会决议的实施情况。副董事长协助董事长工作，董事长不能履行职务或者不履行职务的，由副董事长履行职务；副董事长不能履行职务或者不履行职务的，由过半数的董事共同推举一名董事履行职务。

第一百二十三条　董事会每年度至少召开两次会议，每次会议应当于会议召开十日前通知全体董事和监事。

代表十分之一以上表决权的股东、三分之一以上董事或者监事会，可以提议召开临时董事会会议。董事长应当自接到提议后十日内，召集和主持董事会会议。

董事会召开临时会议，可以另定召集董事会的通知方式和通知时限。

第一百二十四条 董事会会议应当有过半数的董事出席方可举行。董事会作出决议，应当经全体董事的过半数通过。

董事会决议的表决，应当一人一票。

董事会应当对所议事项的决定作成会议记录，出席会议的董事应当在会议记录上签名。

第一百二十五条 董事会会议，应当由董事本人出席；董事因故不能出席，可以书面委托其他董事代为出席，委托书应当载明授权范围。

董事应当对董事会的决议承担责任。董事会的决议违反法律、行政法规或者公司章程、股东会决议，给公司造成严重损失的，参与决议的董事对公司负赔偿责任；经证明在表决时曾表明异议并记载于会议记录的，该董事可以免除责任。

第一百二十六条 股份有限公司设经理，由董事会决定聘任或者解聘。

经理对董事会负责，根据公司章程的规定或者董事会的授权行使职权。经理列席董事会会议。

第一百二十七条 公司董事会可以决定由董事会成员兼任经理。

第一百二十八条 规模较小或者股东人数较少的股份有限公司，可以不设董事会，设一名董事，行使本法规定的董事会的职权。该董事可以兼任公司经理。

第一百二十九条 公司应当定期向股东披露董事、监事、高级管理人员从公司获得报酬的情况。

第四节 监事会

第一百三十条 股份有限公司设监事会，本法第一百二十一条第一款、第一百三十三条另有规定的除外。

监事会成员为三人以上。监事会成员应当包括股东代表和适当比例的公司职工代表，其中职工代表的比例不得低于三分之一，具体比例由公司章程规定。监事会中的职工代表由公司职工通过职工代表大会、职工大会或者其他形式民主选举产生。

监事会设主席一人，可以设副主席。监事会主席和副主席由全体监事过半数选举产生。监事会主席召集和主持监事会会议；监事会主席不能履行职务或者不履行职务的，由监事会副主席召集和主持监事会会议；监事会副主席不能履行职务或者不履行职务的，由过半数的监事共同推举一名监事召集和主持监事会会议。

董事、高级管理人员不得兼任监事。

本法第七十七条关于有限责任公司监事任期的规定，适用于股份有限公司监事。

第一百三十一条　本法第七十八条至第八十条的规定，适用于股份有限公司监事会。

监事会行使职权所必需的费用，由公司承担。

第一百三十二条　监事会每六个月至少召开一次会议。监事可以提议召开临时监事会会议。

监事会的议事方式和表决程序，除本法有规定的外，由公司章程规定。

监事会决议应当经全体监事的过半数通过。

监事会决议的表决，应当一人一票。

监事会应当对所议事项的决定作成会议记录，出席会议的监事应当在会议记录上签名。

第一百三十三条　规模较小或者股东人数较少的股份有限公司，可以不设监事会，设一名监事，行使本法规定的监事会的职权。

第五节　上市公司组织机构的特别规定

第一百三十四条　本法所称上市公司，是指其股票在证券交易所上市交易的股份有限公司。

第一百三十五条　上市公司在一年内购买、出售重大资产或者向他人提供担保的金额超过公司资产总额百分之三十的，应当由股东会作出决议，并经出席会议的股东所持表决权的三分之二以上通过。

第一百三十六条　上市公司设独立董事，具体管理办法由国务院证券监督管理机构规定。

上市公司的公司章程除载明本法第九十五条规定的事项外,还应当依照法律、行政法规的规定载明董事会专门委员会的组成、职权以及董事、监事、高级管理人员薪酬考核机制等事项。

第一百三十七条 上市公司在董事会中设置审计委员会的,董事会对下列事项作出决议前应当经审计委员会全体成员过半数通过:

(一)聘用、解聘承办公司审计业务的会计师事务所;

(二)聘任、解聘财务负责人;

(三)披露财务会计报告;

(四)国务院证券监督管理机构规定的其他事项。

第一百三十八条 上市公司设董事会秘书,负责公司股东会和董事会会议的筹备、文件保管以及公司股东资料的管理,办理信息披露事务等事宜。

第一百三十九条 上市公司董事与董事会会议决议事项所涉及的企业或者个人有关联关系的,该董事应当及时向董事会书面报告。有关联关系的董事不得对该项决议行使表决权,也不得代理其他董事行使表决权。该董事会会议由过半数的无关联关系董事出席即可举行,董事会会议所作决议须经无关联关系董事过半数通过。出席董事会会议的无关联关系董事人数不足三人的,应当将该事项提交上市公司股东会审议。

第一百四十条 上市公司应当依法披露股东、实际控制人的信息,相关信息应当真实、准确、完整。

禁止违反法律、行政法规的规定代持上市公司股票。

第一百四十一条 上市公司控股子公司不得取得该上市公司的股份。

上市公司控股子公司因公司合并、质权行使等原因持有上市公司股份的,不得行使所持股份对应的表决权,并应当及时处分相关上市公司股份。

第六章 股份有限公司的股份发行和转让

第一节 股份发行

第一百四十二条 公司的资本划分为股份。公司的全部股份,根据公司章程的规定择一采用面额股或者无面额股。采用面额股的，每一股的金额相等。

公司可以根据公司章程的规定将已发行的面额股全部转换为无面额股或者将无面额股全部转换为面额股。

采用无面额股的，应当将发行股份所得股款的二分之一以上计入注册资本。

第一百四十三条　股份的发行，实行公平、公正的原则，同类别的每一股份应当具有同等权利。

同次发行的同类别股份，每股的发行条件和价格应当相同；认购人所认购的股份，每股应当支付相同价额。

第一百四十四条　公司可以按照公司章程的规定发行下列与普通股权利不同的类别股：

（一）优先或者劣后分配利润或者剩余财产的股份；

（二）每一股的表决权数多于或者少于普通股的股份；

（三）转让须经公司同意等转让受限的股份；

（四）国务院规定的其他类别股。

公开发行股份的公司不得发行前款第二项、第三项规定的类别股；公开发行前已发行的除外。

公司发行本条第一款第二项规定的类别股的，对于监事或者审计委员会成员的选举和更换，类别股与普通股每一股的表决权数相同。

第一百四十五条　发行类别股的公司，应当在公司章程中载明以下事项：

（一）类别股分配利润或者剩余财产的顺序；

（二）类别股的表决权数；

（三）类别股的转让限制；

（四）保护中小股东权益的措施；

（五）股东会认为需要规定的其他事项。

第一百四十六条　发行类别股的公司，有本法第一百一十六条第三款规定的事项等可能影响类别股股东权利的，除应当依照第一百一十六条第三款的规定经股东会决议外，还应当经出席类别股股东会议的股东所持表决权的三分之二以上通过。

公司章程可以对需经类别股股东会议决议的其他事项作出规定。

第一百四十七条 公司的股份采取股票的形式。股票是公司签发的证明股东所持股份的凭证。

公司发行的股票，应当为记名股票。

第一百四十八条 面额股股票的发行价格可以按票面金额，也可以超过票面金额，但不得低于票面金额。

第一百四十九条 股票采用纸面形式或者国务院证券监督管理机构规定的其他形式。

股票采用纸面形式的，应当载明下列主要事项：

（一）公司名称；

（二）公司成立日期或者股票发行的时间；

（三）股票种类、票面金额及代表的股份数，发行无面额股的，股票代表的股份数。

股票采用纸面形式的，还应当载明股票的编号，由法定代表人签名，公司盖章。

发起人股票采用纸面形式的，应当标明发起人股票字样。

第一百五十条 股份有限公司成立后，即向股东正式交付股票。公司成立前不得向股东交付股票。

第一百五十一条 公司发行新股，股东会应当对下列事项作出决议：

（一）新股种类及数额；

（二）新股发行价格；

（三）新股发行的起止日期；

（四）向原有股东发行新股的种类及数额；

（五）发行无面额股的，新股发行所得股款计入注册资本的金额。

公司发行新股，可以根据公司经营情况和财务状况，确定其作价方案。

第一百五十二条 公司章程或者股东会可以授权董事会在三年内决定发行不超过已发行股份百分之五十的股份。但以非货币财产作价出资的应当经股东会决议。

董事会依照前款规定决定发行股份导致公司注册资本、已发行股份数发生变化的，对公司章程该项记载事项的修改不需再由股东会表决。

第一百五十三条 公司章程或者股东会授权董事会决定发行新股的，董事会决议应当经全体董事三分之二以上通过。

第一百五十四条 公司向社会公开募集股份，应当经国务院证券监督管理机构注册，公告招股说明书。

招股说明书应当附有公司章程，并载明下列事项：

（一）发行的股份总数；

（二）面额股的票面金额和发行价格或者无面额股的发行价格；

（三）募集资金的用途；

（四）认股人的权利和义务；

（五）股份种类及其权利和义务；

（六）本次募股的起止日期及逾期未募足时认股人可以撤回所认股份的说明。

公司设立时发行股份的，还应当载明发起人认购的股份数。

第一百五十五条 公司向社会公开募集股份，应当由依法设立的证券公司承销，签订承销协议。

第一百五十六条 公司向社会公开募集股份，应当同银行签订代收股款协议。

代收股款的银行应当按照协议代收和保存股款，向缴纳股款的认股人出具收款单据，并负有向有关部门出具收款证明的义务。

公司发行股份募足股款后，应予公告。

第二节 股份转让

第一百五十七条 股份有限公司的股东持有的股份可以向其他股东转让，也可以向股东以外的人转让；公司章程对股份转让有限制的，其转让按照公司章程的规定进行。

第一百五十八条 股东转让其股份，应当在依法设立的证券交易场所进行或者按照国务院规定的其他方式进行。

第一百五十九条 股票的转让，由股东以背书方式或者法律、行政法规规定的其他方式进行；转让后由公司将受让人的姓名或者名称及住所记载于股东名册。

股东会会议召开前二十日内或者公司决定分配股利的基准日前五日内，不得变更股东名册。法律、行政法规或者国务院证券监督管理机构对上市公司股东名册变更另有规定的，从其规定。

第一百六十条 公司公开发行股份前已发行的股份，自公司股票在证券交易所上市交易之日起一年内不得转让。法律、行政法规或者国务院证券监督管理机构对上市公司的股东、实际控制人转让其所持有的本公司股份另有规定的，从其规定。

公司董事、监事、高级管理人员应当向公司申报所持有的本公司的股份及其变动情况，在就任时确定的任职期间每年转让的股份不得超过其所持有本公司股份总数的百分之二十五；所持本公司股份自公司股票上市交易之日起一年内不得转让。上述人员离职后半年内，不得转让其所持有的本公司股份。公司章程可以对公司董事、监事、高级管理人员转让其所持有的本公司股份作出其他限制性规定。

股份在法律、行政法规规定的限制转让期限内出质的，质权人不得在限制转让期限内行使质权。

第一百六十一条 有下列情形之一的，对股东会该项决议投反对票的股东可以请求公司按照合理的价格收购其股份，公开发行股份的公司除外：

（一）公司连续五年不向股东分配利润，而公司该五年连续盈利，并且符合本法规定的分配利润条件；

（二）公司转让主要财产；

（三）公司章程规定的营业期限届满或者章程规定的其他解散事由出现，股东会通过决议修改章程使公司存续。

自股东会决议作出之日起六十日内，股东与公司不能达成股份收购协议的，股东可以自股东会决议作出之日起九十日内向人民法院提起诉讼。

公司因本条第一款规定的情形收购的本公司股份，应当在六个月内依法转让或者注销。

第一百六十二条 公司不得收购本公司股份。但是，有下列情形之一的除外：

（一）减少公司注册资本；

（二）与持有本公司股份的其他公司合并；

（三）将股份用于员工持股计划或者股权激励；

（四）股东因对股东会作出的公司合并、分立决议持异议，要求公司收购其股份；

（五）将股份用于转换公司发行的可转换为股票的公司债券；

（六）上市公司为维护公司价值及股东权益所必需。

公司因前款第一项、第二项规定的情形收购本公司股份的，应当经股东会决议；公司因前款第三项、第五项、第六项规定的情形收购本公司股份的，可以按照公司章程或者股东会的授权，经三分之二以上董事出席的董事会会议决议。

公司依照本条第一款规定收购本公司股份后，属于第一项情形的，应当自收购之日起十日内注销；属于第二项、第四项情形的，应当在六个月内转让或者注销；属于第三项、第五项、第六项情形的，公司合计持有的本公司股份数不得超过本公司已发行股份总数的百分之十，并应当在三年内转让或者注销。

上市公司收购本公司股份的，应当依照《中华人民共和国证券法》的规定履行信息披露义务。上市公司因本条第一款第三项、第五项、第六项规定的情形收购本公司股份的，应当通过公开的集中交易方式进行。

公司不得接受本公司的股份作为质权的标的。

第一百六十三条 公司不得为他人取得本公司或者其母公司的股份提供赠与、借款、担保以及其他财务资助，公司实施员工持股计划的除外。

为公司利益，经股东会决议，或者董事会按照公司章程或者股东会的授权作出决议，公司可以为他人取得本公司或者其母公司的股份提供财务资助，但财务资助的累计总额不得超过已发行股本总额的百分之十。董事会作出决议应当经全体董事的三分之二以上通过。

违反前两款规定，给公司造成损失的，负有责任的董事、监事、高级管理人员应当承担赔偿责任。

第一百六十四条 股票被盗、遗失或者灭失，股东可以依照《中华人民共和国民事诉讼法》规定的公示催告程序，请求人民法院宣告该股票失效。人民法院宣告该股票失效后，股东可以向公司申请补发股票。

第一百六十五条 上市公司的股票，依照有关法律、行政法规及证券交易所交易规则上市交易。

第一百六十六条　上市公司应当依照法律、行政法规的规定披露相关信息。

第一百六十七条　自然人股东死亡后，其合法继承人可以继承股东资格；但是，股份转让受限的股份有限公司的章程另有规定的除外。

第七章　国家出资公司组织机构的特别规定

第一百六十八条　国家出资公司的组织机构，适用本章规定；本章没有规定的，适用本法其他规定。

本法所称国家出资公司，是指国家出资的国有独资公司、国有资本控股公司，包括国家出资的有限责任公司、股份有限公司。

第一百六十九条　国家出资公司，由国务院或者地方人民政府分别代表国家依法履行出资人职责，享有出资人权益。国务院或者地方人民政府可以授权国有资产监督管理机构或者其他部门、机构代表本级人民政府对国家出资公司履行出资人职责。

代表本级人民政府履行出资人职责的机构、部门，以下统称为履行出资人职责的机构。

第一百七十条　国家出资公司中中国共产党的组织，按照中国共产党章程的规定发挥领导作用，研究讨论公司重大经营管理事项，支持公司的组织机构依法行使职权。

第一百七十一条　国有独资公司章程由履行出资人职责的机构制定。

第一百七十二条　国有独资公司不设股东会，由履行出资人职责的机构行使股东会职权。履行出资人职责的机构可以授权公司董事会行使股东会的部分职权，但公司章程的制定和修改，公司的合并、分立、解散、申请破产，增加或者减少注册资本，分配利润，应当由履行出资人职责的机构决定。

第一百七十三条　国有独资公司的董事会依照本法规定行使职权。

国有独资公司的董事会成员中，应当过半数为外部董事，并应当有公司职工代表。

董事会成员由履行出资人职责的机构委派；但是，董事会成员中的职工代表由公司职工代表大会选举产生。

董事会设董事长一人，可以设副董事长。董事长、副董事长由履行出资人职责的机构从董事会成员中指定。

第一百七十四条 国有独资公司的经理由董事会聘任或者解聘。

经履行出资人职责的机构同意，董事会成员可以兼任经理。

第一百七十五条 国有独资公司的董事、高级管理人员，未经履行出资人职责的机构同意，不得在其他有限责任公司、股份有限公司或者其他经济组织兼职。

第一百七十六条 国有独资公司在董事会中设置由董事组成的审计委员会行使本法规定的监事会职权的，不设监事会或者监事。

第一百七十七条 国家出资公司应当依法建立健全内部监督管理和风险控制制度，加强内部合规管理。

第八章　公司董事、监事、高级管理人员的资格和义务

第一百七十八条 有下列情形之一的，不得担任公司的董事、监事、高级管理人员：

（一）无民事行为能力或者限制民事行为能力；

（二）因贪污、贿赂、侵占财产、挪用财产或者破坏社会主义市场经济秩序，被判处刑罚，或者因犯罪被剥夺政治权利，执行期满未逾五年，被宣告缓刑的，自缓刑考验期满之日起未逾二年；

（三）担任破产清算的公司、企业的董事或者厂长、经理，对该公司、企业的破产负有个人责任的，自该公司、企业破产清算完结之日起未逾三年；

（四）担任因违法被吊销营业执照、责令关闭的公司、企业的法定代表人，并负有个人责任的，自该公司、企业被吊销营业执照、责令关闭之日起未逾三年；

（五）个人因所负数额较大债务到期未清偿被人民法院列为失信被执行人。

违反前款规定选举、委派董事、监事或者聘任高级管理人员的，该选举、委派或者聘任无效。

董事、监事、高级管理人员在任职期间出现本条第一款所列情形的，公司应当解除其职务。

第一百七十九条 董事、监事、高级管理人员应当遵守法律、行政法规和公司章程。

第一百八十条 董事、监事、高级管理人员对公司负有忠实义务，应当采取措施避免自身利益与公司利益冲突，不得利用职权牟取不正当利益。

董事、监事、高级管理人员对公司负有勤勉义务，执行职务应当为公司的最大利益尽到管理者通常应有的合理注意。

公司的控股股东、实际控制人不担任公司董事但实际执行公司事务的，适用前两款规定。

第一百八十一条 董事、监事、高级管理人员不得有下列行为：

（一）侵占公司财产、挪用公司资金；

（二）将公司资金以其个人名义或者以其他个人名义开立账户存储；

（三）利用职权贿赂或者收受其他非法收入；

（四）接受他人与公司交易的佣金归为己有；

（五）擅自披露公司秘密；

（六）违反对公司忠实义务的其他行为。

第一百八十二条 董事、监事、高级管理人员，直接或者间接与本公司订立合同或者进行交易，应当就与订立合同或者进行交易有关的事项向董事会或者股东会报告，并按照公司章程的规定经董事会或者股东会决议通过。

董事、监事、高级管理人员的近亲属，董事、监事、高级管理人员或者其近亲属直接或者间接控制的企业，以及与董事、监事、高级管理人员有其他关联关系的关联人，与公司订立合同或者进行交易，适用前款规定。

第一百八十三条 董事、监事、高级管理人员，不得利用职务便利为自己或者他人谋取属于公司的商业机会。但是，有下列情形之一的除外：

（一）向董事会或者股东会报告，并按照公司章程的规定经董事会或者股东会决议通过；

（二）根据法律、行政法规或者公司章程的规定，公司不能利用该商业机会。

第一百八十四条 董事、监事、高级管理人员未向董事会或者股东会报告，并按照公司章程的规定经董事会或者股东会决议通过，不得自营或者为他人经营与其任职公司同类的业务。

第一百八十五条　董事会对本法第一百八十二条至第一百八十四条规定的事项决议时，关联董事不得参与表决，其表决权不计入表决权总数。出席董事会会议的无关联关系董事人数不足三人的，应当将该事项提交股东会审议。

第一百八十六条　董事、监事、高级管理人员违反本法第一百八十一条至第一百八十四条规定所得的收入应当归公司所有。

第一百八十七条　股东会要求董事、监事、高级管理人员列席会议的，董事、监事、高级管理人员应当列席并接受股东的质询。

第一百八十八条　董事、监事、高级管理人员执行职务违反法律、行政法规或者公司章程的规定，给公司造成损失的，应当承担赔偿责任。

第一百八十九条　董事、高级管理人员有前条规定的情形的，有限责任公司的股东、股份有限公司连续一百八十日以上单独或者合计持有公司百分之一以上股份的股东，可以书面请求监事会向人民法院提起诉讼；监事有前条规定的情形的，前述股东可以书面请求董事会向人民法院提起诉讼。

监事会或者董事会收到前款规定的股东书面请求后拒绝提起诉讼，或者自收到请求之日起三十日内未提起诉讼，或者情况紧急、不立即提起诉讼将会使公司利益受到难以弥补的损害的，前款规定的股东有权为公司利益以自己的名义直接向人民法院提起诉讼。

他人侵犯公司合法权益，给公司造成损失的，本条第一款规定的股东可以依照前两款的规定向人民法院提起诉讼。

公司全资子公司的董事、监事、高级管理人员有前条规定情形，或者他人侵犯公司全资子公司合法权益造成损失的，有限责任公司的股东、股份有限公司连续一百八十日以上单独或者合计持有公司百分之一以上股份的股东，可以依照前三款规定书面请求全资子公司的监事会、董事会向人民法院提起诉讼或者以自己的名义直接向人民法院提起诉讼。

第一百九十条　董事、高级管理人员违反法律、行政法规或者公司章程的规定，损害股东利益的，股东可以向人民法院提起诉讼。

第一百九十一条　董事、高级管理人员执行职务，给他人造成损害的，公司应当承担赔偿责任；董事、高级管理人员存在故意或者重大过失的，也应当承担赔偿责任。

第一百九十二条 公司的控股股东、实际控制人指示董事、高级管理人员从事损害公司或者股东利益的行为的，与该董事、高级管理人员承担连带责任。

第一百九十三条 公司可以在董事任职期间为董事因执行公司职务承担的赔偿责任投保责任保险。

公司为董事投保责任保险或者续保后，董事会应当向股东会报告责任保险的投保金额、承保范围及保险费率等内容。

第九章 公司债券

第一百九十四条 本法所称公司债券，是指公司发行的约定按期还本付息的有价证券。

公司债券可以公开发行，也可以非公开发行。

公司债券的发行和交易应当符合《中华人民共和国证券法》等法律、行政法规的规定。

第一百九十五条 公开发行公司债券，应当经国务院证券监督管理机构注册，公告公司债券募集办法。

公司债券募集办法应当载明下列主要事项：

（一）公司名称；

（二）债券募集资金的用途；

（三）债券总额和债券的票面金额；

（四）债券利率的确定方式；

（五）还本付息的期限和方式；

（六）债券担保情况；

（七）债券的发行价格、发行的起止日期；

（八）公司净资产额；

（九）已发行的尚未到期的公司债券总额；

（十）公司债券的承销机构。

第一百九十六条　公司以纸面形式发行公司债券的，应当在债券上载明公司名称、债券票面金额、利率、偿还期限等事项，并由法定代表人签名，公司盖章。

第一百九十七条　公司债券应当为记名债券。

第一百九十八条　公司发行公司债券应当置备公司债券持有人名册。

发行公司债券的，应当在公司债券持有人名册上载明下列事项：

（一）债券持有人的姓名或者名称及住所；

（二）债券持有人取得债券的日期及债券的编号；

（三）债券总额，债券的票面金额、利率、还本付息的期限和方式；

（四）债券的发行日期。

第一百九十九条　公司债券的登记结算机构应当建立债券登记、存管、付息、兑付等相关制度。

第二百条　公司债券可以转让，转让价格由转让人与受让人约定。

公司债券的转让应当符合法律、行政法规的规定。

第二百零一条　公司债券由债券持有人以背书方式或者法律、行政法规规定的其他方式转让；转让后由公司将受让人的姓名或者名称及住所记载于公司债券持有人名册。

第二百零二条　股份有限公司经股东会决议，或者经公司章程、股东会授权由董事会决议，可以发行可转换为股票的公司债券，并规定具体的转换办法。上市公司发行可转换为股票的公司债券，应当经国务院证券监督管理机构注册。

发行可转换为股票的公司债券，应当在债券上标明可转换公司债券字样，并在公司债券持有人名册上载明可转换公司债券的数额。

第二百零三条　发行可转换为股票的公司债券的，公司应当按照其转换办法向债券持有人换发股票，但债券持有人对转换股票或者不转换股票有选择权。法律、行政法规另有规定的除外。

第二百零四条　公开发行公司债券的，应当为同期债券持有人设立债券持有人会议，并在债券募集办法中对债券持有人会议的召集程序、会议规则和其他重要事项作出规定。债券持有人会议可以对与债券持有人有利害关系的事项作出决议。

除公司债券募集办法另有约定外，债券持有人会议决议对同期全体债券持有人发生效力。

第二百零五条 公开发行公司债券的，发行人应当为债券持有人聘请债券受托管理人，由其为债券持有人办理受领清偿、债权保全、与债券相关的诉讼以及参与债务人破产程序等事项。

第二百零六条 债券受托管理人应当勤勉尽责，公正履行受托管理职责，不得损害债券持有人利益。

受托管理人与债券持有人存在利益冲突可能损害债券持有人利益的，债券持有人会议可以决议变更债券受托管理人。

债券受托管理人违反法律、行政法规或者债券持有人会议决议，损害债券持有人利益的，应当承担赔偿责任。

第十章　公司财务、会计

第二百零七条 公司应当依照法律、行政法规和国务院财政部门的规定建立本公司的财务、会计制度。

第二百零八条 公司应当在每一会计年度终了时编制财务会计报告，并依法经会计师事务所审计。

财务会计报告应当依照法律、行政法规和国务院财政部门的规定制作。

第二百零九条 有限责任公司应当按照公司章程规定的期限将财务会计报告送交各股东。

股份有限公司的财务会计报告应当在召开股东会年会的二十日前置备于本公司，供股东查阅；公开发行股份的股份有限公司应当公告其财务会计报告。

第二百一十条 公司分配当年税后利润时，应当提取利润的百分之十列入公司法定公积金。公司法定公积金累计额为公司注册资本的百分之五十以上的，可以不再提取。

公司的法定公积金不足以弥补以前年度亏损的，在依照前款规定提取法定公积金之前，应当先用当年利润弥补亏损。

公司从税后利润中提取法定公积金后，经股东会决议，还可以从税后利润中提取任意公积金。

公司弥补亏损和提取公积金后所余税后利润，有限责任公司按照股东实缴的出资比例分配利润，全体股东约定不按照出资比例分配利润的除外；股份有限公司按照股东所持有的股份比例分配利润，公司章程另有规定的除外。

公司持有的本公司股份不得分配利润。

第二百一十一条 公司违反本法规定向股东分配利润的，股东应当将违反规定分配的利润退还公司；给公司造成损失的，股东及负有责任的董事、监事、高级管理人员应当承担赔偿责任。

第二百一十二条 股东会作出分配利润的决议的，董事会应当在股东会决议作出之日起六个月内进行分配。

第二百一十三条 公司以超过股票票面金额的发行价格发行股份所得的溢价款、发行无面额股所得股款未计入注册资本的金额以及国务院财政部门规定列入资本公积金的其他项目，应当列为公司资本公积金。

第二百一十四条 公司的公积金用于弥补公司的亏损、扩大公司生产经营或者转为增加公司注册资本。

公积金弥补公司亏损，应当先使用任意公积金和法定公积金；仍不能弥补的，可以按照规定使用资本公积金。

法定公积金转为增加注册资本时，所留存的该项公积金不得少于转增前公司注册资本的百分之二十五。

第二百一十五条 公司聘用、解聘承办公司审计业务的会计师事务所，按照公司章程的规定，由股东会、董事会或者监事会决定。

公司股东会、董事会或者监事会就解聘会计师事务所进行表决时，应当允许会计师事务所陈述意见。

第二百一十六条 公司应当向聘用的会计师事务所提供真实、完整的会计凭证、会计账簿、财务会计报告及其他会计资料，不得拒绝、隐匿、谎报。

第二百一十七条 公司除法定的会计账簿外，不得另立会计账簿。

对公司资金，不得以任何个人名义开立账户存储。

第十一章 公司合并、分立、增资、减资

第二百一十八条 公司合并可以采取吸收合并或者新设合并。

一个公司吸收其他公司为吸收合并，被吸收的公司解散。两个以上公司合并设立一个新的公司为新设合并，合并各方解散。

第二百一十九条 公司与其持股百分之九十以上的公司合并，被合并的公司不需经股东会决议，但应当通知其他股东，其他股东有权请求公司按照合理的价格收购其股权或者股份。

公司合并支付的价款不超过本公司净资产百分之十的，可以不经股东会决议；但是，公司章程另有规定的除外。

公司依照前两款规定合并不经股东会决议的，应当经董事会决议。

第二百二十条 公司合并，应当由合并各方签订合并协议，并编制资产负债表及财产清单。公司应当自作出合并决议之日起十日内通知债权人，并于三十日内在报纸上或者国家企业信用信息公示系统公告。债权人自接到通知之日起三十日内，未接到通知的自公告之日起四十五日内，可以要求公司清偿债务或者提供相应的担保。

第二百二十一条 公司合并时，合并各方的债权、债务，应当由合并后存续的公司或者新设的公司承继。

第二百二十二条 公司分立，其财产作相应的分割。

公司分立，应当编制资产负债表及财产清单。公司应当自作出分立决议之日起十日内通知债权人，并于三十日内在报纸上或者国家企业信用信息公示系统公告。

第二百二十三条 公司分立前的债务由分立后的公司承担连带责任。但是，公司在分立前与债权人就债务清偿达成的书面协议另有约定的除外。

第二百二十四条 公司减少注册资本，应当编制资产负债表及财产清单。

公司应当自股东会作出减少注册资本决议之日起十日内通知债权人，并于三十日内在报纸上或者国家企业信用信息公示系统公告。债权人自接到通知之日起三十日内，未接到通知的自公告之日起四十五日内，有权要求公司清偿债务或者提供相应的担保。

公司减少注册资本，应当按照股东出资或者持有股份的比例相应减少出资额或者股份，法律另有规定、有限责任公司全体股东另有约定或者股份有限公司章程另有规定的除外。

第二百二十五条 公司依照本法第二百一十四条第二款的规定弥补亏损

后，仍有亏损的，可以减少注册资本弥补亏损。减少注册资本弥补亏损的，公司不得向股东分配，也不得免除股东缴纳出资或者股款的义务。

依照前款规定减少注册资本的，不适用前条第二款的规定，但应当自股东会作出减少注册资本决议之日起三十日内在报纸上或者国家企业信用信息公示系统公告。

公司依照前两款的规定减少注册资本后，在法定公积金和任意公积金累计额达到公司注册资本百分之五十前，不得分配利润。

第二百二十六条　违反本法规定减少注册资本的，股东应当退还其收到的资金，减免股东出资的应当恢复原状；给公司造成损失的，股东及负有责任的董事、监事、高级管理人员应当承担赔偿责任。

第二百二十七条　有限责任公司增加注册资本时，股东在同等条件下有权优先按照实缴的出资比例认缴出资。但是，全体股东约定不按照出资比例优先认缴出资的除外。

股份有限公司为增加注册资本发行新股时，股东不享有优先认购权，公司章程另有规定或者股东会决议决定股东享有优先认购权的除外。

第二百二十八条　有限责任公司增加注册资本时，股东认缴新增资本的出资，依照本法设立有限责任公司缴纳出资的有关规定执行。

股份有限公司为增加注册资本发行新股时，股东认购新股，依照本法设立股份有限公司缴纳股款的有关规定执行。

第十二章　公司解散和清算

第二百二十九条　公司因下列原因解散：

（一）公司章程规定的营业期限届满或者公司章程规定的其他解散事由出现；

（二）股东会决议解散；

（三）因公司合并或者分立需要解散；

（四）依法被吊销营业执照、责令关闭或者被撤销；

（五）人民法院依照本法第二百三十一条的规定予以解散。

公司出现前款规定的解散事由，应当在十日内将解散事由通过国家企业信用信息公示系统予以公示。

第二百三十条 公司有前条第一款第一项、第二项情形，且尚未向股东分配财产的，可以通过修改公司章程或者经股东会决议而存续。

依照前款规定修改公司章程或者经股东会决议，有限责任公司须经持有三分之二以上表决权的股东通过，股份有限公司须经出席股东会会议的股东所持表决权的三分之二以上通过。

第二百三十一条 公司经营管理发生严重困难，继续存续会使股东利益受到重大损失，通过其他途径不能解决的，持有公司百分之十以上表决权的股东，可以请求人民法院解散公司。

第二百三十二条 公司因本法第二百二十九条第一款第一项、第二项、第四项、第五项规定而解散的，应当清算。董事为公司清算义务人，应当在解散事由出现之日起十五日内组成清算组进行清算。

清算组由董事组成，但是公司章程另有规定或者股东会决议另选他人的除外。

清算义务人未及时履行清算义务，给公司或者债权人造成损失的，应当承担赔偿责任。

第二百三十三条 公司依照前条第一款的规定应当清算，逾期不成立清算组进行清算或者成立清算组后不清算的，利害关系人可以申请人民法院指定有关人员组成清算组进行清算。人民法院应当受理该申请，并及时组织清算组进行清算。

公司因本法第二百二十九条第一款第四项的规定而解散的，作出吊销营业执照、责令关闭或者撤销决定的部门或者公司登记机关，可以申请人民法院指定有关人员组成清算组进行清算。

第二百三十四条 清算组在清算期间行使下列职权：

（一）清理公司财产，分别编制资产负债表和财产清单；

（二）通知、公告债权人；

（三）处理与清算有关的公司未了结的业务；

（四）清缴所欠税款以及清算过程中产生的税款；

（五）清理债权、债务；

（六）分配公司清偿债务后的剩余财产；

（七）代表公司参与民事诉讼活动。

第二百三十五条 清算组应当自成立之日起十日内通知债权人，并于六十日内在报纸上或者国家企业信用信息公示系统公告。债权人应当自接到通知之日起三十日内，未接到通知的自公告之日起四十五日内，向清算组申报其债权。

债权人申报债权，应当说明债权的有关事项，并提供证明材料。清算组应当对债权进行登记。

在申报债权期间，清算组不得对债权人进行清偿。

第二百三十六条 清算组在清理公司财产、编制资产负债表和财产清单后，应当制订清算方案，并报股东会或者人民法院确认。

公司财产在分别支付清算费用、职工的工资、社会保险费用和法定补偿金，缴纳所欠税款，清偿公司债务后的剩余财产，有限责任公司按照股东的出资比例分配，股份有限公司按照股东持有的股份比例分配。

清算期间，公司存续，但不得开展与清算无关的经营活动。公司财产在未依照前款规定清偿前，不得分配给股东。

第二百三十七条 清算组在清理公司财产、编制资产负债表和财产清单后，发现公司财产不足清偿债务的，应当依法向人民法院申请破产清算。

人民法院受理破产申请后，清算组应当将清算事务移交给人民法院指定的破产管理人。

第二百三十八条 清算组成员履行清算职责，负有忠实义务和勤勉义务。

清算组成员怠于履行清算职责，给公司造成损失的，应当承担赔偿责任；因故意或者重大过失给债权人造成损失的，应当承担赔偿责任。

第二百三十九条 公司清算结束后，清算组应当制作清算报告，报股东会或者人民法院确认，并报送公司登记机关，申请注销公司登记。

第二百四十条 公司在存续期间未产生债务，或者已清偿全部债务的，经全体股东承诺，可以按照规定通过简易程序注销公司登记。

通过简易程序注销公司登记，应当通过国家企业信用信息公示系统予以公告，公告期限不少于二十日。公告期限届满后，未有异议的，公司可以在二十日内向公司登记机关申请注销公司登记。

公司通过简易程序注销公司登记，股东对本条第一款规定的内容承诺不实的,应当对注销登记前的债务承担连带责任。

第二百四十一条 公司被吊销营业执照、责令关闭或者被撤销,满三年未向公司登记机关申请注销公司登记的,公司登记机关可以通过国家企业信用信息公示系统予以公告,公告期限不少于六十日。公告期限届满后,未有异议的,公司登记机关可以注销公司登记。

依照前款规定注销公司登记的,原公司股东、清算义务人的责任不受影响。

第二百四十二条 公司被依法宣告破产的,依照有关企业破产的法律实施破产清算。

第十三章 外国公司的分支机构

第二百四十三条 本法所称外国公司,是指依照外国法律在中华人民共和国境外设立的公司。

第二百四十四条 外国公司在中华人民共和国境内设立分支机构,应当向中国主管机关提出申请,并提交其公司章程、所属国的公司登记证书等有关文件,经批准后,向公司登记机关依法办理登记,领取营业执照。

外国公司分支机构的审批办法由国务院另行规定。

第二百四十五条 外国公司在中华人民共和国境内设立分支机构,应当在中华人民共和国境内指定负责该分支机构的代表人或者代理人,并向该分支机构拨付与其所从事的经营活动相适应的资金。

对外国公司分支机构的经营资金需要规定最低限额的,由国务院另行规定。

第二百四十六条 外国公司的分支机构应当在其名称中标明该外国公司的国籍及责任形式。

外国公司的分支机构应当在本机构中置备该外国公司章程。

第二百四十七条 外国公司在中华人民共和国境内设立的分支机构不具有中国法人资格。

外国公司对其分支机构在中华人民共和国境内进行经营活动承担民事责任。

第二百四十八条 经批准设立的外国公司分支机构，在中华人民共和国境内从事业务活动，应当遵守中国的法律，不得损害中国的社会公共利益，其合法权益受中国法律保护。

第二百四十九条 外国公司撤销其在中华人民共和国境内的分支机构时，应当依法清偿债务，依照本法有关公司清算程序的规定进行清算。未清偿债务之前，不得将其分支机构的财产转移至中华人民共和国境外。

第十四章　法　律　责　任

第二百五十条 违反本法规定，虚报注册资本、提交虚假材料或者采取其他欺诈手段隐瞒重要事实取得公司登记的，由公司登记机关责令改正，对虚报注册资本的公司，处以虚报注册资本金额百分之五以上百分之十五以下的罚款；对提交虚假材料或者采取其他欺诈手段隐瞒重要事实的公司，处以五万元以上二百万元以下的罚款；情节严重的，吊销营业执照；对直接负责的主管人员和其他直接责任人员处以三万元以上三十万元以下的罚款。

第二百五十一条 公司未依照本法第四十条规定公示有关信息或者不如实公示有关信息的，由公司登记机关责令改正，可以处以一万元以上五万元以下的罚款。情节严重的，处以五万元以上二十万元以下的罚款；对直接负责的主管人员和其他直接责任人员处以一万元以上十万元以下的罚款。

第二百五十二条 公司的发起人、股东虚假出资，未交付或者未按期交付作为出资的货币或者非货币财产的，由公司登记机关责令改正，可以处以五万元以上二十万元以下的罚款；情节严重的，处以虚假出资或者未出资金额百分之五以上百分之十五以下的罚款；对直接负责的主管人员和其他直接责任人员处以一万元以上十万元以下的罚款。

第二百五十三条 公司的发起人、股东在公司成立后，抽逃其出资的，由公司登记机关责令改正，处以所抽逃出资金额百分之五以上百分之十五以下的罚款；对直接负责的主管人员和其他直接责任人员处以三万元以上三十万元以下的罚款。

第二百五十四条 有下列行为之一的，由县级以上人民政府财政部门依照《中华人民共和国会计法》等法律、行政法规的规定处罚：

（一）在法定的会计账簿以外另立会计账簿；

（二）提供存在虚假记载或者隐瞒重要事实的财务会计报告。

第二百五十五条 公司在合并、分立、减少注册资本或者进行清算时，不依照本法规定通知或者公告债权人的，由公司登记机关责令改正，对公司处以一万元以上十万元以下的罚款。

第二百五十六条 公司在进行清算时，隐匿财产，对资产负债表或者财产清单作虚假记载，或者在未清偿债务前分配公司财产的，由公司登记机关责令改正，对公司处以隐匿财产或者未清偿债务前分配公司财产金额百分之五以上百分之十以下的罚款；对直接负责的主管人员和其他直接责任人员处以一万元以上十万元以下的罚款。

第二百五十七条 承担资产评估、验资或者验证的机构提供虚假材料或者提供有重大遗漏的报告的，由有关部门依照《中华人民共和国资产评估法》、《中华人民共和国注册会计师法》等法律、行政法规的规定处罚。

承担资产评估、验资或者验证的机构因其出具的评估结果、验资或者验证证明不实，给公司债权人造成损失的，除能够证明自己没有过错的外，在其评估或者证明不实的金额范围内承担赔偿责任。

第二百五十八条 公司登记机关违反法律、行政法规规定未履行职责或者履行职责不当的，对负有责任的领导人员和直接责任人员依法给予政务处分。

第二百五十九条 未依法登记为有限责任公司或者股份有限公司，而冒用有限责任公司或者股份有限公司名义的，或者未依法登记为有限责任公司或者股份有限公司的分公司，而冒用有限责任公司或者股份有限公司的分公司名义的，由公司登记机关责令改正或者予以取缔，可以并处十万元以下的罚款。

第二百六十条 公司成立后无正当理由超过六个月未开业的，或者开业后自行停业连续六个月以上的，公司登记机关可以吊销营业执照，但公司依法办理歇业的除外。

公司登记事项发生变更时，未依照本法规定办理有关变更登记的，由公司登记机关责令限期登记；逾期不登记的，处以一万元以上十万元以下的罚款。

第二百六十一条　外国公司违反本法规定，擅自在中华人民共和国境内设立分支机构的，由公司登记机关责令改正或者关闭，可以并处五万元以上二十万元以下的罚款。

第二百六十二条　利用公司名义从事危害国家安全、社会公共利益的严重违法行为的，吊销营业执照。

第二百六十三条　公司违反本法规定，应当承担民事赔偿责任和缴纳罚款、罚金的，其财产不足以支付时，先承担民事赔偿责任。

第二百六十四条　违反本法规定，构成犯罪的，依法追究刑事责任。

第十五章　附　　则

第二百六十五条　本法下列用语的含义：

（一）高级管理人员，是指公司的经理、副经理、财务负责人，上市公司董事会秘书和公司章程规定的其他人员。

（二）控股股东，是指其出资额占有限责任公司资本总额超过百分之五十或者其持有的股份占股份有限公司股本总额超过百分之五十的股东；出资额或者持有股份的比例虽然低于百分之五十，但依其出资额或者持有的股份所享有的表决权已足以对股东会的决议产生重大影响的股东。

（三）实际控制人，是指通过投资关系、协议或者其他安排，能够实际支配公司行为的人。

（四）关联关系，是指公司控股股东、实际控制人、董事、监事、高级管理人员与其直接或者间接控制的企业之间的关系，以及可能导致公司利益转移的其他关系。但是，国家控股的企业之间不仅因为同受国家控股而具有关联关系。

第二百六十六条　本法自 2024 年 7 月 1 日起施行。

本法施行前已登记设立的公司，出资期限超过本法规定的期限的，除法律、行政法规或者国务院另有规定外，应当逐步调整至本法规定的期限以内；对于出资期限、出资额明显异常的，公司登记机关可以依法要求其及时调整。具体实施办法由国务院规定。

典型案例指引

宋文军诉西安市大华餐饮有限公司股东资格确认纠纷案①

（最高人民法院审判委员会讨论通过　2018年6月20日发布）

关键词　民事/股东资格确认/初始章程/股权转让限制/回购

裁判要点

国有企业改制为有限责任公司，其初始章程对股权转让进行限制，明确约定公司回购条款，只要不违反公司法等法律强制性规定，可认定为有效。有限责任公司按照初始章程约定，支付合理对价回购股东股权，且通过转让给其他股东等方式进行合理处置的，人民法院应予支持。

相关法条②

《中华人民共和国公司法》第十一条、第二十五条第二款、第三十五条、第七十四条

基本案情

西安市大华餐饮有限责任公司（以下简称大华公司）成立于1990年4月5日。2004年5月，大华公司由国有企业改制为有限责任公司，宋文军系大华公司员工，出资2万元成为大华公司的自然人股东。大华公司章程第三章"注册资本和股份"第十四条规定"公司股权不向公司以外的任何团体和个人出售、转让。公司改制一年后，经董事会批准后可在公司内部赠予、转让和继承。持股人死亡或退休经董事会批准后方可继承、转让或由企业收购，持股人若辞职、调离或被辞退、解除劳动合同的，人走股留，所持股份由企业收购……"，第十三章"股东认为需要规定的其他事项"下第六十六条规定"本章程由全体股东共同认可，自公司设立之日起生效"。该公司章程经大华公司全体股东签名通过。2006年6月3日，宋文军向公司提出解除劳动合同，并申请退出其所持有的公司的2万元股份。2006年8月28日，经大华

---

① 参见最高人民法院指导案例96号。
② 新修订《公司法》，相关内容所在条文位置已变动，注意对照最新规定。

公司法定代表人赵来锁同意，宋文军领到退出股金款 2 万元整。2007 年 1 月 8 日，大华公司召开 2006 年度股东大会，大会应到股东 107 人，实到股东 104 人，代表股权占公司股份总数的 93%，会议审议通过了宋文军、王培青、杭春国三位股东退股的申请并决议"其股金暂由公司收购保管，不得参与红利分配"。后宋文军以大华公司的回购行为违反法律规定，未履行法定程序且公司法规定股东不得抽逃出资等，请求依法确认其具有大华公司的股东资格。

裁判结果

西安市碑林区人民法院于 2014 年 6 月 10 日作出（2014）碑民初字第 01339 号民事判决，判令：驳回原告宋文军要求确认其具有被告西安市大华餐饮有限责任公司股东资格之诉讼请求。一审宣判后，宋文军提出上诉。西安市中级人民法院于 2014 年 10 月 10 日作出了（2014）西中民四终字第 00277 号民事判决书，驳回上诉，维持原判。终审宣判后，宋文军仍不服，向陕西省高级人民法院申请再审。陕西省高级人民法院于 2015 年 3 月 25 日作出（2014）陕民二申字第 00215 号民事裁定，驳回宋文军的再审申请。

裁判理由

法院生效裁判认为：通过听取再审申请人宋文军的再审申请理由及被申请人大华公司的答辩意见，本案的焦点问题如下：1. 大华公司的公司章程中关于"人走股留"的规定，是否违反了《中华人民共和国公司法》（以下简称《公司法》）的禁止性规定，该章程是否有效；2. 大华公司回购宋文军股权是否违反《公司法》的相关规定，大华公司是否构成抽逃出资。

针对第一个焦点问题，首先，大华公司章程第十四条规定，"公司股权不向公司以外的任何团体和个人出售、转让。公司改制一年后，经董事会批准后可以公司内部赠与、转让和继承。持股人死亡或退休经董事会批准后方可继承、转让或由企业收购，持股人若辞职、调离或被辞退、解除劳动合同的，人走股留，所持股份由企业收购。"依照《公司法》第二十五条第二款"股东应当在公司章程上签名、盖章"的规定，有限公司章程系公司设立时全体股东一致同意并对公司及全体股东产生约束力的规则性文件，宋文军在公司章程上签名的行为，应视为其对前述规定的认可和同意，该章程对大华公司及宋文军均产生约束力。其次，基于有限责任公司封闭性和人合性的特点，由公司章程对公司股东转让股权作出某些限制性规定，系公司自治的体现。在本案中，大华公司进行企业改制时，宋文军之所以成为大华公司的股东，其原因在于宋文军与大华公司具有劳动合同关系，如果宋文军与大华公司没有建立劳动关系，宋文军则没有成为大华公司股东的可能性。同理，大华公司章程将是否与公司具有劳动合同关系作为取得股东身份的依据继而作出"人走股留"的规定，符合有限责任公司封闭性和人合性的特点，亦系公司自治原则的体现，不违反《公司法》的禁止性规定。最后，大华公司章程第十四条关于股权转让的规定，属于对股东转让股权的限制性规定而非禁止性规定，宋文军依法转让股权的权利没有被公司章程所禁止，大华公司章程不存在侵害宋文军股权转让权利的情形。综上，本案一、二审法院均认定大华公司章程不违反《公司法》的禁止性规定，应为有效的结论正确，宋文军的这一再审申请理由不能成立。

针对第二个焦点问题，《公司法》第七十四条所规定的异议股东回购请求权具有法定的行使条件，即只有在"公司连续五年不向股东分配利润，而公司该五年连续盈利，并且符合本法规定的分配利润条件的；公司合并、分立、转让主要财产的；公司章程规定的营业期限届满或者章程规定的其他解散事由出现，股东会会议通过决议修改章程使公司存续的"三种情形下，异议股东有权要求公司回购其股权，对应的是公司是否应当履行回购异议股东股权的法定义务。而本案属于大华公司是否有权基于公司章程的约定及与宋文军的合意而回购宋文军股权，对应的是大华公司是否具有回购宋文军股权的权利，二者性质不同，《公司法》第七十四条不能适用于本案。在本案中，宋文军于2006年6月3日向大华公司提出解除劳动合同申请并于同日手书《退股申请》，提出"本人要求全额退股，年终盈利与亏损与我无关"，该《退股申请》应视为其真实意思表示。大华公司于2006年8月28日退还其全额股金款2万元，并于2007年1月8日召开股东大会审议通过了宋文军等三位股东的退股申请，大华公司基于宋文军的退股申请，依照公司章程的规定回购宋文军的股权，程序并无不当。另外，《公司法》所规定的抽逃出资专指公司股东抽逃其对于公司出资的行为，公司不能构成抽逃出资的主体，宋文军的这一再审申请理由不能成立。综上，裁定驳回再审申请人宋文军的再审申请。

| 典型案例指引 |

如皋市金鼎置业有限公司、叶宏滨与吴良好等股东资格确认纠纷案①

【基本案情】

如皋市金鼎置业有限公司(以下简称金鼎公司)为有限责任公司(台港澳与内地合资),经营范围为房地产开发。2013年,金鼎公司召开股东会,形成《金鼎公司股东会议纪要》,对金鼎公司实际股东及股权进行确认,即金鼎公司工商登记在叶宏滨和大地公司名下股权的实际股东及股权比例为:叶宏滨占股52.5%、吴良好占股20%……。叶宏滨同意将登记在其名下的金鼎公司股权,依照会议确认的比例分别转让给吴良好等实际股东。因叶宏滨、金鼎公司未办理股权变更登记,吴良好提起诉讼,要求叶宏滨将金鼎公司20%股权变更登记至其名下。

【裁判结果】

江苏省南通市中级人民法院一审认为,叶宏滨与吴良好之间的股权转让行为有效。金鼎公司系合资企业,虽然根据修订前的《中华人民共和国中外合资经营企业法》规定,金鼎公司的股权变更需报经审批机关批准后方才生效,但修订后的《中华人民共和国中外合资经营企业法》规定,举办合营企业不涉及国家规定实施准入特别管理措施的,适用备案管理。涉案合资企业不在负面清单内,故案涉股权变更仅需向有关部门备案即可,并非经审批机关批准后才生效,叶宏滨、金鼎公司应当将叶宏滨持有的股权变更到吴良好名下。叶宏滨和金鼎公司不服一审判决,提起上诉。江苏省高级人民法院二审认为,虽然《金鼎公司股东会议纪要》形成于《中华人民共和国外商投资法》实施之前,但是金鼎公司并不属于外商投资负面清单的管理范围。在全体股东已确认吴良好的实际出资人身份,且约定叶宏滨配合办理变更登记的情形下,叶宏滨、金鼎公司应当将叶宏滨持有的股权变更到吴良好名下,故

---

① 参见最高人民法院发布《人民法院助力全国统一大市场建设典型案例》之四,载最高人民法院网,https://www.court.gov.cn/zixun/xiangqing/367251.html,访问时间2024年1月9日。

判决驳回上诉，维持原判。

【典型意义】

本案参照适用《中华人民共和国外商投资法》有关"准入前国民待遇加负面清单管理"的规定，以及有关对负面清单以外的领域"按照内外资一致的原则实施管理"的规定，明确以下规则：虽然相关投资行为发生在《中华人民共和国外商投资法》实施之前，但是外商投资企业不属于"负面清单"管理范围的，人民法院应当依照"给予国民待遇"和"内外资一致"原则，无须征得外商投资审批机关同意才生效。本案对于统一外商投资相关法律适用，平等保护投资者合法权益，促进优化投资环境，具有积极作用。

典型案例指引

昆明闽某纸业有限责任公司等污染环境刑事附带民事公益诉讼案[①]

（最高人民法院审判委员会讨论通过 2023年10月20日发布）

关键词 刑事/刑事附带民事公益诉讼/环境污染/单位犯罪/环境侵权债务/公司法人人格否认/股东连带责任

裁判要点

公司股东滥用公司法人独立地位、股东有限责任，导致公司不能履行其应当承担的生态环境损害修复、赔偿义务，国家规定的机关或者法律规定的组织请求股东对此依照《中华人民共和国公司法》第二十条的规定承担连带责任的，人民法院依法应当予以支持。

相关法条[②]

1.《中华人民共和国长江保护法》第九十三条

2.《中华人民共和国民法典》第八十三条、第一千二百三十五条

3.《中华人民共和国公司法》第二十条

---

① 参见最高人民法院指导性案例215号。

② 新修订《公司法》，相关内容所在条文位置已变动，注意对照最新规定。

基本案情

被告单位昆明闽某纸业有限公司（以下简称闽某公司）于2005年11月16日成立，公司注册资本100万元。黄某海持股80%，黄某芬持股10%，黄某龙持股10%。李某城系闽某公司后勤厂长。闽某公司自成立起即在长江流域金沙江支流螳螂川河道一侧埋设暗管，接至公司生产车间的排污管道，用于排放生产废水。经鉴定，闽某公司偷排废水期间，螳螂川河道内水质指标超基线水平13.0倍—239.1倍，上述行为对螳螂川地表水环境造成污染，共计减少废水污染治理设施运行支出3009662元，以虚拟治理成本法计算，造成环境污染损害数额为10815021元，并对螳螂川河道下游金沙江生态流域功能造成一定影响。

闽某公司生产经营活动造成生态环境损害的同时，其股东黄某海、黄某芬、黄某龙还存在如下行为：1. 股东个人银行卡收公司应收资金共计124642613.1元，不作财务记载。2. 将属于公司财产的9套房产（市值8920611元）记载于股东及股东配偶名下，由股东无偿占有。3. 公司账簿与股东账簿不分，公司财产与股东财产、股东自身收益与公司盈利难以区分。闽某公司自案发后已全面停产，对公账户可用余额仅为18261.05元。

云南省昆明市西山区人民检察院于2021年4月12日公告了本案相关情况，公告期内未有法律规定的机关和有关组织提起民事公益诉讼。昆明市西山区人民检察院遂就上述行为对闽某公司、黄某海、李某城等提起公诉，并对该公司及其股东黄某海、黄某芬、黄某龙等人提起刑事附带民事公益诉讼，请求否认闽某公司独立地位，由股东黄某海、黄某芬、黄某龙对闽某公司生态环境损害赔偿承担连带责任。

裁判结果

云南省昆明市西山区人民法院于2022年6月30日以（2021）云0112刑初752号刑事附带民事公益诉讼判决，认定被告单位昆明闽某纸业有限公司犯污染环境罪，判处罚金人民币2000000元；被告人黄某海犯污染环境罪，判处有期徒刑三年六个月，并处罚金人民币500000元；被告人李某城犯污染环境罪，判处有期徒刑三年六个月，并处罚金人民币500000元；被告单位昆明闽某纸业有限公司在判决生效后十日内承担生态环境损害赔偿人民币10815021元，以上费用付至昆明市环境公益诉讼救济专项资金账户用于生态环境修复；附带民事公益诉讼被告昆明闽某纸业有限公司在判决生效后十日内支付昆明市西山区人民检察院鉴定检测费用合计人民币129500元。附带民事公益诉讼被告人黄某海、黄某芬、黄某龙对被告昆明闽某纸业有限公司负担的生态环境损害赔偿和鉴定检测费用承担连带责任。

宣判后，没有上诉、抗诉，一审判决已发生法律效力。案件进入执行程序，目前可供执行财产价值已覆盖执行标的。

裁判理由

法院生效裁判认为：企业在生产经营过程中，应当承担合理利用资源、采取措施防治污染、履行保护环境的社会责任。被告单位闽某公司无视企业环境保护社会责任，违反国家法律规定，在无排污许可的前提下，未对生产废水进行有效处理并通过暗管直接排放，严重污染环境，符合《中华人民共和国刑法》第三百三十八条之规定，构成污染环境罪。被告人黄某海、李某城作为被告单位闽某公司直接负责的主管人员和直接责任人员，在单位犯罪中作用相当，亦应以污染环境罪追究其刑事责任。闽某公司擅自通过暗管将生产废水直接排入河道，造成高达10815021元的生态环境损害，并对下游金沙江生态流域功能也造成一定影响，其行为构成对环境公共利益的严重损害，不仅需要依法承担刑事责任，还应承担生态环境损害赔偿民事责任。

附带民事公益诉讼被告闽某公司在追求经济效益的同时，漠视对环境保护的义务，致使公司生产经营活动对环境公共利益造成严重损害后果，闽某公司承担的赔偿损失和鉴定检测费用属于公司环境侵权债务。

由于闽某公司自成立伊始即与股东黄某海、黄某芬、黄某龙之间存在大量、频繁的资金往来，且三人均有对公司财产的无偿占有，与闽某公司已构成人格高度混同，可以认定属《中华人民共和国公司法》第二十条第三款规定的股东滥用公司法人独立地位和股东有限责任的行为。现闽某公司所应负担的环境侵权债务合计10944521元，远高于闽某公司注册资本1000000元，且闽某公司自案发后已全面停产，对公账户可用余额仅为18261.05元。上述事实表明黄某海、黄某芬、黄某龙与闽某公司的高度人格混同已使闽某公司失去清偿其环境侵权债务的能力，闽某公司难以履行其应当承担的生态环境损害赔偿义务，符合《中华人民共和国公司法》第二十条第三款规定的股东承担连带责任之要件，黄某海、黄某芬、黄某龙应对闽某公司的环境侵权债务承担连带责任。

·第二部分·

相关司法解释

最高人民法院关于适用《中华人民共和国公司法》若干问题的规定（一）

（2006年3月27日最高人民法院审判委员会第1382次会议通过 根据2014年2月17日最高人民法院审判委员会第1607次会议《最高人民法院关于修改关于适用〈中华人民共和国公司法〉若干问题的规定的决定》修正 2014年2月20日最高人民法院公告公布 该修正自2014年3月1日起施行 法释〔2014〕2号）

为正确适用2005年10月27日十届全国人大常委会第十八次会议修订的《中华人民共和国公司法》，对人民法院在审理相关的民事纠纷案件中，具体适用公司法的有关问题规定如下：

第一条 公司法实施后，人民法院尚未审结的和新受理的民事案件，其民事行为或事件发生在公司法实施以前的，适用当时的法律法规和司法解释。

第二条 因公司法实施前有关民事行为或者事件发生纠纷起诉到人民法院的，如当时的法律法规和司法解释没有明确规定时，可参照适用公司法的有关规定。

第三条 原告以公司法第二十二条第二款、第七十四条第二款规定事由，向人民法院提起诉讼时，超过公司法规定期限的，人民法院不予受理。

第四条 公司法第一百五十一条规定的180日以上连续持股期间，应为股东向人民法院提起诉讼时，已期满的持股时间；规定的合计持有公司百分之一以上股份，是指两个以上股东持股份额的合计。

第五条 人民法院对公司法实施前已经终审的案件依法进行再审时，不适用公司法的规定。

第六条 本规定自公布之日起实施。

最高人民法院关于适用《中华人民共和国公司法》若干问题的规定（二）

（2008年5月5日最高人民法院审判委员会第1447次会议通过 根据2014年2月17日最高人民法院审判委员会第1607次会议《最高人民法院关于修改关于适用〈中华人民共和国公司法〉若干问题的规定的决定》第一次修正 根据2020年12月23日最高人民法院审判委员会第1823次会议通过的《最高人民法院关于修改〈最高人民法院关于破产企业国有划拨土地使用权应否列入破产财产等问题的批复〉等二十九件商事类司法解释的决定》第二次修正 2020年12月29日最高人民法院公告公布 该修正自2021年1月1日起施行 法释〔2020〕18号）

为正确适用《中华人民共和国公司法》，结合审判实践，就人民法院审理公司解散和清算案件适用法律问题作出如下规定。

第一条 单独或者合计持有公司全部股东表决权百分之十以上的股东，以下列事由之一提起解散公司诉讼，并符合公司法第一百八十二条规定的，人民法院应予受理：

（一）公司持续两年以上无法召开股东会或者股东大会，公司经营管理发生严重困难的；

（二）股东表决时无法达到法定或者公司章程规定的比例，持续两年以上不能做出有效的股东会或者股东大会决议，公司经营管理发生严重困难的；

（三）公司董事长期冲突，且无法通过股东会或者股东大会解决，公司经营管理发生严重困难的；

（四）经营管理发生其他严重困难，公司继续存续会使股东利益受到重大损失的情形。

股东以知情权、利润分配请求权等权益受到损害，或者公司亏损、财产不足以偿还全部债务,以及公司被吊销企业法人营业执照未进行清算等为由,提起解散公司诉讼的,人民法院不予受理。

第二条 股东提起解散公司诉讼,同时又申请人民法院对公司进行清算的,人民法院对其提出的清算申请不予受理。人民法院可以告知原告,在人民法院判决解散公司后,依据民法典第七十条、公司法第一百八十三条和本规定第七条的规定,自行组织清算或者另行申请人民法院对公司进行清算。

第三条 股东提起解散公司诉讼时,向人民法院申请财产保全或者证据保全的,在股东提供担保且不影响公司正常经营的情形下,人民法院可予以保全。

第四条 股东提起解散公司诉讼应当以公司为被告。

原告以其他股东为被告一并提起诉讼的,人民法院应当告知原告将其他股东变更为第三人;原告坚持不予变更的,人民法院应当驳回原告对其他股东的起诉。

原告提起解散公司诉讼应当告知其他股东,或者由人民法院通知其参加诉讼。其他股东或者有关利害关系人申请以共同原告或者第三人身份参加诉讼的,人民法院应予准许。

第五条 人民法院审理解散公司诉讼案件,应当注重调解。当事人协商同意由公司或者股东收购股份,或者以减资等方式使公司存续,且不违反法律、行政法规强制性规定的,人民法院应予支持。当事人不能协商一致使公司存续的,人民法院应当及时判决。

经人民法院调解公司收购原告股份的,公司应当自调解书生效之日起六个月内将股份转让或者注销。股份转让或者注销之前,原告不得以公司收购其股份为由对抗公司债权人。

第六条 人民法院关于解散公司诉讼作出的判决,对公司全体股东具有法律约束力。

人民法院判决驳回解散公司诉讼请求后,提起该诉讼的股东或者其他股东又以同一事实和理由提起解散公司诉讼的,人民法院不予受理。

第七条 公司应当依照民法典第七十条、公司法第一百八十三条的规定,在解散事由出现之日起十五日内成立清算组,开始自行清算。

有下列情形之一,债权人、公司股东、董事或其他利害关系人申请人民法院指定清算组进行清算的,人民法院应予受理:

（一）公司解散逾期不成立清算组进行清算的；

（二）虽然成立清算组但故意拖延清算的；

（三）违法清算可能严重损害债权人或者股东利益的。

第八条 人民法院受理公司清算案件，应当及时指定有关人员组成清算组。

清算组成员可以从下列人员或者机构中产生：

（一）公司股东、董事、监事、高级管理人员；

（二）依法设立的律师事务所、会计师事务所、破产清算事务所等社会中介机构；

（三）依法设立的律师事务所、会计师事务所、破产清算事务所等社会中介机构中具备相关专业知识并取得执业资格的人员。

第九条 人民法院指定的清算组成员有下列情形之一的，人民法院可以根据债权人、公司股东、董事或其他利害关系人的申请，或者依职权更换清算组成员：

（一）有违反法律或者行政法规的行为；

（二）丧失执业能力或者民事行为能力；

（三）有严重损害公司或者债权人利益的行为。

第十条 公司依法清算结束并办理注销登记前，有关公司的民事诉讼，应当以公司的名义进行。

公司成立清算组的，由清算组负责人代表公司参加诉讼；尚未成立清算组的，由原法定代表人代表公司参加诉讼。

第十一条 公司清算时，清算组应当按照公司法第一百八十五条的规定，将公司解散清算事宜书面通知全体已知债权人，并根据公司规模和营业地域范围在全国或者公司注册登记地省级有影响的报纸上进行公告。

清算组未按照前款规定履行通知和公告义务，导致债权人未及时申报债权而未获清偿，债权人主张清算组成员对因此造成的损失承担赔偿责任的，人民法院应依法予以支持。

第十二条 公司清算时，债权人对清算组核定的债权有异议的，可以要求清算组重新核定。清算组不予重新核定，或者债权人对重新核定的债权仍有异议，债权人以公司为被告向人民法院提起诉讼请求确认的，人民法院应予受理。

第十三条 债权人在规定的期限内未申报债权，在公司清算程序终结前补充申报的，清算组应予登记。

公司清算程序终结，是指清算报告经股东会、股东大会或者人民法院确认完毕。

第十四条 债权人补充申报的债权，可以在公司尚未分配财产中依法清偿。公司尚未分配财产不能全额清偿，债权人主张股东以其在剩余财产分配中已经取得的财产予以清偿的，人民法院应予支持；但债权人因重大过错未在规定期限内申报债权的除外。

债权人或者清算组，以公司尚未分配财产和股东在剩余财产分配中已经取得的财产，不能全额清偿补充申报的债权为由，向人民法院提出破产清算申请的，人民法院不予受理。

第十五条 公司自行清算的，清算方案应当报股东会或者股东大会决议确认；人民法院组织清算的，清算方案应当报人民法院确认。未经确认的清算方案，清算组不得执行。

执行未经确认的清算方案给公司或者债权人造成损失，公司、股东、董事、公司其他利害关系人或者债权人主张清算组成员承担赔偿责任的，人民法院应依法予以支持。

第十六条 人民法院组织清算的，清算组应当自成立之日起六个月内清算完毕。

因特殊情况无法在六个月内完成清算的，清算组应当向人民法院申请延长。

第十七条 人民法院指定的清算组在清理公司财产、编制资产负债表和财产清单时，发现公司财产不足清偿债务的，可以与债权人协商制作有关债务清偿方案。

债务清偿方案经全体债权人确认且不损害其他利害关系人利益的，人民法院可依清算组的申请裁定予以认可。清算组依据该清偿方案清偿债务后，应当向人民法院申请裁定终结清算程序。

债权人对债务清偿方案不予确认或者人民法院不予认可的，清算组应当依法向人民法院申请宣告破产。

第十八条 有限责任公司的股东、股份有限公司的董事和控股股东未在法定期限内成立清算组开始清算，导致公司财产贬值、流失、毁损或者灭失，债权人主张其在造成损失范围内对公司债务承担赔偿责任的，人民法院应依法予以支持。

有限责任公司的股东、股份有限公司的董事和控股股东因怠于履行义务，导致公司主要财产、账册、重要文件等灭失，无法进行清算，债权人主张其对公司债务承担连带清偿责任的，人民法院应依法予以支持。

上述情形系实际控制人原因造成，债权人主张实际控制人对公司债务承担相应民事责任的，人民法院应依法予以支持。

第十九条 有限责任公司的股东、股份有限公司的董事和控股股东，以及公司的实际控制人在公司解散后，恶意处置公司财产给债权人造成损失，或者未经依法清算，以虚假的清算报告骗取公司登记机关办理法人注销登记，债权人主张其对公司债务承担相应赔偿责任的，人民法院应依法予以支持。

第二十条 公司解散应当在依法清算完毕后，申请办理注销登记。公司未经清算即办理注销登记，导致公司无法进行清算，债权人主张有限责任公司的股东、股份有限公司的董事和控股股东，以及公司的实际控制人对公司债务承担清偿责任的，人民法院应依法予以支持。

公司未经依法清算即办理注销登记，股东或者第三人在公司登记机关办理注销登记时承诺对公司债务承担责任，债权人主张其对公司债务承担相应民事责任的，人民法院应依法予以支持。

第二十一条 按照本规定第十八条和第二十条第一款的规定应当承担责任的有限责任公司的股东、股份有限公司的董事和控股股东，以及公司的实际控制人为二人以上的，其中一人或者数人依法承担民事责任后，主张其他人员按照过错大小分担责任的，人民法院应依法予以支持。

第二十二条 公司解散时，股东尚未缴纳的出资均应作为清算财产。股东尚未缴纳的出资，包括到期应缴未缴的出资，以及依照公司法第二十六条和第八十条的规定分期缴纳尚未届满缴纳期限的出资。

公司财产不足以清偿债务时，债权人主张未缴出资股东，以及公司设立时的其他股东或者发起人在未缴出资范围内对公司债务承担连带清偿责任的，人民法院应依法予以支持。

第二十三条 清算组成员从事清算事务时，违反法律、行政法规或者公司章程给公司或者债权人造成损失，公司或者债权人主张其承担赔偿责任的，人民法院应依法予以支持。

有限责任公司的股东、股份有限公司连续一百八十日以上单独或者合计持有公司百分之一以上股份的股东，依据公司法第一百五十一条第三款的规定，以清算组成员有前款所述行为为由向人民法院提起诉讼的，人民法院应予受理。

公司已经清算完毕注销，上述股东参照公司法第一百五十一条第三款的规定，直接以清算组成员为被告、其他股东为第三人向人民法院提起诉讼的，人民法院应予受理。

第二十四条 解散公司诉讼案件和公司清算案件由公司住所地人民法院管辖。公司住所地是指公司主要办事机构所在地。公司办事机构所在地不明确的，由其注册地人民法院管辖。

基层人民法院管辖县、县级市或者区的公司登记机关核准登记公司的解散诉讼案件和公司清算案件；中级人民法院管辖地区、地级市以上的公司登记机关核准登记公司的解散诉讼案件和公司清算案件。

最高人民法院关于适用《中华人民共和国公司法》若干问题的规定（三）

（2010年12月6日最高人民法院审判委员会第1504次会议通过 根据2014年2月17日最高人民法院审判委员会第1607次会议《最高人民法院关于修改关于适用〈中华人民共和国公司法〉若干问题的规定的决定》第一次修正 根据2020年12月23日最高人民法院审判委员会第1823次会议通过的《最高人民法院关于修改〈最高人民法院关于破产企业国有划拨土地使用权应否列入破产财产等问题的批复〉等二十九件商事类司法解释的决定》第二次修正 2020年12月29日最高人民法院公告公布 该修正自2021年1月1日起施行 法释〔2020〕18号）

为正确适用《中华人民共和国公司法》，结合审判实践，就人民法院审理公司设立、出资、股权确认等纠纷案件适用法律问题作出如下规定。

第一条 为设立公司而签署公司章程、向公司认购出资或者股份并履行公司设立职责的人，应当认定为公司的发起人，包括有限责任公司设立时的股东。

第二条 发起人为设立公司以自己名义对外签订合同，合同相对人请求该发起人承担合同责任的，人民法院应予支持；公司成立后合同相对人请求公司承担合同责任的，人民法院应予支持。

第三条 发起人以设立中公司名义对外签订合同，公司成立后合同相对人请求公司承担合同责任的，人民法院应予支持。

公司成立后有证据证明发起人利用设立中公司的名义为自己的利益与相对人签订合同，公司以此为由主张不承担合同责任的，人民法院应予支持，但相对人为善意的除外。

第四条 公司因故未成立，债权人请求全体或者部分发起人对设立公司行为所产生的费用和债务承担连带清偿责任的，人民法院应予支持。

部分发起人依照前款规定承担责任后，请求其他发起人分担的，人民法院应当判令其他发起人按照约定的责任承担比例分担责任；没有约定责任承担比例的，按照约定的出资比例分担责任；没有约定出资比例的，按照均等份额分担责任。

因部分发起人的过错导致公司未成立，其他发起人主张其承担设立行为所产生的费用和债务的，人民法院应当根据过错情况，确定过错一方的责任范围。

第五条 发起人因履行公司设立职责造成他人损害，公司成立后受害人请求公司承担侵权赔偿责任的，人民法院应予支持；公司未成立，受害人请求全体发起人承担连带赔偿责任的，人民法院应予支持。

公司或者无过错的发起人承担赔偿责任后，可以向有过错的发起人追偿。

第六条 股份有限公司的认股人未按期缴纳所认股份的股款，经公司发起人催缴后在合理期间内仍未缴纳，公司发起人对该股份另行募集的，人民法院应当认定该募集行为有效。认股人延期缴纳股款给公司造成损失，公司请求该认股人承担赔偿责任的，人民法院应予支持。

第七条 出资人以不享有处分权的财产出资，当事人之间对于出资行为效力产生争议的，人民法院可以参照民法典第三百一十一条的规定予以认定。

以贪污、受贿、侵占、挪用等违法犯罪所得的货币出资后取得股权的，对违法犯罪行为予以追究、处罚时，应当采取拍卖或者变卖的方式处置其股权。

第八条 出资人以划拨土地使用权出资，或者以设定权利负担的土地使用权出资，公司、其他股东或者公司债权人主张认定出资人未履行出资义务的，人民法院应当责令当事人在指定的合理期间内办理土地变更手续或者解除权利负担；逾期未办理或者未解除的，人民法院应当认定出资人未依法全面履行出资义务。

第九条 出资人以非货币财产出资，未依法评估作价，公司、其他股东或者公司债权人请求认定出资人未履行出资义务的，人民法院应当委托具有合法资格的评估机构对该财产评估作价。评估确定的价额显著低于公司章程所定价额的，人民法院应当认定出资人未依法全面履行出资义务。

第十条　出资人以房屋、土地使用权或者需要办理权属登记的知识产权等财产出资，已经交付公司使用但未办理权属变更手续，公司、其他股东或者公司债权人主张认定出资人未履行出资义务的，人民法院应当责令当事人在指定的合理期间内办理权属变更手续；在前述期间内办理了权属变更手续的，人民法院应当认定其已经履行了出资义务；出资人主张自其实际交付财产给公司使用时享有相应股东权利的，人民法院应予支持。

出资人以前款规定的财产出资，已经办理权属变更手续但未交付给公司使用，公司或者其他股东主张其向公司交付、并在实际交付之前不享有相应股东权利的，人民法院应予支持。

第十一条　出资人以其他公司股权出资，符合下列条件的，人民法院应当认定出资人已履行出资义务：

（一）出资的股权由出资人合法持有并依法可以转让；

（二）出资的股权无权利瑕疵或者权利负担；

（三）出资人已履行关于股权转让的法定手续；

（四）出资的股权已依法进行了价值评估。

股权出资不符合前款第（一）、（二）、（三）项的规定，公司、其他股东或者公司债权人请求认定出资人未履行出资义务的，人民法院应当责令该出资人在指定的合理期间内采取补正措施，以符合上述条件；逾期未补正的，人民法院应当认定其未依法全面履行出资义务。

股权出资不符合本条第一款第（四）项的规定，公司、其他股东或者公司债权人请求认定出资人未履行出资义务的，人民法院应当按照本规定第九条的规定处理。

第十二条　公司成立后，公司、股东或者公司债权人以相关股东的行为符合下列情形之一且损害公司权益为由，请求认定该股东抽逃出资的，人民法院应予支持：

（一）制作虚假财务会计报表虚增利润进行分配；

（二）通过虚构债权债务关系将其出资转出；

（三）利用关联交易将出资转出；

（四）其他未经法定程序将出资抽回的行为。

第十三条　股东未履行或者未全面履行出资义务，公司或者其他股东请求其向公司依法全面履行出资义务的，人民法院应予支持。

公司债权人请求未履行或者未全面履行出资义务的股东在未出资本息范围内对公司债务不能清偿的部分承担补充赔偿责任的，人民法院应予支持；未履行或者未全面履行出资义务的股东已经承担上述责任，其他债权人提出相同请求的，人民法院不予支持。

股东在公司设立时未履行或者未全面履行出资义务，依照本条第一款或者第二款提起诉讼的原告，请求公司的发起人与被告股东承担连带责任的，人民法院应予支持；公司的发起人承担责任后，可以向被告股东追偿。

股东在公司增资时未履行或者未全面履行出资义务，依照本条第一款或者第二款提起诉讼的原告，请求未尽公司法第一百四十七条第一款规定的义务而使出资未缴足的董事、高级管理人员承担相应责任的，人民法院应予支持；董事、高级管理人员承担责任后，可以向被告股东追偿。

第十四条　股东抽逃出资，公司或者其他股东请求其向公司返还出资本息、协助抽逃出资的其他股东、董事、高级管理人员或者实际控制人对此承担连带责任的，人民法院应予支持。

公司债权人请求抽逃出资的股东在抽逃出资本息范围内对公司债务不能清偿的部分承担补充赔偿责任、协助抽逃出资的其他股东、董事、高级管理人员或者实际控制人对此承担连带责任的，人民法院应予支持；抽逃出资的股东已经承担上述责任，其他债权人提出相同请求的，人民法院不予支持。

第十五条　出资人以符合法定条件的非货币财产出资后，因市场变化或者其他客观因素导致出资财产贬值，公司、其他股东或者公司债权人请求该出资人承担补足出资责任的，人民法院不予支持。但是，当事人另有约定的除外。

第十六条　股东未履行或者未全面履行出资义务或者抽逃出资，公司根据公司章程或者股东会决议对其利润分配请求权、新股优先认购权、剩余财产分配请求权等股东权利作出相应的合理限制，该股东请求认定该限制无效的，人民法院不予支持。

第十七条　有限责任公司的股东未履行出资义务或者抽逃全部出资，经公司催告缴纳或者返还，其在合理期间内仍未缴纳或者返还出资，公司以股东会决议解除该股东的股东资格，该股东请求确认该解除行为无效的，人民法院不予支持。

在前款规定的情形下，人民法院在判决时应当释明，公司应当及时办理法定减资程序或者由其他股东或者第三人缴纳相应的出资。在办理法定减资程序或者其他股东或者第三人缴纳相应的出资之前，公司债权人依照本规定第十三条或者第十四条请求相关当事人承担相应责任的，人民法院应予支持。

第十八条 有限责任公司的股东未履行或者未全面履行出资义务即转让股权，受让人对此知道或者应当知道，公司请求该股东履行出资义务、受让人对此承担连带责任的，人民法院应予支持；公司债权人依照本规定第十三条第二款向该股东提起诉讼，同时请求前述受让人对此承担连带责任的，人民法院应予支持。

受让人根据前款规定承担责任后，向该未履行或者未全面履行出资义务的股东追偿的，人民法院应予支持。但是，当事人另有约定的除外。

第十九条 公司股东未履行或者未全面履行出资义务或者抽逃出资，公司或者其他股东请求其向公司全面履行出资义务或者返还出资，被告股东以诉讼时效为由进行抗辩的，人民法院不予支持。

公司债权人的债权未过诉讼时效期间，其依照本规定第十三条第二款、第十四条第二款的规定请求未履行或者未全面履行出资义务或者抽逃出资的股东承担赔偿责任，被告股东以出资义务或者返还出资义务超过诉讼时效期间为由进行抗辩的，人民法院不予支持。

第二十条 当事人之间对是否已履行出资义务发生争议，原告提供对股东履行出资义务产生合理怀疑证据的，被告股东应当就其已履行出资义务承担举证责任。

第二十一条 当事人向人民法院起诉请求确认其股东资格的，应当以公司为被告，与案件争议股权有利害关系的人作为第三人参加诉讼。

第二十二条 当事人之间对股权归属发生争议，一方请求人民法院确认其享有股权的，应当证明以下事实之一：

（一）已经依法向公司出资或者认缴出资，且不违反法律法规强制性规定；

（二）已经受让或者以其他形式继受公司股权，且不违反法律法规强制性规定。

第二十三条 当事人依法履行出资义务或者依法继受取得股权后，公司未根据公司法第三十一条、第三十二条的规定签发出资证明书、记载于股东名册并办理公司登记机关登记，当事人请求公司履行上述义务的，人民法院应予支持。

第二十四条 有限责任公司的实际出资人与名义出资人订立合同，约定由实际出资人出资并享有投资权益，以名义出资人为名义股东，实际出资人与名义股东对该合同效力发生争议的，如无法律规定的无效情形，人民法院应当认定该合同有效。

前款规定的实际出资人与名义股东因投资权益的归属发生争议，实际出资人以其实际履行了出资义务为由向名义股东主张权利的，人民法院应予支持。名义股东以公司股东名册记载、公司登记机关登记为由否认实际出资人权利的，人民法院不予支持。

实际出资人未经公司其他股东半数以上同意，请求公司变更股东、签发出资证明书、记载于股东名册、记载于公司章程并办理公司登记机关登记的，人民法院不予支持。

第二十五条 名义股东将登记于其名下的股权转让、质押或者以其他方式处分，实际出资人以其对于股权享有实际权利为由，请求认定处分股权行为无效的，人民法院可以参照民法典第三百一十一条的规定处理。

名义股东处分股权造成实际出资人损失，实际出资人请求名义股东承担赔偿责任的，人民法院应予支持。

第二十六条 公司债权人以登记于公司登记机关的股东未履行出资义务为由，请求其对公司债务不能清偿的部分在未出资本息范围内承担补充赔偿责任，股东以其仅为名义股东而非实际出资人为由进行抗辩的，人民法院不予支持。

名义股东根据前款规定承担赔偿责任后，向实际出资人追偿的，人民法院应予支持。

第二十七条 股权转让后尚未向公司登记机关办理变更登记，原股东将仍登记于其名下的股权转让、质押或者以其他方式处分，受让股东以其对于股权享有实际权利为由，请求认定处分股权行为无效的，人民法院可以参照民法典第三百一十一条的规定处理。

原股东处分股权造成受让股东损失，受让股东请求原股东承担赔偿责任、对于未及时办理变更登记有过错的董事、高级管理人员或者实际控制人承担相应责任的，人民法院应予支持；受让股东对于未及时办理变更登记也有过错的，可以适当减轻上述董事、高级管理人员或者实际控制人的责任。

第二十八条　冒用他人名义出资并将该他人作为股东在公司登记机关登记的，冒名登记行为人应当承担相应责任；公司、其他股东或者公司债权人以未履行出资义务为由，请求被冒名登记为股东的承担补足出资责任或者对公司债务不能清偿部分的赔偿责任的，人民法院不予支持。

最高人民法院关于适用《中华人民共和国公司法》若干问题的规定（四）

（2016年12月5日最高人民法院审判委员会第1702次会议通过 根据2020年12月23日最高人民法院审判委员会第1823次会议通过的《最高人民法院关于修改〈最高人民法院关于破产企业国有划拨土地使用权应否列入破产财产等问题的批复〉等二十九件商事类司法解释的决定》修正 2020年12月29日最高人民法院公告公布 该修正自2021年1月1日起施行 法释〔2020〕18号）

为正确适用《中华人民共和国公司法》，结合人民法院审判实践，现就公司决议效力、股东知情权、利润分配权、优先购买权和股东代表诉讼等案件适用法律问题作出如下规定。

第一条 公司股东、董事、监事等请求确认股东会或者股东大会、董事会决议无效或者不成立的，人民法院应当依法予以受理。

第二条 依据民法典第八十五条、公司法第二十二条第二款请求撤销股东会或者股东大会、董事会决议的原告，应当在起诉时具有公司股东资格。

第三条 原告请求确认股东会或者股东大会、董事会决议不成立、无效或者撤销决议的案件，应当列公司为被告。对决议涉及的其他利害关系人，可以依法列为第三人。

一审法庭辩论终结前，其他有原告资格的人以相同的诉讼请求申请参加前款规定诉讼的，可以列为共同原告。

第四条 股东请求撤销股东会或者股东大会、董事会决议，符合民法典第八十五条、公司法第二十二条第二款规定的，人民法院应当予以支持，但会议召集程序或者表决方式仅有轻微瑕疵，且对决议未产生实质影响的，人民法院不予支持。

第五条 股东会或者股东大会、董事会决议存在下列情形之一，当事人主张决议不成立的，人民法院应当予以支持：

（一）公司未召开会议的，但依据公司法第三十七条第二款或者公司章程规定可以不召开股东会或者股东大会而直接作出决定，并由全体股东在决定文件上签名、盖章的除外；

（二）会议未对决议事项进行表决的；

（三）出席会议的人数或者股东所持表决权不符合公司法或者公司章程规定的；

（四）会议的表决结果未达到公司法或者公司章程规定的通过比例的；

（五）导致决议不成立的其他情形。

第六条 股东会或者股东大会、董事会决议被人民法院判决确认无效或者撤销的，公司依据该决议与善意相对人形成的民事法律关系不受影响。

第七条 股东依据公司法第三十三条、第九十七条或者公司章程的规定，起诉请求查阅或者复制公司特定文件材料的，人民法院应当依法予以受理。

公司有证据证明前款规定的原告在起诉时不具有公司股东资格的，人民法院应当驳回起诉，但原告有初步证据证明在持股期间其合法权益受到损害，请求依法查阅或者复制其持股期间的公司特定文件材料的除外。

第八条 有限责任公司有证据证明股东存在下列情形之一的，人民法院应当认定股东有公司法第三十三条第二款规定的"不正当目的"：

（一）股东自营或者为他人经营与公司主营业务有实质性竞争关系业务的，但公司章程另有规定或者全体股东另有约定的除外；

（二）股东为了向他人通报有关信息查阅公司会计账簿，可能损害公司合法利益的；

（三）股东在向公司提出查阅请求之日前的三年内，曾通过查阅公司会计账簿，向他人通报有关信息损害公司合法利益的；

（四）股东有不正当目的的其他情形。

第九条 公司章程、股东之间的协议等实质性剥夺股东依据公司法第三十三条、第九十七条规定查阅或者复制公司文件材料的权利，公司以此为由拒绝股东查阅或者复制的，人民法院不予支持。

第十条 人民法院审理股东请求查阅或者复制公司特定文件材料的案件，对原告诉讼请求予以支持的，应当在判决中明确查阅或者复制公司特定文件材料的时间、地点和特定文件材料的名录。

股东依据人民法院生效判决查阅公司文件材料的，在该股东在场的情况下，可以由会计师、律师等依法或者依据执业行为规范负有保密义务的中介机构执业人员辅助进行。

第十一条 股东行使知情权后泄露公司商业秘密导致公司合法利益受到损害，公司请求该股东赔偿相关损失的，人民法院应当予以支持。

根据本规定第十条辅助股东查阅公司文件材料的会计师、律师等泄露公司商业秘密导致公司合法利益受到损害，公司请求其赔偿相关损失的，人民法院应当予以支持。

第十二条 公司董事、高级管理人员等未依法履行职责，导致公司未依法制作或者保存公司法第三十三条、第九十七条规定的公司文件材料，给股东造成损失，股东依法请求负有相应责任的公司董事、高级管理人员承担民事赔偿责任的，人民法院应当予以支持。

第十三条 股东请求公司分配利润案件，应当列公司为被告。

一审法庭辩论终结前，其他股东基于同一分配方案请求分配利润并申请参加诉讼的，应当列为共同原告。

第十四条 股东提交载明具体分配方案的股东会或者股东大会的有效决议，请求公司分配利润，公司拒绝分配利润且其关于无法执行决议的抗辩理由不成立的，人民法院应当判决公司按照决议载明的具体分配方案向股东分配利润。

第十五条 股东未提交载明具体分配方案的股东会或者股东大会决议，请求公司分配利润的，人民法院应当驳回其诉讼请求，但违反法律规定滥用股东权利导致公司不分配利润，给其他股东造成损失的除外。

第十六条 有限责任公司的自然人股东因继承发生变化时，其他股东主张依据公司法第七十一条第三款规定行使优先购买权的，人民法院不予支持，但公司章程另有规定或者全体股东另有约定的除外。

第十七条 有限责任公司的股东向股东以外的人转让股权，应就其股权转让事项以书面或者其他能够确认收悉的合理方式通知其他股东征求同意。其他股东半数以上不同意转让，不同意的股东不购买的，人民法院应当认定视为同意转让。

经股东同意转让的股权，其他股东主张转让股东应当向其以书面或者其他能够确认收悉的合理方式通知转让股权的同等条件的，人民法院应当予以支持。

经股东同意转让的股权，在同等条件下，转让股东以外的其他股东主张优先购买的，人民法院应当予以支持，但转让股东依据本规定第二十条放弃转让的除外。

第十八条 人民法院在判断是否符合公司法第七十一条第三款及本规定所称的"同等条件"时，应当考虑转让股权的数量、价格、支付方式及期限等因素。

第十九条 有限责任公司的股东主张优先购买转让股权的，应当在收到通知后，在公司章程规定的行使期间内提出购买请求。公司章程没有规定行使期间或者规定不明确的，以通知确定的期间为准，通知确定的期间短于三十日或者未明确行使期间的，行使期间为三十日。

第二十条 有限责任公司的转让股东，在其他股东主张优先购买后又不同意转让股权的，对其他股东优先购买的主张，人民法院不予支持，但公司章程另有规定或者全体股东另有约定的除外。其他股东主张转让股东赔偿其损失合理的，人民法院应当予以支持。

第二十一条 有限责任公司的股东向股东以外的人转让股权，未就其股权转让事项征求其他股东意见，或者以欺诈、恶意串通等手段，损害其他股东优先购买权，其他股东主张按照同等条件购买该转让股权的，人民法院应当予以支持，但其他股东自知道或者应当知道行使优先购买权的同等条件之日起三十日内没有主张，或者自股权变更登记之日起超过一年的除外。

前款规定的其他股东仅提出确认股权转让合同及股权变动效力等请求，未同时主张按照同等条件购买转让股权的，人民法院不予支持，但其他股东非因自身原因导致无法行使优先购买权，请求损害赔偿的除外。

股东以外的股权受让人，因股东行使优先购买权而不能实现合同目的的，可以依法请求转让股东承担相应民事责任。

第二十二条 通过拍卖向股东以外的人转让有限责任公司股权的，适用公司法第七十一条第二款、第三款或者第七十二条规定的"书面通知""通知""同等条件"时，根据相关法律、司法解释确定。

在依法设立的产权交易场所转让有限责任公司国有股权的，适用公司法第七十一条第二款、第三款或者第七十二条规定的"书面通知""通知""同等条件"时，可以参照产权交易场所的交易规则。

第二十三条 监事会或者不设监事会的有限责任公司的监事依据公司法第一百五十一条第一款规定对董事、高级管理人员提起诉讼的，应当列公司为原告，依法由监事会主席或者不设监事会的有限责任公司的监事代表公司进行诉讼。

董事会或者不设董事会的有限责任公司的执行董事依据公司法第一百五十一条第一款规定对监事提起诉讼的，或者依据公司法第一百五十一条第三款规定对他人提起诉讼的，应当列公司为原告，依法由董事长或者执行董事代表公司进行诉讼。

第二十四条 符合公司法第一百五十一条第一款规定条件的股东，依据公司法第一百五十一条第二款、第三款规定，直接对董事、监事、高级管理人员或者他人提起诉讼的，应当列公司为第三人参加诉讼。

一审法庭辩论终结前，符合公司法第一百五十一条第一款规定条件的其他股东，以相同的诉讼请求申请参加诉讼的，应当列为共同原告。

第二十五条 股东依据公司法第一百五十一条第二款、第三款规定直接提起诉讼的案件，胜诉利益归属于公司。股东请求被告直接向其承担民事责任的，人民法院不予支持。

第二十六条 股东依据公司法第一百五十一条第二款、第三款规定直接提起诉讼的案件，其诉讼请求部分或者全部得到人民法院支持的，公司应当承担股东因参加诉讼支付的合理费用。

第二十七条 本规定自 2017 年 9 月 1 日起施行。

本规定施行后尚未终审的案件，适用本规定；本规定施行前已经终审的案件，或者适用审判监督程序再审的案件，不适用本规定。

最高人民法院关于适用《中华人民共和国公司法》若干问题的规定（五）

(2019年4月22日最高人民法院审判委员会第1766次会议审议通过　根据2020年12月23日最高人民法院审判委员会第1823次会议通过的《最高人民法院关于修改〈最高人民法院关于破产企业国有划拨土地使用权应否列入破产财产等问题的批复〉等二十九件商事类司法解释的决定》修正　2020年12月29日最高人民法院公告公布　该修正自2021年1月1日起施行　法释〔2020〕18号)

为正确适用《中华人民共和国公司法》，结合人民法院审判实践，就股东权益保护等纠纷案件适用法律问题作出如下规定。

第一条　关联交易损害公司利益，原告公司依据民法典第八十四条、公司法第二十一条规定请求控股股东、实际控制人、董事、监事、高级管理人员赔偿所造成的损失，被告仅以该交易已经履行了信息披露、经股东会或者股东大会同意等法律、行政法规或者公司章程规定的程序为由抗辩的，人民法院不予支持。

公司没有提起诉讼的，符合公司法第一百五十一条第一款规定条件的股东，可以依据公司法第一百五十一条第二款、第三款规定向人民法院提起诉讼。

第二条　关联交易合同存在无效、可撤销或者对公司不发生效力的情形，公司没有起诉合同相对方的，符合公司法第一百五十一条第一款规定条件的股东，可以依据公司法第一百五十一条第二款、第三款规定向人民法院提起诉讼。

第三条　董事任期届满前被股东会或者股东大会有效决议解除职务，其主张解除不发生法律效力的，人民法院不予支持。

董事职务被解除后，因补偿与公司发生纠纷提起诉讼的，人民法院应当依据法律、行政法规、公司章程的规定或者合同的约定，综合考虑解除的原因、剩余任期、董事薪酬等因素，确定是否补偿以及补偿的合理数额。

第四条 分配利润的股东会或者股东大会决议作出后，公司应当在决议载明的时间内完成利润分配。决议没有载明时间的，以公司章程规定的为准。决议、章程中均未规定时间或者时间超过一年的，公司应当自决议作出之日起一年内完成利润分配。

决议中载明的利润分配完成时间超过公司章程规定时间的，股东可以依据民法典第八十五条、公司法第二十二条第二款规定请求人民法院撤销决议中关于该时间的规定。

第五条 人民法院审理涉及有限责任公司股东重大分歧案件时，应当注重调解。当事人协商一致以下列方式解决分歧，且不违反法律、行政法规的强制性规定的，人民法院应予支持：

（一）公司回购部分股东股份；

（二）其他股东受让部分股东股份；

（三）他人受让部分股东股份；

（四）公司减资；

（五）公司分立；

（六）其他能够解决分歧，恢复公司正常经营，避免公司解散的方式。

第六条 本规定自 2019 年 4 月 29 日起施行。

本规定施行后尚未终审的案件，适用本规定；本规定施行前已经终审的案件，或者适用审判监督程序再审的案件，不适用本规定。

本院以前发布的司法解释与本规定不一致的，以本规定为准。

最高人民法院关于适用《中华人民共和国民法典》有关担保制度的解释

(2020年12月25日最高人民法院审判委员会第1824次会议通过 2020年12月31日最高人民法院公告公布 自2021年1月1日起施行 法释〔2020〕28号)

为正确适用《中华人民共和国民法典》有关担保制度的规定，结合民事审判实践，制定本解释。

一、关于一般规定

第一条 因抵押、质押、留置、保证等担保发生的纠纷，适用本解释。所有权保留买卖、融资租赁、保理等涉及担保功能发生的纠纷，适用本解释的有关规定。

第二条 当事人在担保合同中约定担保合同的效力独立于主合同，或者约定担保人对主合同无效的法律后果承担担保责任，该有关担保独立性的约定无效。主合同有效的，有关担保独立性的约定无效不影响担保合同的效力；主合同无效的，人民法院应当认定担保合同无效，但是法律另有规定的除外。

因金融机构开立的独立保函发生的纠纷，适用《最高人民法院关于审理独立保函纠纷案件若干问题的规定》。

第三条 当事人对担保责任的承担约定专门的违约责任，或者约定的担保责任范围超出债务人应当承担的责任范围，担保人主张仅在债务人应当承担的责任范围内承担责任的，人民法院应予支持。

担保人承担的责任超出债务人应当承担的责任范围，担保人向债务人追偿，债务人主张仅在其应当承担的责任范围内承担责任的，人民法院应予支持；担保人请求债权人返还超出部分的，人民法院依法予以支持。

第四条 有下列情形之一，当事人将担保物权登记在他人名下，债务人不履行到期债务或者发生当事人约定的实现担保物权的情形，债权人或者其受托人主张就该财产优先受偿的，人民法院依法予以支持：

（一）为债券持有人提供的担保物权登记在债券受托管理人名下；

（二）为委托贷款人提供的担保物权登记在受托人名下；

（三）担保人知道债权人与他人之间存在委托关系的其他情形。

第五条 机关法人提供担保的，人民法院应当认定担保合同无效，但是经国务院批准为使用外国政府或者国际经济组织贷款进行转贷的除外。

居民委员会、村民委员会提供担保的，人民法院应当认定担保合同无效，但是依法代行村集体经济组织职能的村民委员会，依照村民委员会组织法规定的讨论决定程序对外提供担保的除外。

第六条 以公益为目的的非营利性学校、幼儿园、医疗机构、养老机构等提供担保的，人民法院应当认定担保合同无效，但是有下列情形之一的除外：

（一）在购入或者以融资租赁方式承租教育设施、医疗卫生设施、养老服务设施和其他公益设施时，出卖人、出租人为担保价款或者租金实现而在该公益设施上保留所有权；

（二）以教育设施、医疗卫生设施、养老服务设施和其他公益设施以外的不动产、动产或者财产权利设立担保物权。

登记为营利法人的学校、幼儿园、医疗机构、养老机构等提供担保，当事人以其不具有担保资格为由主张担保合同无效的，人民法院不予支持。

第七条 公司的法定代表人违反公司法关于公司对外担保决议程序的规定，超越权限代表公司与相对人订立担保合同，人民法院应当依照民法典第六十一条和第五百零四条等规定处理：

（一）相对人善意的，担保合同对公司发生效力；相对人请求公司承担担保责任的，人民法院应予支持。

（二）相对人非善意的，担保合同对公司不发生效力；相对人请求公司承担赔偿责任的，参照适用本解释第十七条的有关规定。

法定代表人超越权限提供担保造成公司损失，公司请求法定代表人承担赔偿责任的，人民法院应予支持。

第一款所称善意，是指相对人在订立担保合同时不知道且不应当知道法定代表人超越权限。相对人有证据证明已对公司决议进行了合理审查，人民法院应当认定其构成善意，但是公司有证据证明相对人知道或者应当知道决议系伪造、变造的除外。

第八条 有下列情形之一，公司以其未依照公司法关于公司对外担保的规定作出决议为由主张不承担担保责任的，人民法院不予支持：

（一）金融机构开立保函或者担保公司提供担保；

（二）公司为其全资子公司开展经营活动提供担保；

（三）担保合同系由单独或者共同持有公司三分之二以上对担保事项有表决权的股东签字同意。

上市公司对外提供担保，不适用前款第二项、第三项的规定。

第九条 相对人根据上市公司公开披露的关于担保事项已经董事会或者股东大会决议通过的信息，与上市公司订立担保合同，相对人主张担保合同对上市公司发生效力，并由上市公司承担担保责任的，人民法院应予支持。

相对人未根据上市公司公开披露的关于担保事项已经董事会或者股东大会决议通过的信息，与上市公司订立担保合同，上市公司主张担保合同对其不发生效力，且不承担担保责任或者赔偿责任的，人民法院应予支持。

相对人与上市公司已公开披露的控股子公司订立的担保合同，或者相对人与股票在国务院批准的其他全国性证券交易场所交易的公司订立的担保合同，适用前两款规定。

第十条 一人有限责任公司为其股东提供担保，公司以违反公司法关于公司对外担保决议程序的规定为由主张不承担担保责任的，人民法院不予支持。公司因承担担保责任导致无法清偿其他债务，提供担保时的股东不能证明公司财产独立于自己的财产，其他债权人请求该股东承担连带责任的，人民法院应予支持。

第十一条 公司的分支机构未经公司股东（大）会或者董事会决议以自己的名义对外提供担保，相对人请求公司或者其分支机构承担担保责任的，人民法院不予支持，但是相对人不知道且不应当知道分支机构对外提供担保未经公司决议程序的除外。

金融机构的分支机构在其营业执照记载的经营范围内开立保函，或者经有权从事担保业务的上级机构授权开立保函，金融机构或者其分支机构以违反公司法关于公司对外担保决议程序的规定为由主张不承担担保责任的，人民法院不予支持。金融机构的分支机构未经金融机构授权提供保函之外的担保，金融机构或者其分支机构主张不承担担保责任的，人民法院应予支持，但是相对人不知道且不应当知道分支机构对外提供担保未经金融机构授权的除外。

担保公司的分支机构未经担保公司授权对外提供担保，担保公司或者其分支机构主张不承担担保责任的，人民法院应予支持，但是相对人不知道且不应当知道分支机构对外提供担保未经担保公司授权的除外。

公司的分支机构对外提供担保，相对人非善意，请求公司承担赔偿责任的，参照本解释第十七条的有关规定处理。

第十二条 法定代表人依照民法典第五百五十二条的规定以公司名义加入债务的，人民法院在认定该行为的效力时，可以参照本解释关于公司为他人提供担保的有关规则处理。

第十三条 同一债务有两个以上第三人提供担保，担保人之间约定相互追偿及分担份额，承担了担保责任的担保人请求其他担保人按照约定分担份额的，人民法院应予支持；担保人之间约定承担连带共同担保，或者约定相互追偿但是未约定分担份额的，各担保人按照比例分担向债务人不能追偿的部分。

同一债务有两个以上第三人提供担保，担保人之间未对相互追偿作出约定且未约定承担连带共同担保，但是各担保人在同一份合同书上签字、盖章或者按指印，承担了担保责任的担保人请求其他担保人按照比例分担向债务人不能追偿部分的，人民法院应予支持。

除前两款规定的情形外，承担了担保责任的担保人请求其他担保人分担向债务人不能追偿部分的，人民法院不予支持。

第十四条 同一债务有两个以上第三人提供担保，担保人受让债权的，人民法院应当认定该行为系承担担保责任。受让债权的担保人作为债权人请求其他担保人承担担保责任的，人民法院不予支持；该担保人请求其他担保人分担相应份额的，依照本解释第十三条的规定处理。

第十五条 最高额担保中的最高债权额，是指包括主债权及其利息、违约金、损害赔偿金、保管担保财产的费用、实现债权或者实现担保物权的费用等在内的全部债权，但是当事人另有约定的除外。

登记的最高债权额与当事人约定的最高债权额不一致的，人民法院应当依据登记的最高债权额确定债权人优先受偿的范围。

第十六条 主合同当事人协议以新贷偿还旧贷，债权人请求旧贷的担保人承担担保责任的，人民法院不予支持；债权人请求新贷的担保人承担担保责任的，按照下列情形处理：

（一）新贷与旧贷的担保人相同的，人民法院应予支持；

（二）新贷与旧贷的担保人不同，或者旧贷无担保新贷有担保的，人民法院不予支持，但是债权人有证据证明新贷的担保人提供担保时对以新贷偿还旧贷的事实知道或者应当知道的除外。

主合同当事人协议以新贷偿还旧贷，旧贷的物的担保人在登记尚未注销的情形下同意继续为新贷提供担保，在订立新的贷款合同前又以该担保财产为其他债权人设立担保物权，其他债权人主张其担保物权顺位优先于新贷债权人的，人民法院不予支持。

第十七条 主合同有效而第三人提供的担保合同无效，人民法院应当区分不同情形确定担保人的赔偿责任：

（一）债权人与担保人均有过错的，担保人承担的赔偿责任不应超过债务人不能清偿部分的二分之一；

（二）担保人有过错而债权人无过错的，担保人对债务人不能清偿的部分承担赔偿责任；

（三）债权人有过错而担保人无过错的，担保人不承担赔偿责任。

主合同无效导致第三人提供的担保合同无效，担保人无过错的，不承担赔偿责任；担保人有过错的，其承担的赔偿责任不应超过债务人不能清偿部分的三分之一。

第十八条 承担了担保责任或者赔偿责任的担保人，在其承担责任的范围内向债务人追偿的，人民法院应予支持。

同一债权既有债务人自己提供的物的担保，又有第三人提供的担保，承担了担保责任或者赔偿责任的第三人，主张行使债权人对债务人享有的担保物权的，人民法院应予支持。

第十九条 担保合同无效，承担了赔偿责任的担保人按照反担保合同的约定，在其承担赔偿责任的范围内请求反担保人承担担保责任的，人民法院应予支持。

反担保合同无效的，依照本解释第十七条的有关规定处理。当事人仅以担保合同无效为由主张反担保合同无效的，人民法院不予支持。

第二十条 人民法院在审理第三人提供的物的担保纠纷案件时，可以适用民法典第六百九十五条第一款、第六百九十六条第一款、第六百九十七条第二款、第六百九十九条、第七百条、第七百零一条、第七百零二条等关于保证合同的规定。

第二十一条 主合同或者担保合同约定了仲裁条款的，人民法院对约定仲裁条款的合同当事人之间的纠纷无管辖权。

债权人一并起诉债务人和担保人的，应当根据主合同确定管辖法院。

债权人依法可以单独起诉担保人且仅起诉担保人的，应当根据担保合同确定管辖法院。

第二十二条 人民法院受理债务人破产案件后，债权人请求担保人承担担保责任，担保人主张担保债务自人民法院受理破产申请之日起停止计息的，人民法院对担保人的主张应予支持。

第二十三条 人民法院受理债务人破产案件，债权人在破产程序中申报债权后又向人民法院提起诉讼，请求担保人承担担保责任的，人民法院依法予以支持。

担保人清偿债权人的全部债权后，可以代替债权人在破产程序中受偿；在债权人的债权未获全部清偿前，担保人不得代替债权人在破产程序中受偿，但是有权就债权人通过破产分配和实现担保债权等方式获得清偿总额中超出债权的部分，在其承担担保责任的范围内请求债权人返还。

债权人在债务人破产程序中未获全部清偿，请求担保人继续承担担保责任的，人民法院应予支持；担保人承担担保责任后，向和解协议或者重整计划执行完毕后的债务人追偿的，人民法院不予支持。

第二十四条 债权人知道或者应当知道债务人破产，既未申报债权也未通知担保人，致使担保人不能预先行使追偿权的，担保人就该债权在破产程序中可能受偿的范围内免除担保责任，但是担保人因自身过错未行使追偿权的除外。

二、关于保证合同

第二十五条 当事人在保证合同中约定了保证人在债务人不能履行债务或者无力偿还债务时才承担保证责任等类似内容,具有债务人应当先承担责任的意思表示的,人民法院应当将其认定为一般保证。

当事人在保证合同中约定了保证人在债务人不履行债务或者未偿还债务时即承担保证责任、无条件承担保证责任等类似内容,不具有债务人应当先承担责任的意思表示的,人民法院应当将其认定为连带责任保证。

第二十六条 一般保证中,债权人以债务人为被告提起诉讼的,人民法院应予受理。债权人未就主合同纠纷提起诉讼或者申请仲裁,仅起诉一般保证人的,人民法院应当驳回起诉。

一般保证中,债权人一并起诉债务人和保证人的,人民法院可以受理,但是在作出判决时,除有民法典第六百八十七条第二款但书规定的情形外,应当在判决书主文中明确,保证人仅对债务人财产依法强制执行后仍不能履行的部分承担保证责任。

债权人未对债务人的财产申请保全,或者保全的债务人的财产足以清偿债务,债权人申请对一般保证人的财产进行保全的,人民法院不予准许。

第二十七条 一般保证的债权人取得对债务人赋予强制执行效力的公证债权文书后,在保证期间内向人民法院申请强制执行,保证人以债权人未在保证期间内对债务人提起诉讼或者申请仲裁为由主张不承担保证责任的,人民法院不予支持。

第二十八条 一般保证中,债权人依据生效法律文书对债务人的财产依法申请强制执行,保证债务诉讼时效的起算时间按照下列规则确定:

(一)人民法院作出终结本次执行程序裁定,或者依照民事诉讼法第二百五十七条第三项、第五项的规定作出终结执行裁定的,自裁定送达债权人之日起开始计算;

(二)人民法院自收到申请执行书之日起一年内未作出前项裁定的,自人民法院收到申请执行书满一年之日起开始计算,但是保证人有证据证明债务人仍有财产可供执行的除外。

一般保证的债权人在保证期间届满前对债务人提起诉讼或者申请仲裁，债权人举证证明存在民法典第六百八十七条第二款但书规定情形的，保证债务的诉讼时效自债权人知道或者应当知道该情形之日起开始计算。

第二十九条　同一债务有两个以上保证人，债权人以其已经在保证期间内依法向部分保证人行使权利为由，主张已经在保证期间内向其他保证人行使权利的，人民法院不予支持。

同一债务有两个以上保证人，保证人之间相互有追偿权，债权人未在保证期间内依法向部分保证人行使权利，导致其他保证人在承担保证责任后丧失追偿权，其他保证人主张在其不能追偿的范围内免除保证责任的，人民法院应予支持。

第三十条　最高额保证合同对保证期间的计算方式、起算时间等有约定的，按照其约定。

最高额保证合同对保证期间的计算方式、起算时间等没有约定或者约定不明，被担保债权的履行期限均已届满的，保证期间自债权确定之日起开始计算；被担保债权的履行期限尚未届满的，保证期间自最后到期债权的履行期限届满之日起开始计算。

前款所称债权确定之日，依照民法典第四百二十三条的规定认定。

第三十一条　一般保证的债权人在保证期间内对债务人提起诉讼或者申请仲裁后，又撤回起诉或者仲裁申请，债权人在保证期间届满前未再行提起诉讼或者申请仲裁，保证人主张不再承担保证责任的，人民法院应予支持。

连带责任保证的债权人在保证期间内对保证人提起诉讼或者申请仲裁后，又撤回起诉或者仲裁申请，起诉状副本或者仲裁申请书副本已经送达保证人的，人民法院应当认定债权人已经在保证期间内向保证人行使了权利。

第三十二条　保证合同约定保证人承担保证责任直至主债务本息还清时为止等类似内容的，视为约定不明，保证期间为主债务履行期限届满之日起六个月。

第三十三条　保证合同无效，债权人未在约定或者法定的保证期间内依法行使权利，保证人主张不承担赔偿责任的，人民法院应予支持。

第三十四条　人民法院在审理保证合同纠纷案件时，应当将保证期间是否届满、债权人是否在保证期间内依法行使权利等事实作为案件基本事实予以查明。

债权人在保证期间内未依法行使权利的,保证责任消灭。保证责任消灭后,债权人书面通知保证人要求承担保证责任,保证人在通知书上签字、盖章或者按指印,债权人请求保证人继续承担保证责任的,人民法院不予支持,但是债权人有证据证明成立了新的保证合同的除外。

第三十五条 保证人知道或者应当知道主债权诉讼时效期间届满仍然提供保证或者承担保证责任,又以诉讼时效期间届满为由拒绝承担保证责任或者请求返还财产的,人民法院不予支持;保证人承担保证责任后向债务人追偿的,人民法院不予支持,但是债务人放弃诉讼时效抗辩的除外。

第三十六条 第三人向债权人提供差额补足、流动性支持等类似承诺文件作为增信措施,具有提供担保的意思表示,债权人请求第三人承担保证责任的,人民法院应当依照保证的有关规定处理。

第三人向债权人提供的承诺文件,具有加入债务或者与债务人共同承担债务等意思表示的,人民法院应当认定为民法典第五百五十二条规定的债务加入。

前两款中第三人提供的承诺文件难以确定是保证还是债务加入的,人民法院应当将其认定为保证。

第三人向债权人提供的承诺文件不符合前三款规定的情形,债权人请求第三人承担保证责任或者连带责任的,人民法院不予支持,但是不影响其依据承诺文件请求第三人履行约定的义务或者承担相应的民事责任。

三、关于担保物权

(一) 担保合同与担保物权的效力

第三十七条 当事人以所有权、使用权不明或者有争议的财产抵押,经审查构成无权处分的,人民法院应当依照民法典第三百一十一条的规定处理。

当事人以依法被查封或者扣押的财产抵押,抵押权人请求行使抵押权,经审查查封或者扣押措施已经解除的,人民法院应予支持。抵押人以抵押权设立时财产被查封或者扣押为由主张抵押合同无效的,人民法院不予支持。

以依法被监管的财产抵押的，适用前款规定。

第三十八条 主债权未受全部清偿，担保物权人主张就担保财产的全部行使担保物权的，人民法院应予支持，但是留置权人行使留置权的，应当依照民法典第四百五十条的规定处理。

担保财产被分割或者部分转让，担保物权人主张就分割或者转让后的担保财产行使担保物权的，人民法院应予支持，但是法律或者司法解释另有规定的除外。

第三十九条 主债权被分割或者部分转让，各债权人主张就其享有的债权份额行使担保物权的，人民法院应予支持，但是法律另有规定或者当事人另有约定的除外。

主债务被分割或者部分转移，债务人自己提供物的担保，债权人请求以该担保财产担保全部债务履行的，人民法院应予支持；第三人提供物的担保，主张对未经其书面同意转移的债务不再承担担保责任的，人民法院应予支持。

第四十条 从物产生于抵押权依法设立前，抵押权人主张抵押权的效力及于从物的，人民法院应予支持，但是当事人另有约定的除外。

从物产生于抵押权依法设立后，抵押权人主张抵押权的效力及于从物的，人民法院不予支持，但是在抵押权实现时可以一并处分。

第四十一条 抵押权依法设立后，抵押财产被添附，添附物归第三人所有，抵押权人主张抵押权效力及于补偿金的，人民法院应予支持。

抵押权依法设立后，抵押财产被添附，抵押人对添附物享有所有权，抵押权人主张抵押权的效力及于添附物的，人民法院应予支持，但是添附导致抵押财产价值增加的，抵押权的效力不及于增加的价值部分。

抵押权依法设立后，抵押人与第三人因添附成为添附物的共有人，抵押权人主张抵押权的效力及于抵押人对共有物享有的份额的，人民法院应予支持。

本条所称添附，包括附合、混合与加工。

第四十二条 抵押权依法设立后，抵押财产毁损、灭失或者被征收等，抵押权人请求按照原抵押权的顺位就保险金、赔偿金或者补偿金等优先受偿的，人民法院应予支持。

给付义务人已经向抵押人给付了保险金、赔偿金或者补偿金，抵押权人请求给付义务人向其给付保险金、赔偿金或者补偿金的,人民法院不予支持,但是给付义务人接到抵押权人要求向其给付的通知后仍然向抵押人给付的除外。

抵押权人请求给付义务人向其给付保险金、赔偿金或者补偿金的,人民法院可以通知抵押人作为第三人参加诉讼。

第四十三条　当事人约定禁止或者限制转让抵押财产但是未将约定登记,抵押人违反约定转让抵押财产,抵押权人请求确认转让合同无效的,人民法院不予支持;抵押财产已经交付或者登记,抵押权人请求确认转让不发生物权效力的,人民法院不予支持,但是抵押权人有证据证明受让人知道的除外;抵押权人请求抵押人承担违约责任的,人民法院依法予以支持。

当事人约定禁止或者限制转让抵押财产且已经将约定登记,抵押人违反约定转让抵押财产,抵押权人请求确认转让合同无效的,人民法院不予支持;抵押财产已经交付或者登记,抵押权人主张转让不发生物权效力的,人民法院应予支持,但是因受让人代替债务人清偿债务导致抵押权消灭的除外。

第四十四条　主债权诉讼时效期间届满后,抵押权人主张行使抵押权的,人民法院不予支持;抵押人以主债权诉讼时效期间届满为由,主张不承担担保责任的,人民法院应予支持。主债权诉讼时效期间届满前,债权人仅对债务人提起诉讼,经人民法院判决或者调解后未在民事诉讼法规定的申请执行时效期间内对债务人申请强制执行,其向抵押人主张行使抵押权的,人民法院不予支持。

主债权诉讼时效期间届满后,财产被留置的债务人或者对留置财产享有所有权的第三人请求债权人返还留置财产的,人民法院不予支持;债务人或者第三人请求拍卖、变卖留置财产并以所得价款清偿债务的,人民法院应予支持。

主债权诉讼时效期间届满的法律后果,以登记作为公示方式的权利质权,参照适用第一款的规定;动产质权、以交付权利凭证作为公示方式的权利质权,参照适用第二款的规定。

第四十五条　当事人约定当债务人不履行到期债务或者发生当事人约定的实现担保物权的情形,担保物权人有权将担保财产自行拍卖、变卖并就所得的价款优先受偿的,该约定有效。因担保人的原因导致担保物权人无法自行对担保财产进行拍卖、变卖，担保物权人请求担保人承担因此增加的费用的，人民法院应予支持。

当事人依照民事诉讼法有关"实现担保物权案件"的规定，申请拍卖、变卖担保财产，被申请人以担保合同约定仲裁条款为由主张驳回申请的，人民法院经审查后，应当按照以下情形分别处理：

（一）当事人对担保物权无实质性争议且实现担保物权条件已经成就的，应当裁定准许拍卖、变卖担保财产；

（二）当事人对实现担保物权有部分实质性争议的，可以就无争议的部分裁定准许拍卖、变卖担保财产，并告知可以就有争议的部分申请仲裁；

（三）当事人对实现担保物权有实质性争议的，裁定驳回申请，并告知可以向仲裁机构申请仲裁。

债权人以诉讼方式行使担保物权的，应当以债务人和担保人作为共同被告。

（二）不动产抵押

第四十六条 不动产抵押合同生效后未办理抵押登记手续，债权人请求抵押人办理抵押登记手续的，人民法院应予支持。

抵押财产因不可归责于抵押人自身的原因灭失或者被征收等导致不能办理抵押登记，债权人请求抵押人在约定的担保范围内承担责任的，人民法院不予支持；但是抵押人已经获得保险金、赔偿金或者补偿金等，债权人请求抵押人在其所获金额范围内承担赔偿责任的，人民法院依法予以支持。

因抵押人转让抵押财产或者其他可归责于抵押人自身的原因导致不能办理抵押登记，债权人请求抵押人在约定的担保范围内承担责任的，人民法院依法予以支持，但是不得超过抵押权能够设立时抵押人应当承担的责任范围。

第四十七条 不动产登记簿就抵押财产、被担保的债权范围等所作的记载与抵押合同约定不一致的，人民法院应当根据登记簿的记载确定抵押财产、被担保的债权范围等事项。

第四十八条 当事人申请办理抵押登记手续时，因登记机构的过错致使其不能办理抵押登记，当事人请求登记机构承担赔偿责任的，人民法院依法予以支持。

第四十九条 以违法的建筑物抵押的，抵押合同无效，但是一审法庭辩论终结前已经办理合法手续的除外。抵押合同无效的法律后果，依照本解释第十七条的有关规定处理。

当事人以建设用地使用权依法设立抵押，抵押人以土地上存在违法的建筑物为由主张抵押合同无效的，人民法院不予支持。

第五十条 抵押人以划拨建设用地上的建筑物抵押，当事人以该建设用地使用权不能抵押或者未办理批准手续为由主张抵押合同无效或者不生效的，人民法院不予支持。抵押权依法实现时，拍卖、变卖建筑物所得的价款，应当优先用于补缴建设用地使用权出让金。

当事人以划拨方式取得的建设用地使用权抵押，抵押人以未办理批准手续为由主张抵押合同无效或者不生效的，人民法院不予支持。已经依法办理抵押登记，抵押权人主张行使抵押权的，人民法院应予支持。抵押权依法实现时所得的价款，参照前款有关规定处理。

第五十一条 当事人仅以建设用地使用权抵押，债权人主张抵押权的效力及于土地上已有的建筑物以及正在建造的建筑物已完成部分的，人民法院应予支持。债权人主张抵押权的效力及于正在建造的建筑物的续建部分以及新增建筑物的，人民法院不予支持。

当事人以正在建造的建筑物抵押，抵押权的效力范围限于已办理抵押登记的部分。当事人按照担保合同的约定，主张抵押权的效力及于续建部分、新增建筑物以及规划中尚未建造的建筑物的，人民法院不予支持。

抵押人将建设用地使用权、土地上的建筑物或者正在建造的建筑物分别抵押给不同债权人的，人民法院应当根据抵押登记的时间先后确定清偿顺序。

第五十二条 当事人办理抵押预告登记后，预告登记权利人请求就抵押财产优先受偿，经审查存在尚未办理建筑物所有权首次登记、预告登记的财产与办理建筑物所有权首次登记时的财产不一致、抵押预告登记已经失效等情形，导致不具备办理抵押登记条件的，人民法院不予支持；经审查已经办理建筑物所有权首次登记，且不存在预告登记失效等情形的，人民法院应予支持，并应当认定抵押权自预告登记之日起设立。

当事人办理了抵押预告登记，抵押人破产，经审查抵押财产属于破产财产，预告登记权利人主张就抵押财产优先受偿的，人民法院应当在受理破产申请时抵押财产的价值范围内予以支持，但是在人民法院受理破产申请前一年内，债务人对没有财产担保的债务设立抵押预告登记的除外。

（三）动产与权利担保

第五十三条 当事人在动产和权利担保合同中对担保财产进行概括描述，该描述能够合理识别担保财产的，人民法院应当认定担保成立。

第五十四条 动产抵押合同订立后未办理抵押登记，动产抵押权的效力按照下列情形分别处理：

（一）抵押人转让抵押财产，受让人占有抵押财产后，抵押权人向受让人请求行使抵押权的，人民法院不予支持，但是抵押权人能够举证证明受让人知道或者应当知道已经订立抵押合同的除外；

（二）抵押人将抵押财产出租给他人并移转占有，抵押权人行使抵押权的，租赁关系不受影响，但是抵押权人能够举证证明承租人知道或者应当知道已经订立抵押合同的除外；

（三）抵押人的其他债权人向人民法院申请保全或者执行抵押财产，人民法院已经作出财产保全裁定或者采取执行措施，抵押权人主张对抵押财产优先受偿的，人民法院不予支持；

（四）抵押人破产，抵押权人主张对抵押财产优先受偿的，人民法院不予支持。

第五十五条 债权人、出质人与监管人订立三方协议，出质人以通过一定数量、品种等概括描述能够确定范围的货物为债务的履行提供担保，当事人有证据证明监管人系受债权人的委托监管并实际控制该货物的，人民法院应当认定质权于监管人实际控制货物之日起设立。监管人违反约定向出质人或者其他人放货、因保管不善导致货物毁损灭失，债权人请求监管人承担违约责任的，人民法院依法予以支持。

在前款规定情形下，当事人有证据证明监管人系受出质人委托监管该货物，或者虽然受债权人委托但是未实际履行监管职责，导致货物仍由出质人实际控制的，人民法院应当认定质权未设立。债权人可以基于质押合同的约定请求出质人承担违约责任，但是不得超过质权有效设立时出质人应当承担的责任范围。监管人未履行监管职责，债权人请求监管人承担责任的，人民法院依法予以支持。

第五十六条　买受人在出卖人正常经营活动中通过支付合理对价取得已被设立担保物权的动产，担保物权人请求就该动产优先受偿的，人民法院不予支持，但是有下列情形之一的除外：

（一）购买商品的数量明显超过一般买受人；
（二）购买出卖人的生产设备；
（三）订立买卖合同的目的在于担保出卖人或者第三人履行债务；
（四）买受人与出卖人存在直接或者间接的控制关系；
（五）买受人应当查询抵押登记而未查询的其他情形。

前款所称出卖人正常经营活动，是指出卖人的经营活动属于其营业执照明确记载的经营范围，且出卖人持续销售同类商品。前款所称担保物权人，是指已经办理登记的抵押权人、所有权保留买卖的出卖人、融资租赁合同的出租人。

第五十七条　担保人在设立动产浮动抵押并办理抵押登记后又购入或者以融资租赁方式承租新的动产，下列权利人为担保价款债权或者租金的实现而订立担保合同，并在该动产交付后十日内办理登记，主张其权利优先于在先设立的浮动抵押权的，人民法院应予支持：

（一）在该动产上设立抵押权或者保留所有权的出卖人；
（二）为价款支付提供融资而在该动产上设立抵押权的债权人；
（三）以融资租赁方式出租该动产的出租人。

买受人取得动产但未付清价款或者承租人以融资租赁方式占有租赁物但是未付清全部租金，又以标的物为他人设立担保物权，前款所列权利人为担保价款债权或者租金的实现而订立担保合同，并在该动产交付后十日内办理登记，主张其权利优先于买受人为他人设立的担保物权的，人民法院应予支持。

同一动产上存在多个价款优先权的，人民法院应当按照登记的时间先后确定清偿顺序。

第五十八条　以汇票出质，当事人以背书记载"质押"字样并在汇票上签章，汇票已经交付质权人的，人民法院应当认定质权自汇票交付质权人时设立。

第五十九条　存货人或者仓单持有人在仓单上以背书记载"质押"字

样，并经保管人签章，仓单已经交付质权人的，人民法院应当认定质权自仓单交付质权人时设立。没有权利凭证的仓单，依法可以办理出质登记的，仓单质权自办理出质登记时设立。

出质人既以仓单出质，又以仓储物设立担保，按照公示的先后确定清偿顺序；难以确定先后的，按照债权比例清偿。

保管人为同一货物签发多份仓单，出质人在多份仓单上设立多个质权，按照公示的先后确定清偿顺序；难以确定先后的，按照债权比例受偿。

存在第二款、第三款规定的情形，债权人举证证明其损失系由出质人与保管人的共同行为所致，请求出质人与保管人承担连带赔偿责任的，人民法院应予支持。

第六十条 在跟单信用证交易中，开证行与开证申请人之间约定以提单作为担保的，人民法院应当依照民法典关于质权的有关规定处理。

在跟单信用证交易中，开证行依据其与开证申请人之间的约定或者跟单信用证的惯例持有提单，开证申请人未按照约定付款赎单，开证行主张对提单项下货物优先受偿的，人民法院应予支持；开证行主张对提单项下货物享有所有权的，人民法院不予支持。

在跟单信用证交易中，开证行依据其与开证申请人之间的约定或者跟单信用证的惯例，通过转让提单或者提单项下货物取得价款，开证申请人请求返还超出债权部分的，人民法院应予支持。

前三款规定不影响合法持有提单的开证行以提单持有人身份主张运输合同项下的权利。

第六十一条 以现有的应收账款出质，应收账款债务人向质权人确认应收账款的真实性后，又以应收账款不存在或者已经消灭为由主张不承担责任的，人民法院不予支持。

以现有的应收账款出质，应收账款债务人未确认应收账款的真实性，质权人以应收账款债务人为被告，请求就应收账款优先受偿，能够举证证明办理出质登记时应收账款真实存在的，人民法院应予支持；质权人不能举证证明办理出质登记时应收账款真实存在，仅以已经办理出质登记为由，请求就应收账款优先受偿的，人民法院不予支持。

以现有的应收账款出质，应收账款债务人已经向应收账款债权人履行了债务，质权人请求应收账款债务人履行债务的，人民法院不予支持，但是应收账款债务人接到质权人要求向其履行的通知后，仍然向应收账款债权人履行的除外。

以基础设施和公用事业项目收益权、提供服务或者劳务产生的债权以及其他将有的应收账款出质，当事人为应收账款设立特定账户，发生法定或者约定的质权实现事由时，质权人请求就该特定账户内的款项优先受偿的，人民法院应予支持；特定账户内的款项不足以清偿债务或者未设立特定账户，质权人请求折价或者拍卖、变卖项目收益权等将有的应收账款，并以所得的价款优先受偿的，人民法院依法予以支持。

第六十二条　债务人不履行到期债务，债权人因同一法律关系留置合法占有的第三人的动产，并主张就该留置财产优先受偿的，人民法院应予支持。第三人以该留置财产并非债务人的财产为由请求返还的，人民法院不予支持。

企业之间留置的动产与债权并非同一法律关系，债务人以该债权不属于企业持续经营中发生的债权为由请求债权人返还留置财产的，人民法院应予支持。

企业之间留置的动产与债权并非同一法律关系，债权人留置第三人的财产，第三人请求债权人返还留置财产的，人民法院应予支持。

四、关于非典型担保

第六十三条　债权人与担保人订立担保合同，约定以法律、行政法规尚未规定可以担保的财产权利设立担保，当事人主张合同无效的，人民法院不予支持。当事人未在法定的登记机构依法进行登记，主张该担保具有物权效力的，人民法院不予支持。

第六十四条　在所有权保留买卖中，出卖人依法有权取回标的物，但是与买受人协商不成，当事人请求参照民事诉讼法"实现担保物权案件"的有关规定，拍卖、变卖标的物的，人民法院应予准许。

出卖人请求取回标的物，符合民法典第六百四十二条规定的，人民法院应予支持；买受人以抗辩或者反诉的方式主张拍卖、变卖标的物，并在扣除买受人未支付的价款以及必要费用后返还剩余款项的，人民法院应当一并处理。

第六十五条　在融资租赁合同中，承租人未按照约定支付租金，经催告后在合理期限内仍不支付，出租人请求承租人支付全部剩余租金，并以拍卖、变卖租赁物所得的价款受偿的，人民法院应予支持；当事人请求参照民事诉讼法"实现担保物权案件"的有关规定，以拍卖、变卖租赁物所得价款支付租金的，人民法院应予准许。

出租人请求解除融资租赁合同并收回租赁物，承租人以抗辩或者反诉的方式主张返还租赁物价值超过欠付租金以及其他费用的，人民法院应当一并处理。当事人对租赁物的价值有争议的，应当按照下列规则确定租赁物的价值：

（一）融资租赁合同有约定的，按照其约定；

（二）融资租赁合同未约定或者约定不明的，根据约定的租赁物折旧以及合同到期后租赁物的残值来确定；

（三）根据前两项规定的方法仍然难以确定，或者当事人认为根据前两项规定的方法确定的价值严重偏离租赁物实际价值的，根据当事人的申请委托有资质的机构评估。

第六十六条　同一应收账款同时存在保理、应收账款质押和债权转让，当事人主张参照民法典第七百六十八条的规定确定优先顺序的，人民法院应予支持。

在有追索权的保理中，保理人以应收账款债权人或者应收账款债务人为被告提起诉讼，人民法院应予受理；保理人一并起诉应收账款债权人和应收账款债务人的，人民法院可以受理。

应收账款债权人向保理人返还保理融资款本息或者回购应收账款债权后，请求应收账款债务人向其履行应收账款债务的，人民法院应予支持。

第六十七条　在所有权保留买卖、融资租赁等合同中，出卖人、出租人的所有权未经登记不得对抗的"善意第三人"的范围及其效力，参照本解释第五十四条的规定处理。

第六十八条　债务人或者第三人与债权人约定将财产形式上转移至债权人名下，债务人不履行到期债务，债权人有权对财产折价或者以拍卖、变卖该财产所得价款偿还债务的，人民法院应当认定该约定有效。当事人已经完成财产权利变动的公示，债务人不履行到期债务，债权人请求参照民法典关于担保物权的有关规定就该财产优先受偿的，人民法院应予支持。

债务人或者第三人与债权人约定将财产形式上转移至债权人名下，债务人不履行到期债务，财产归债权人所有的，人民法院应当认定该约定无效，但是不影响当事人有关提供担保的意思表示的效力。当事人已经完成财产权利变动的公示，债务人不履行到期债务，债权人请求对该财产享有所有权的，人民法院不予支持；债权人请求参照民法典关于担保物权的规定对财产折价或者以拍卖、变卖该财产所得的价款优先受偿的，人民法院应予支持；债务人履行债务后请求返还财产，或者请求对财产折价或者以拍卖、变卖所得的价款清偿债务的，人民法院应予支持。

债务人与债权人约定将财产转移至债权人名下，在一定期间后再由债务人或者其指定的第三人以交易本金加上溢价款回购，债务人到期不履行回购义务，财产归债权人所有的，人民法院应当参照第二款规定处理。回购对象自始不存在的，人民法院应当依照民法典第一百四十六条第二款的规定，按照其实际构成的法律关系处理。

第六十九条 股东以将其股权转移至债权人名下的方式为债务履行提供担保，公司或者公司的债权人以股东未履行或者未全面履行出资义务、抽逃出资等为由，请求作为名义股东的债权人与股东承担连带责任的，人民法院不予支持。

第七十条 债务人或者第三人为担保债务的履行，设立专门的保证金账户并由债权人实际控制，或者将其资金存入债权人设立的保证金账户，债权人主张就账户内的款项优先受偿的，人民法院应予支持。当事人以保证金账户内的款项浮动为由，主张实际控制该账户的债权人对账户内的款项不享有优先受偿权的，人民法院不予支持。

在银行账户下设立的保证金分户，参照前款规定处理。

当事人约定的保证金并非为担保债务的履行设立，或者不符合前两款规定的情形，债权人主张就保证金优先受偿的，人民法院不予支持，但是不影响当事人依照法律的规定或者按照当事人的约定主张权利。

五、附　则

第七十一条 本解释自 2021 年 1 月 1 日起施行。

最高人民法院关于适用《中华人民共和国企业破产法》若干问题的规定（一）

(2011年8月29日最高人民法院审判委员会第1527次会议通过 2011年9月9日最高人民法院公告公布 自2011年9月26日起施行 法释〔2011〕22号)

为正确适用《中华人民共和国企业破产法》，结合审判实践，就人民法院依法受理企业破产案件适用法律问题作出如下规定。

第一条 债务人不能清偿到期债务并且具有下列情形之一的，人民法院应当认定其具备破产原因：

（一）资产不足以清偿全部债务；

（二）明显缺乏清偿能力。

相关当事人以对债务人的债务负有连带责任的人未丧失清偿能力为由，主张债务人不具备破产原因的，人民法院应不予支持。

第二条 下列情形同时存在的，人民法院应当认定债务人不能清偿到期债务：

（一）债权债务关系依法成立；

（二）债务履行期限已经届满；

（三）债务人未完全清偿债务。

第三条 债务人的资产负债表，或者审计报告、资产评估报告等显示其全部资产不足以偿付全部负债的，人民法院应当认定债务人资产不足以清偿全部债务，但有相反证据足以证明债务人资产能够偿付全部负债的除外。

第四条 债务人账面资产虽大于负债，但存在下列情形之一的，人民法院应当认定其明显缺乏清偿能力：

（一）因资金严重不足或者财产不能变现等原因，无法清偿债务；

（二）法定代表人下落不明且无其他人员负责管理财产，无法清偿债务；

（三）经人民法院强制执行，无法清偿债务；

（四）长期亏损且经营扭亏困难，无法清偿债务；

（五）导致债务人丧失清偿能力的其他情形。

第五条 企业法人已解散但未清算或者未在合理期限内清算完毕，债权人申请债务人破产清算的，除债务人在法定异议期限内举证证明其未出现破产原因外，人民法院应当受理。

第六条 债权人申请债务人破产的，应当提交债务人不能清偿到期债务的有关证据。债务人对债权人的申请未在法定期限内向人民法院提出异议，或者异议不成立的，人民法院应当依法裁定受理破产申请。

受理破产申请后，人民法院应当责令债务人依法提交其财产状况说明、债务清册、债权清册、财务会计报告等有关材料，债务人拒不提交的，人民法院可以对债务人的直接责任人员采取罚款等强制措施。

第七条 人民法院收到破产申请时，应当向申请人出具收到申请及所附证据的书面凭证。

人民法院收到破产申请后应当及时对申请人的主体资格、债务人的主体资格和破产原因，以及有关材料和证据等进行审查，并依据企业破产法第十条的规定作出是否受理的裁定。

人民法院认为申请人应当补充、补正相关材料的，应当自收到破产申请之日起五日内告知申请人。当事人补充、补正相关材料的期间不计入企业破产法第十条规定的期限。

第八条 破产案件的诉讼费用，应根据企业破产法第四十三条的规定，从债务人财产中拨付。相关当事人以申请人未预先交纳诉讼费用为由，对破产申请提出异议的，人民法院不予支持。

第九条 申请人向人民法院提出破产申请，人民法院未接收其申请，或者未按本规定第七条执行的，申请人可以向上一级人民法院提出破产申请。

上一级人民法院接到破产申请后，应当责令下级法院依法审查并及时作出是否受理的裁定；下级法院仍不作出是否受理裁定的，上一级人民法院可以径行作出裁定。

上一级人民法院裁定受理破产申请的，可以同时指令下级人民法院审理该案件。

最高人民法院关于适用《中华人民共和国企业破产法》若干问题的规定（二）

（2013年7月29日最高人民法院审判委员会第1586次会议通过 根据2020年12月23日最高人民法院审判委员会第1823次会议通过的《最高人民法院关于修改〈最高人民法院关于破产企业国有划拨土地使用权应否列入破产财产等问题的批复〉等二十九件商事类司法解释的决定》修正 2020年12月29日最高人民法院公告公布 自2021年1月1日起施行 法释〔2020〕18号）

根据《中华人民共和国民法典》《中华人民共和国企业破产法》等相关法律，结合审判实践，就人民法院审理企业破产案件中认定债务人财产相关的法律适用问题，制定本规定。

第一条 除债务人所有的货币、实物外，债务人依法享有的可以用货币估价并可以依法转让的债权、股权、知识产权、用益物权等财产和财产权益，人民法院均应认定为债务人财产。

第二条 下列财产不应认定为债务人财产：

（一）债务人基于仓储、保管、承揽、代销、借用、寄存、租赁等合同或者其他法律关系占有、使用的他人财产；

（二）债务人在所有权保留买卖中尚未取得所有权的财产；

（三）所有权专属于国家且不得转让的财产；

（四）其他依照法律、行政法规不属于债务人的财产。

第三条 债务人已依法设定担保物权的特定财产，人民法院应当认定为债务人财产。

对债务人的特定财产在担保物权消灭或者实现担保物权后的剩余部分，在破产程序中可用以清偿破产费用、共益债务和其他破产债权。

第四条 债务人对按份享有所有权的共有财产的相关份额，或者共同享有所有权的共有财产的相应财产权利，以及依法分割共有财产所得部分，人民法院均应认定为债务人财产。

人民法院宣告债务人破产清算，属于共有财产分割的法定事由。人民法院裁定债务人重整或者和解的，共有财产的分割应当依据民法典第三百零三条的规定进行；基于重整或者和解的需要必须分割共有财产，管理人请求分割的，人民法院应予准许。

因分割共有财产导致其他共有人损害产生的债务，其他共有人请求作为共益债务清偿的，人民法院应予支持。

第五条　破产申请受理后，有关债务人财产的执行程序未依照企业破产法第十九条的规定中止的，采取执行措施的相关单位应当依法予以纠正。依法执行回转的财产，人民法院应当认定为债务人财产。

第六条　破产申请受理后，对于可能因有关利益相关人的行为或者其他原因，影响破产程序依法进行的，受理破产申请的人民法院可以根据管理人的申请或者依职权，对债务人的全部或者部分财产采取保全措施。

第七条　对债务人财产已采取保全措施的相关单位，在知悉人民法院已裁定受理有关债务人的破产申请后，应当依照企业破产法第十九条的规定及时解除对债务人财产的保全措施。

第八条　人民法院受理破产申请后至破产宣告前裁定驳回破产申请，或者依据企业破产法第一百零八条的规定裁定终结破产程序的，应当及时通知原已采取保全措施并已依法解除保全措施的单位按照原保全顺位恢复相关保全措施。

在已依法解除保全的单位恢复保全措施或者表示不再恢复之前，受理破产申请的人民法院不得解除对债务人财产的保全措施。

第九条　管理人依据企业破产法第三十一条和第三十二条的规定提起诉讼，请求撤销涉及债务人财产的相关行为并由相对人返还债务人财产的，人民法院应予支持。

管理人因过错未依法行使撤销权导致债务人财产不当减损，债权人提起诉讼主张管理人对其损失承担相应赔偿责任的，人民法院应予支持。

第十条　债务人经过行政清理程序转入破产程序的，企业破产法第三十一条和第三十二条规定的可撤销行为的起算点，为行政监管机构作出撤销决定之日。

债务人经过强制清算程序转入破产程序的，企业破产法第三十一条和第三十二条规定的可撤销行为的起算点，为人民法院裁定受理强制清算申请之日。

第十一条 人民法院根据管理人的请求撤销涉及债务人财产的以明显不合理价格进行的交易的，买卖双方应当依法返还从对方获取的财产或者价款。

因撤销该交易，对于债务人应返还受让人已支付价款所产生的债务，受让人请求作为共益债务清偿的，人民法院应予支持。

第十二条 破产申请受理前一年内债务人提前清偿的未到期债务，在破产申请受理前已经到期，管理人请求撤销该清偿行为的，人民法院不予支持。但是，该清偿行为发生在破产申请受理前六个月内且债务人有企业破产法第二条第一款规定情形的除外。

第十三条 破产申请受理后，管理人未依据企业破产法第三十一条的规定请求撤销债务人无偿转让财产、以明显不合理价格交易、放弃债权行为的，债权人依据民法典第五百三十八条、第五百三十九条等规定提起诉讼，请求撤销债务人上述行为并将因此追回的财产归入债务人财产的，人民法院应予受理。

相对人以债权人行使撤销权的范围超出债权人的债权抗辩的，人民法院不予支持。

第十四条 债务人对以自有财产设定担保物权的债权进行的个别清偿，管理人依据企业破产法第三十二条的规定请求撤销的，人民法院不予支持。但是，债务清偿时担保财产的价值低于债权额的除外。

第十五条 债务人经诉讼、仲裁、执行程序对债权人进行的个别清偿，管理人依据企业破产法第三十二条的规定请求撤销的，人民法院不予支持。但是，债务人与债权人恶意串通损害其他债权人利益的除外。

第十六条 债务人对债权人进行的以下个别清偿，管理人依据企业破产法第三十二条的规定请求撤销的，人民法院不予支持：

（一）债务人为维系基本生产需要而支付水费、电费等的；

（二）债务人支付劳动报酬、人身损害赔偿金的；

（三）使债务人财产受益的其他个别清偿。

第十七条 管理人依据企业破产法第三十三条的规定提起诉讼，主张被隐匿、转移财产的实际占有人返还债务人财产，或者主张债务人虚构债务或者承认不真实债务的行为无效并返还债务人财产的，人民法院应予支持。

第十八条 管理人代表债务人依据企业破产法第一百二十八条的规定，以债务人的法定代表人和其他直接责任人员对所涉债务人财产的相关行为存在故意或者重大过失，造成债务人财产损失为由提起诉讼，主张上述责任人员承担相应赔偿责任的，人民法院应予支持。

第十九条 债务人对外享有债权的诉讼时效，自人民法院受理破产申请之日起中断。

债务人无正当理由未对其到期债权及时行使权利，导致其对外债权在破产申请受理前一年内超过诉讼时效期间的，人民法院受理破产申请之日起重新计算上述债权的诉讼时效期间。

第二十条 管理人代表债务人提起诉讼，主张出资人向债务人依法缴付未履行的出资或者返还抽逃的出资本息，出资人以认缴出资尚未届至公司章程规定的缴纳期限或者违反出资义务已经超过诉讼时效为由抗辩的，人民法院不予支持。

管理人依据公司法的相关规定代表债务人提起诉讼，主张公司的发起人和负有监督股东履行出资义务的董事、高级管理人员，或者协助抽逃出资的其他股东、董事、高级管理人员、实际控制人等，对股东违反出资义务或者抽逃出资承担相应责任，并将财产归入债务人财产的，人民法院应予支持。

第二十一条 破产申请受理前，债权人就债务人财产提起下列诉讼，破产申请受理时案件尚未审结的，人民法院应当中止审理：

（一）主张次债务人代替债务人直接向其偿还债务的；

（二）主张债务人的出资人、发起人和负有监督股东履行出资义务的董事、高级管理人员，或者协助抽逃出资的其他股东、董事、高级管理人员、实际控制人等直接向其承担出资不实或者抽逃出资责任的；

（三）以债务人的股东与债务人法人人格严重混同为由，主张债务人的股东直接向其偿还债务人对其所负债务的；

（四）其他就债务人财产提起的个别清偿诉讼。

债务人破产宣告后，人民法院应当依照企业破产法第四十四条的规定判决驳回债权人的诉讼请求。但是，债权人一审中变更其诉讼请求为追收的相关财产归入债务人财产的除外。

债务人破产宣告前，人民法院依据企业破产法第十二条或者第一百零八条的规定裁定驳回破产申请或者终结破产程序的，上述中止审理的案件应当依法恢复审理。

第二十二条 破产申请受理前，债权人就债务人财产向人民法院提起本规定第二十一条第一款所列诉讼，人民法院已经作出生效民事判决书或者调解书但尚未执行完毕的，破产申请受理后，相关执行行为应当依据企业破产法第十九条的规定中止，债权人应当依法向管理人申报相关债权。

第二十三条 破产申请受理后，债权人就债务人财产向人民法院提起本规定第二十一条第一款所列诉讼的，人民法院不予受理。

债权人通过债权人会议或者债权人委员会，要求管理人依法向次债务人、债务人的出资人等追收债务人财产，管理人无正当理由拒绝追收，债权人会议依据企业破产法第二十二条的规定，申请人民法院更换管理人的，人民法院应予支持。

管理人不予追收，个别债权人代表全体债权人提起相关诉讼，主张次债务人或者债务人的出资人等向债务人清偿或者返还债务人财产，或者依法申请合并破产的，人民法院应予受理。

第二十四条 债务人有企业破产法第二条第一款规定的情形时，债务人的董事、监事和高级管理人员利用职权获取的以下收入，人民法院应当认定为企业破产法第三十六条规定的非正常收入：

（一）绩效奖金；

（二）普遍拖欠职工工资情况下获取的工资性收入；

（三）其他非正常收入。

债务人的董事、监事和高级管理人员拒不向管理人返还上述债务人财产，管理人主张上述人员予以返还的，人民法院应予支持。

债务人的董事、监事和高级管理人员因返还第一款第（一）项、第（三）项非正常收入形成的债权，可以作为普通破产债权清偿。因返还第一款第（二）项非正常收入形成的债权，依据企业破产法第一百一十三条第三款的规定，按照该企业职工平均工资计算的部分作为拖欠职工工资清偿；高出该企业职工平均工资计算的部分，可以作为普通破产债权清偿。

第二十五条 管理人拟通过清偿债务或者提供担保取回质物、留置物，或者与质权人、留置权人协议以质物、留置物折价清偿债务等方式，进行对债权人利益有重大影响的财产处分行为的，应当及时报告债权人委员会。未设立债权人委员会的，管理人应当及时报告人民法院。

第二十六条 权利人依据企业破产法第三十八条的规定行使取回权，应当在破产财产变价方案或者和解协议、重整计划草案提交债权人会议表决前向管理人提出。权利人在上述期限后主张取回相关财产的，应当承担延迟行使取回权增加的相关费用。

第二十七条 权利人依据企业破产法第三十八条的规定向管理人主张取回相关财产，管理人不予认可，权利人以债务人为被告向人民法院提起诉讼请求行使取回权的，人民法院应予受理。

权利人依据人民法院或者仲裁机关的相关生效法律文书向管理人主张取回所涉争议财产，管理人以生效法律文书错误为由拒绝其行使取回权的，人民法院不予支持。

第二十八条 权利人行使取回权时未依法向管理人支付相关的加工费、保管费、托运费、委托费、代销费等费用，管理人拒绝其取回相关财产的，人民法院应予支持。

第二十九条 对债务人占有的权属不清的鲜活易腐等不易保管的财产或者不及时变现价值将严重贬损的财产，管理人及时变价并提存变价款后，有关权利人就该变价款行使取回权的，人民法院应予支持。

第三十条 债务人占有的他人财产被违法转让给第三人，依据民法典第三百一十一条的规定第三人已善意取得财产所有权，原权利人无法取回该财产的，人民法院应当按照以下规定处理：

（一）转让行为发生在破产申请受理前的，原权利人因财产损失形成的债权，作为普通破产债权清偿；

（二）转让行为发生在破产申请受理后的，因管理人或者相关人员执行职务导致原权利人损害产生的债务，作为共益债务清偿。

第三十一条 债务人占有的他人财产被违法转让给第三人，第三人已向债务人支付了转让价款，但依据民法典第三百一十一条的规定未取得财产所有权，原权利人依法追回转让财产的，对因第三人已支付对价而产生的债务，人民法院应当按照以下规定处理：

（一）转让行为发生在破产申请受理前的，作为普通破产债权清偿；

（二）转让行为发生在破产申请受理后的，作为共益债务清偿。

第三十二条 债务人占有的他人财产毁损、灭失，因此获得的保险金、赔偿金、代偿物尚未交付给债务人，或者代偿物虽已交付给债务人但能与债务人财产予以区分的，权利人主张取回就此获得的保险金、赔偿金、代偿物的，人民法院应予支持。

保险金、赔偿金已经交付给债务人，或者代偿物已经交付给债务人且不能与债务人财产予以区分的，人民法院应当按照以下规定处理：

（一）财产毁损、灭失发生在破产申请受理前的，权利人因财产损失形成的债权，作为普通破产债权清偿；

（二）财产毁损、灭失发生在破产申请受理后的，因管理人或者相关人员执行职务导致权利人损害产生的债务，作为共益债务清偿。

债务人占有的他人财产毁损、灭失，没有获得相应的保险金、赔偿金、代偿物，或者保险金、赔偿物、代偿物不足以弥补其损失的部分，人民法院应当按照本条第二款的规定处理。

第三十三条 管理人或者相关人员在执行职务过程中，因故意或者重大过失不当转让他人财产或者造成他人财产毁损、灭失，导致他人损害产生的债务作为共益债务，由债务人财产随时清偿不足弥补损失，权利人向管理人或者相关人员主张承担补充赔偿责任的，人民法院应予支持。

上述债务作为共益债务由债务人财产随时清偿后，债权人以管理人或者相关人员执行职务不当导致债务人财产减少给其造成损失为由提起诉讼，主张管理人或者相关人员承担相应赔偿责任的，人民法院应予支持。

第三十四条 买卖合同双方当事人在合同中约定标的物所有权保留，在标的物所有权未依法转移给买受人前，一方当事人破产的，该买卖合同属于双方均未履行完毕的合同，管理人有权依据企业破产法第十八条的规定决定解除或者继续履行合同。

第三十五条 出卖人破产，其管理人决定继续履行所有权保留买卖合同的，买受人应当按照原买卖合同的约定支付价款或者履行其他义务。

买受人未依约支付价款或者履行完毕其他义务，或者将标的物出卖、出质或者作出其他不当处分，给出卖人造成损害，出卖人管理人依法主张取回标的物的，人民法院应予支持。但是，买受人已经支付标的物总价款百分之七十五以上或者第三人善意取得标的物所有权或者其他物权的除外。

因本条第二款规定未能取回标的物，出卖人管理人依法主张买受人继续支付价款、履行完毕其他义务，以及承担相应赔偿责任的，人民法院应予支持。

第三十六条 出卖人破产，其管理人决定解除所有权保留买卖合同，并依据企业破产法第十七条的规定要求买受人向其交付买卖标的物的，人民法院应予支持。

买受人以其不存在未依约支付价款或者履行完毕其他义务，或者将标的物出卖、出质或者作出其他不当处分情形抗辩的，人民法院不予支持。

买受人依法履行合同义务并依据本条第一款将买卖标的物交付出卖人管理人后，买受人已支付价款损失形成的债权作为共益债务清偿。但是，买受人违反合同约定，出卖人管理人主张上述债权作为普通破产债权清偿的，人民法院应予支持。

第三十七条 买受人破产，其管理人决定继续履行所有权保留买卖合同的，原买卖合同中约定的买受人支付价款或者履行其他义务的期限在破产申请受理时视为到期，买受人管理人应当及时向出卖人支付价款或者履行其他义务。

买受人管理人无正当理由未及时支付价款或者履行完毕其他义务，或者将标的物出卖、出质或者作出其他不当处分，给出卖人造成损害，出卖人依据民法典第六百四十一条等规定主张取回标的物的，人民法院应予支持。但是，买受人已支付标的物总价款百分之七十五以上或者第三人善意取得标的物所有权或者其他物权的除外。

因本条第二款规定未能取回标的物，出卖人依法主张买受人继续支付价款、履行完毕其他义务，以及承担相应赔偿责任的，人民法院应予支持。对因买受人未支付价款或者未履行完毕其他义务，以及买受人管理人将标的物出卖、出质或者作出其他不当处分导致出卖人损害产生的债务，出卖人主张作为共益债务清偿的，人民法院应予支持。

第三十八条 买受人破产，其管理人决定解除所有权保留买卖合同，出卖人依据企业破产法第三十八条的规定主张取回买卖标的物的，人民法院应予支持。

出卖人取回买卖标的物，买受人管理人主张出卖人返还已支付价款的，人民法院应予支持。取回的标的物价值明显减少给出卖人造成损失的，出卖人可从买受人已支付价款中优先予以抵扣后，将剩余部分返还给买受人；对买受人已支付价款不足以弥补出卖人标的物价值减损损失形成的债权，出卖人主张作为共益债务清偿的，人民法院应予支持。

第三十九条 出卖人依据企业破产法第三十九条的规定，通过通知承运人或者实际占有人中止运输、返还货物、变更到达地，或者将货物交给其他收货人等方式，对在运途中标的物主张了取回权但未能实现，或者在货物未达管理人前已向管理人主张取回在运途中标的物，在买卖标的物到达管理人后，出卖人向管理人主张取回的，管理人应予准许。

出卖人对在运途中标的物未及时行使取回权，在买卖标的物到达管理人后向管理人行使在运途中标的物取回权的，管理人不应准许。

第四十条 债务人重整期间，权利人要求取回债务人合法占有的权利人的财产，不符合双方事先约定条件的，人民法院不予支持。但是，因管理人或者自行管理的债务人违反约定，可能导致取回物被转让、毁损、灭失或者价值明显减少的除外。

第四十一条 债权人依据企业破产法第四十条的规定行使抵销权，应当向管理人提出抵销主张。

管理人不得主动抵销债务人与债权人的互负债务，但抵销使债务人财产受益的除外。

第四十二条 管理人收到债权人提出的主张债务抵销的通知后，经审查无异议的，抵销自管理人收到通知之日起生效。

管理人对抵销主张有异议的，应当在约定的异议期限内或者自收到主张债务抵销的通知之日起三个月内向人民法院提起诉讼。无正当理由逾期提起的，人民法院不予支持。

人民法院判决驳回管理人提起的抵销无效诉讼请求的，该抵销自管理人收到主张债务抵销的通知之日起生效。

第四十三条 债权人主张抵销，管理人以下列理由提出异议的，人民法院不予支持：

（一）破产申请受理时，债务人对债权人负有的债务尚未到期；

（二）破产申请受理时，债权人对债务人负有的债务尚未到期；

（三）双方互负债务标的物种类、品质不同。

第四十四条 破产申请受理前六个月内，债务人有企业破产法第二条第一款规定的情形，债务人与个别债权人以抵销方式对个别债权人清偿，其抵销的债权债务属于企业破产法第四十条第（二）、（三）项规定的情形之一，管理人在破产申请受理之日起三个月内向人民法院提起诉讼，主张该抵销无效的，人民法院应予支持。

第四十五条 企业破产法第四十条所列不得抵销情形的债权人，主张以其对债务人特定财产享有优先受偿权的债权，与债务人对其不享有优先受偿权的债权抵销，债务人管理人以抵销存在企业破产法第四十条规定的情形提出异议的，人民法院不予支持。但是，用以抵销的债权大于债权人享有优先受偿权财产价值的除外。

第四十六条 债务人的股东主张以下列债务与债务人对其负有的债务抵销，债务人管理人提出异议的，人民法院应予支持：

（一）债务人股东因欠缴债务人的出资或者抽逃出资对债务人所负的债务；

（二）债务人股东滥用股东权利或者关联关系损害公司利益对债务人所负的债务。

第四十七条 人民法院受理破产申请后，当事人提起的有关债务人的民事诉讼案件，应当依据企业破产法第二十一条的规定，由受理破产申请的人民法院管辖。

受理破产申请的人民法院管辖的有关债务人的第一审民事案件，可以依据民事诉讼法第三十八条的规定，由上级人民法院提审，或者报请上级人民法院批准后交下级人民法院审理。

受理破产申请的人民法院，如对有关债务人的海事纠纷、专利纠纷、证券市场因虚假陈述引发的民事赔偿纠纷等案件不能行使管辖权的，可以依据民事诉讼法第三十七条的规定，由上级人民法院指定管辖。

第四十八条 本规定施行前本院发布的有关企业破产的司法解释，与本规定相抵触的，自本规定施行之日起不再适用。

最高人民法院关于适用《中华人民共和国企业破产法》若干问题的规定（三）

（2019年2月25日最高人民法院审判委员会第1762次会议通过 根据2020年12月23日最高人民法院审判委员会第1823次会议通过的《最高人民法院关于修改〈最高人民法院关于破产企业国有划拨土地使用权应否列入破产财产等问题的批复〉等二十九件商事类司法解释的决定》修正 2020年12月29日最高人民法院公告公布 自2021年1月1日起施行 法释〔2020〕18号）

为正确适用《中华人民共和国企业破产法》，结合审判实践，就人民法院审理企业破产案件中有关债权人权利行使等相关法律适用问题，制定本规定。

第一条 人民法院裁定受理破产申请的，此前债务人尚未支付的公司强制清算费用、未终结的执行程序中产生的评估费、公告费、保管费等执行费用，可以参照企业破产法关于破产费用的规定，由债务人财产随时清偿。

此前债务人尚未支付的案件受理费、执行申请费，可以作为破产债权清偿。

第二条 破产申请受理后，经债权人会议决议通过，或者第一次债权人会议召开前经人民法院许可，管理人或者自行管理的债务人可以为债务人继续营业而借款。提供借款的债权人主张参照企业破产法第四十二条第四项的规定优先于普通破产债权清偿的，人民法院应予支持，但其主张优先于此前已就债务人特定财产享有担保的债权清偿的，人民法院不予支持。

管理人或者自行管理的债务人可以为前述借款设定抵押担保，抵押物在破产申请受理前已为其他债权人设定抵押的，债权人主张按照民法典第四百一十四条规定的顺序清偿，人民法院应予支持。

第三条 破产申请受理后，债务人欠缴款项产生的滞纳金，包括债务人未履行生效法律文书应当加倍支付的迟延利息和劳动保险金的滞纳金，债权人作为破产债权申报的，人民法院不予确认。

第四条 保证人被裁定进入破产程序的，债权人有权申报其对保证人的保证债权。

主债务未到期的，保证债权在保证人破产申请受理时视为到期。一般保证的保证人主张行使先诉抗辩权的，人民法院不予支持，但债权人在一般保证人破产程序中的分配额应予提存，待一般保证人应承担的保证责任确定后再按照破产清偿比例予以分配。

保证人被确定应当承担保证责任的，保证人的管理人可以就保证人实际承担的清偿额向主债务人或其他债务人行使求偿权。

第五条 债务人、保证人均被裁定进入破产程序的，债权人有权向债务人、保证人分别申报债权。

债权人向债务人、保证人均申报全部债权的，从一方破产程序中获得清偿后，其对另一方的债权额不作调整，但债权人的受偿额不得超出其债权总额。保证人履行保证责任后不再享有求偿权。

第六条 管理人应当依照企业破产法第五十七条的规定对所申报的债权进行登记造册，详尽记载申报人的姓名、单位、代理人、申报债权额、担保情况、证据、联系方式等事项，形成债权申报登记册。

管理人应当依照企业破产法第五十七条的规定对债权的性质、数额、担保财产、是否超过诉讼时效期间、是否超过强制执行期间等情况进行审查、编制债权表并提交债权人会议核查。

债权表、债权申报登记册及债权申报材料在破产期间由管理人保管，债权人、债务人、债务人职工及其他利害关系人有权查阅。

第七条 已经生效法律文书确定的债权，管理人应当予以确认。

管理人认为债权人据以申报债权的生效法律文书确定的债权错误，或者有证据证明债权人与债务人恶意通过诉讼、仲裁或者公证机关赋予强制执行力公证文书的形式虚构债权债务的，应当依法通过审判监督程序向作出该判决、裁定、调解书的人民法院或者上一级人民法院申请撤销生效法律文书，或者向受理破产申请的人民法院申请撤销或者不予执行仲裁裁决、不予执行公证债权文书后，重新确定债权。

第八条 债务人、债权人对债权表记载的债权有异议的，应当说明理由和法律依据。经管理人解释或调整后，异议人仍然不服的，或者管理人不予解释或调整的，异议人应当在债权人会议核查结束后十五日内向人民法院提起债权确认的诉讼。当事人之间在破产申请受理前订立有仲裁条款或仲裁协议的，应当向选定的仲裁机构申请确认债权债务关系。

第九条 债务人对债权表记载的债权有异议向人民法院提起诉讼的，应将被异议债权人列为被告。债权人对债权表记载的他人债权有异议的，应将被异议债权人列为被告；债权人对债权表记载的本人债权有异议的，应将债务人列为被告。

对同一笔债权存在多个异议人，其他异议人申请参加诉讼的，应当列为共同原告。

第十条 单个债权人有权查阅债务人财产状况报告、债权人会议决议、债权人委员会决议、管理人监督报告等参与破产程序所必需的债务人财务和经营信息资料。管理人无正当理由不予提供的，债权人可以请求人民法院作出决定；人民法院应当在五日内作出决定。

上述信息资料涉及商业秘密的，债权人应当依法承担保密义务或者签署保密协议；涉及国家秘密的应当依照相关法律规定处理。

第十一条 债权人会议的决议除现场表决外，可以由管理人事先将相关决议事项告知债权人，采取通信、网络投票等非现场方式进行表决。采取非现场方式进行表决的，管理人应当在债权人会议召开后的三日内，以信函、电子邮件、公告等方式将表决结果告知参与表决的债权人。

根据企业破产法第八十二条规定，对重整计划草案进行分组表决时，权益因重整计划草案受到调整或者影响的债权人或者股东，有权参加表决；权益未受到调整或者影响的债权人或者股东，参照企业破产法第八十三条的规定，不参加重整计划草案的表决。

第十二条 债权人会议的决议具有以下情形之一，损害债权人利益，债权人申请撤销的，人民法院应予支持：

（一）债权人会议的召开违反法定程序；
（二）债权人会议的表决违反法定程序；
（三）债权人会议的决议内容违法；
（四）债权人会议的决议超出债权人会议的职权范围。

人民法院可以裁定撤销全部或者部分事项决议，责令债权人会议依法重新作出决议。

债权人申请撤销债权人会议决议的，应当提出书面申请。债权人会议采取通信、网络投票等非现场方式进行表决的，债权人申请撤销的期限自债权人收到通知之日起算。

第十三条 债权人会议可以依照企业破产法第六十八条第一款第四项的规定，委托债权人委员会行使企业破产法第六十一条第一款第二、三、五项规定的债权人会议职权。债权人会议不得作出概括性授权，委托其行使债权人会议所有职权。

第十四条 债权人委员会决定所议事项应获得全体成员过半数通过，并作成议事记录。债权人委员会成员对所议事项的决议有不同意见的，应当在记录中载明。

债权人委员会行使职权应当接受债权人会议的监督，以适当的方式向债权人会议及时汇报工作，并接受人民法院的指导。

第十五条 管理人处分企业破产法第六十九条规定的债务人重大财产的，应当事先制作财产管理或者变价方案并提交债权人会议进行表决，债权人会议表决未通过的，管理人不得处分。

管理人实施处分前，应当根据企业破产法第六十九条的规定，提前十日书面报告债权人委员会或者人民法院。债权人委员会可以依照企业破产法第六十八条第二款的规定，要求管理人对处分行为作出相应说明或者提供有关文件依据。

债权人委员会认为管理人实施的处分行为不符合债权人会议通过的财产管理或变价方案的，有权要求管理人纠正。管理人拒绝纠正的，债权人委员会可以请求人民法院作出决定。

人民法院认为管理人实施的处分行为不符合债权人会议通过的财产管理或变价方案的，应当责令管理人停止处分行为。管理人应当予以纠正，或者提交债权人会议重新表决通过后实施。

第十六条 本规定自 2019 年 3 月 28 日起实施。

实施前本院发布的有关企业破产的司法解释，与本规定相抵触的，自本规定实施之日起不再适用。

典型案例指引

上海某某港实业有限公司破产清算转破产重整案[①]

（最高人民法院审判委员会讨论通过　2023年10月20日发布）

关键词　民事/申请破产清算/申请破产重整/污染治理/共益债务

裁判要点

1. 人民法院审理涉流域港口码头经营企业破产重整案件，应当将环境污染治理作为实现重整价值的重要考量因素，及时消除影响码头经营许可资质存续的环境污染状态。

2. 港口码头经营企业对相关基础设施建设、维护缺失造成环境污染，不及时治理将影响其破产重整价值的，应当由管理人依法进行治理。管理人请求将相关环境治理费用作为共益债务由债务人财产随时清偿的，人民法院依法应予支持。

相关法条

1. 《中华人民共和国长江保护法》第七十三条
2. 《中华人民共和国企业破产法》第四十二条、第四十三条

基本案情

上海某某港实业有限公司（以下简称上海某港公司）于1993年9月设立，主营业务为码头租赁及仓储、装卸服务等。所处位置毗邻长江口，东与上海市外高桥港区、保税区相接，西临黄浦江。2019年11月，经债权人申请，上海市第三中级人民法院裁定受理上海某港公司破产清算案。经管理人调查发现，码头承租方经营管理混乱、设施设备陈旧老化，存在重大环境污染隐患。审理期间，环保、交管部门联合下达整改通知，要求对码头污水及扬尘处理设施进行限期整改，否则上海某港公司名下营运许可资质将被吊销。

上海某港公司名下拥有岸线使用许可证、港口经营许可证等无形资产，

[①] 参见最高人民法院指导性案例214号。

并拥有150米岸线长度，码头前沿控制线水深要求为：2≤水深<5米，年货物吞吐量约200万吨，为保住上海某港公司营运价值，维护全体债权人利益，法院依申请裁定转入重整程序。

在法院指导下，管理人一方面与环保、交管部门紧急沟通协调，了解具体环保整改要求，另一方面迅速委托第三方进行施工整改，对污水沉砂池、水沟、地坪等设施设备进行施工扩建，确保地面雨水、喷洒水等统一汇集至污水沉砂池，经沉降处理后循环用于港内喷洒，大幅提高港口污水回用率，有效避免污水直排入江。另外，加装围墙、增加砂石料围挡遮盖及装车喷水装置，有效管控码头扬尘，防止周边区域大气污染物超标。在接管财产难以支付相关施工、审价费用情况下，由管理人协调第三方先行垫付587068元，待重整资金到位后依据《最高人民法院关于适用〈中华人民共和国企业破产法〉若干问题的规定（三）》第二条的规定，按共益债务予以清偿，部分费用以租金抵扣方式协调租户随时整治并支付。

同时，依据《最高人民法院关于适用〈中华人民共和国企业破产法〉若干问题的规定（三）》第十五条第一款的规定，在债权人会议中以专项议案方式充分披露码头经营中的环境问题，说明修复整治费用及其处理方式，并经债权人会议表决同意。以有效地解决环保整改费用不足问题，提高环境整治效率，确保码头绿色环保运营。在招募投资人过程中，除关注投资人本身资金实力与企业背景外，还关注投资人在码头绿色经营上的意愿和能力。经两轮市场化公开招募，引入投资人投入资金8700余万元，并着重将码头后续环保经营方案纳入重整计划草案。重整后企业将从设施设备改造升级、码头规范智能管理及环保绿色经营三个维度提升码头经营能力，做好外高桥保税区、港区配套服务。经债权人会议表决，出资人组在穷尽送达方式并公告后仍逾期未表决，担保债权组、税务债权组及普通债权组均表决通过了重整计划草案。管理人请求法院裁定批准上海某港公司重整计划草案。

裁判结果

上海市第三中级人民法院于2022年8月10日作出（2019）沪03破320号之六民事裁定：一、批准修订后的《上海某某港实业有限公司重整计划（草案）》；二、终止上海某港公司重整程序。重整计划执行过程中，在法院、管理人协助下，企业顺利解决营业执照到期及港口经营许可证超期问题。

裁判理由

法院生效裁判认为，对重整计划草案的审查批准，要尊重债权人会议意思自治和坚持合法性审查原则，同时也要考虑其能否在利益平衡基础上实现社会价值最大化。本案中，普通债权组清偿率较模拟清算下零清偿有了提高，在上海某港公司已严重资不抵债情况下，重整计划对出资人组权益调整为零的方案公平合理，草案中的经营方案具有可行性，可有效地延续上海某港公司的经营价值，有助于恢复上海某港公司的经营能力。破产管理人的申请，符合法律规定，并有利于实现企业可持续发展和生态环境保护的双重效果，应予准许。人民法院应充分发挥破产审判职能，将绿色发展理念融入重整司法全过程，从环境问题的修复治理、费用安排、重整计划的制订及执行等方面探索建立灵活高效的工作机制，使重整成为助推困境企业绿色低碳转型的有效路径。具体如下：

（一）关于重整企业环境污染治理责任及费用性质。依据《中华人民共和国环境保护法》《中华人民共和国港口法》等相关法律规定，以及"谁污染，谁治理"的原则，企业的环境污染治理责任应延续至其破产受理后。港口码头重整企业对相关基础设施的建设、维护缺失造成环境污染的，应由其作为环境治理责任主体进行整治。管理人作为破产事务的执行者，应负责实施具体的整治行为。该行为使得债务人企业经营资质得以保留，经营价值得以维系，提升了全体债权人的清偿利益。因整治所产生的费用，系为全体债权人利益而产生的费用，管理人请求按照《最高人民法院关于适用〈中华人民共和国企业破产法〉若干问题的规定（三）》第二条的规定认定为共益债务的，人民法院应予支持。

（二）关于重整期间环境污染治理路径。本案所涉码头污染主要集中于水体、大气污染两方面，在法院指导下，管理人依法协同推进环境污染治理与重整程序：一是府院协调。由法院、管理人走访属地街镇、环境监管部门，充分了解所涉码头岸线环保责任要求及后续规划前景。经沟通协调后，相关部门延长整改期限，为环境污染整治争取了时间。二是先行治理。整改通知下达时，管理人未能接管到应收租金及其他资金。为在短时间内完成各项环境污染治理措施，保住企业经营资质，由管理人沟通码头承租企业先行委托第三方专业机构对标整改。通过对污水沉砂池及附属设施的扩建完善，解决雨水及场地污水未经处理渗漏进入环境水体现象，并提高污水回用率；通过加装降尘降噪设备，降低大气粉尘污染，确保空气质量达标，提升长江口岸流域生态环境质量。三是费用落实。主要费用由承租企业先行垫付，待重整资金到位后以共益债务清偿，解决整治资金难问题。四是信息披露。充分尊重债权人知情权、参与权、监督权，依据《最高人民法院关于适用〈中华人民共和国企业破产法〉若干问题的规定（三）》第十五条第一款规定，将环境污染整治事项作为重大财产处分行为进行专项表决，并在重整计划草案中披露环境污染治理经过及费用承担，争取债权人支持配合重整工作。

（三）关于环境污染治理与重整价值维护的关系。本案环境污染治理与企业重整价值密切相关，是决定企业能否实现其重整价值的关键因素。一旦企业违反相关环境污染防治法律法规，面临被剥夺行政许可资质的处罚时，将导致其重整价值丧失，故在港口码头企业破产重整案件审理过程中，应注重将环境污染治理和企业重整价值维护有机结合，及时消除影响码头经营许可资质存续的环境污染状态，将环境污染治理作为实现重整价值的重要考量因素。

（四）关于重整计划的制订、批准及执行。制订重整计划时，应体现绿色发展原则，引导投资人将环保经营方案和环保承诺事项写入计划，注重企业未来能否践行环境责任并促进经济、社会和环境协调发展。对重整计划草案进行审查批准时，应综合考虑企业清算价值、程序合法性等法律因素，以及企业可持续发展、生态环境保护等社会因素。重整计划执行中，应协调解决企业继续经营障碍。通过探索破产审判与生态环境司法保护协同推进的新机制，实现长江流域减污降碳源头治理和企业绿色低碳转型，促进生态环境保护、企业重生、债权人利益最大化的有机统一。

| 典型案例指引

力帆实业（集团）股份有限公司及其10家全资子公司司法重整案[①]

【基本案情】

力帆实业（集团）股份有限公司（以下简称力帆股份）成立于1997年，2010年在上海证券交易所上市，是中国首家在A股上市的民营乘用车企业。力帆股份及其10家全资子公司已形成主营汽车、摩托车及发动机产销的跨国性企业集团，曾十度入选中国企业500强，连续多年出口金额位居重庆市第一。然而，因汽车、摩托车行业深度转型，同时受战略投资亏损、内部管理不善等综合因素影响，力帆系企业自2017年起逐渐陷入经营和债务危机，主要资产被抵押、质押，主营业务基本处于停滞状态。2020年6月至7月，债权人以不能清偿到期债务且资产不足以清偿全部债务或明显缺乏清偿能力为由，向重庆市第五中级人民法院申请对力帆股份及其10家全资子公司实施重整。重庆市第五中级人民法院裁定受理了重整申请，并分别指定力帆系企业清算组为管理人。截至2020年评估基准日，力帆股份资产评估总值为38.4亿余元，同期截至2020年11月，债权人申报债权共计116.7亿余元，在假定破产清算状态下，力帆股份普通债权清偿率为12.65%。

【裁判结果】

为维持企业营运价值，重庆市第五中级人民法院在受理重整申请后，决定力帆股份及其10家全资子公司继续营业，同时从2020年8月开始，指导管理人发布重整投资人招募公告，经过严格审查，最终确定国有投资平台重庆两江股权投资基金管理有限公司和民营企业吉利迈捷投资有限公司组成的联合体，作为战略投资人。2020年11月，力帆股份及其出资人会议以及10家全资子公司债权人会议，均高票通过重整计划草案；重庆市第五中级人民法院批准该重整计划。2021年2月，法院作出裁定，确认重整计划执行完毕

[①] 参见最高人民法院发布《人民法院助力全国统一大市场建设典型案例》之六，载最高人民法院网，https：//www.court.gov.cn/xinshidai-xiangqing-367331.html，访问时间2024年1月9日。

并终结重整程序。

【典型意义】

力帆系企业司法重整案，是国内首家汽摩行业上市公司司法重整案。通过司法重整，整体化解了企业危机，维护了6万余户中小投资者、5700余名企业职工的合法利益，保障了上下游产业链千余家企业的正常生产经营。重庆市第五中级人民法院在该案的司法重整中，充分发挥"府院"协调机制作用，创新采用"财务投资人+产业投资人"的模式引入战略投资，形成推动企业重生的双重"驱动力"：既为企业发展给予资金支持，又通过行业龙头企业导入新技术、新业态，将传统汽摩制造业升级为智能新能源汽车产业新生态，助力力帆股份产业转型升级，推动了民营企业高质量发展。之后，上海证券交易所撤销了对力帆股份退市风险警示及其他风险警示。力帆股份及其10家全资子公司也都实现了扭亏为盈，全面实现企业脱困重生。

最高人民法院关于人民法院
强制执行股权若干问题的规定

(2021年11月15日最高人民法院审判委员会第1850次会议通过 2021年12月20日最高人民法院公告公布 自2022年1月1日起施行 法释〔2021〕20号)

为了正确处理人民法院强制执行股权中的有关问题,维护当事人、利害关系人的合法权益,根据《中华人民共和国民事诉讼法》《中华人民共和国公司法》等法律规定,结合执行工作实际,制定本规定。

第一条 本规定所称股权,包括有限责任公司股权、股份有限公司股份,但是在依法设立的证券交易所上市交易以及在国务院批准的其他全国性证券交易场所交易的股份有限公司股份除外。

第二条 被执行人是公司股东的,人民法院可以强制执行其在公司持有的股权,不得直接执行公司的财产。

第三条 依照民事诉讼法第二百二十四条的规定以被执行股权所在地确定管辖法院的,股权所在地是指股权所在公司的住所地。

第四条 人民法院可以冻结下列资料或者信息之一载明的属于被执行人的股权:

(一)股权所在公司的章程、股东名册等资料;

(二)公司登记机关的登记、备案信息;

(三)国家企业信用信息公示系统的公示信息。

案外人基于实体权利对被冻结股权提出排除执行异议的,人民法院应当依照民事诉讼法第二百二十七条的规定进行审查。

第五条 人民法院冻结被执行人的股权,以其价额足以清偿生效法律文书确定的债权额及执行费用为限,不得明显超标的额冻结。股权价额无法确定的,可以根据申请执行人申请冻结的比例或者数量进行冻结。

被执行人认为冻结明显超标的额的，可以依照民事诉讼法第二百二十五条的规定提出书面异议，并附证明股权等查封、扣押、冻结财产价额的证据材料。人民法院审查后裁定异议成立的，应当自裁定生效之日起七日内解除对明显超标的额部分的冻结。

第六条 人民法院冻结被执行人的股权，应当向公司登记机关送达裁定书和协助执行通知书，要求其在国家企业信用信息公示系统进行公示。股权冻结自在公示系统公示时发生法律效力。多个人民法院冻结同一股权的，以在公示系统先办理公示的为在先冻结。

依照前款规定冻结被执行人股权的，应当及时向被执行人、申请执行人送达裁定书，并将股权冻结情况书面通知股权所在公司。

第七条 被执行人就被冻结股权所作的转让、出质或者其他有碍执行的行为，不得对抗申请执行人。

第八条 人民法院冻结被执行人股权的，可以向股权所在公司送达协助执行通知书，要求其在实施增资、减资、合并、分立等对被冻结股权所占比例、股权价值产生重大影响的行为前向人民法院书面报告有关情况。人民法院收到报告后，应当及时通知申请执行人，但是涉及国家秘密、商业秘密的除外。

股权所在公司未向人民法院报告即实施前款规定行为的，依照民事诉讼法第一百一十四条的规定处理。

股权所在公司或者公司董事、高级管理人员故意通过增资、减资、合并、分立、转让重大资产、对外提供担保等行为导致被冻结股权价值严重贬损，影响申请执行人债权实现的，申请执行人可以依法提起诉讼。

第九条 人民法院冻结被执行人基于股权享有的股息、红利等收益，应当向股权所在公司送达裁定书，并要求其在该收益到期时通知人民法院。人民法院对到期的股息、红利等收益，可以书面通知股权所在公司向申请执行人或者人民法院履行。

股息、红利等收益被冻结后，股权所在公司擅自向被执行人支付或者变相支付的，不影响人民法院要求股权所在公司支付该收益。

第十条 被执行人申请自行变价被冻结股权，经申请执行人及其他已知执行债权人同意或者变价款足以清偿执行债务的，人民法院可以准许，但是应当在能够控制变价款的情况下监督其在指定期限内完成,最长不超过三个月。

第十一条 拍卖被执行人的股权,人民法院应当依照《最高人民法院关于人民法院确定财产处置参考价若干问题的规定》规定的程序确定股权处置参考价,并参照参考价确定起拍价。

确定参考价需要相关材料的,人民法院可以向公司登记机关、税务机关等部门调取,也可以责令被执行人、股权所在公司以及控制相关材料的其他主体提供;拒不提供的,可以强制提取,并可以依照民事诉讼法第一百一十一条、第一百一十四条的规定处理。

为确定股权处置参考价,经当事人书面申请,人民法院可以委托审计机构对股权所在公司进行审计。

第十二条 委托评估被执行人的股权,评估机构因缺少评估所需完整材料无法进行评估或者认为影响评估结果,被执行人未能提供且人民法院无法调取补充材料的,人民法院应当通知评估机构根据现有材料进行评估,并告知当事人因缺乏材料可能产生的不利后果。

评估机构根据现有材料无法出具评估报告的,经申请执行人书面申请,人民法院可以根据具体情况以适当高于执行费用的金额确定起拍价,但是股权所在公司经营严重异常,股权明显没有价值的除外。

依照前款规定确定的起拍价拍卖的,竞买人应当预交的保证金数额由人民法院根据实际情况酌定。

第十三条 人民法院拍卖被执行人的股权,应当采取网络司法拍卖方式。

依据处置参考价并结合具体情况计算,拍卖被冻结股权所得价款可能明显高于债权额及执行费用的,人民法院应当对相应部分的股权进行拍卖。对相应部分的股权拍卖严重减损被冻结股权价值的,经被执行人书面申请,也可以对超出部分的被冻结股权一并拍卖。

第十四条 被执行人、利害关系人以具有下列情形之一为由请求不得强制拍卖股权的,人民法院不予支持:

(一)被执行人未依法履行或者未依法全面履行出资义务;

(二)被执行人认缴的出资未届履行期限;

(三)法律、行政法规、部门规章等对该股权自行转让有限制;

（四）公司章程、股东协议等对该股权自行转让有限制。

人民法院对具有前款第一、二项情形的股权进行拍卖时，应当在拍卖公告中载明被执行人认缴出资额、实缴出资额、出资期限等信息。股权处置后，相关主体依照有关规定履行出资义务。

第十五条 股权变更应当由相关部门批准的，人民法院应当在拍卖公告中载明法律、行政法规或者国务院决定规定的竞买人应当具备的资格或者条件。必要时，人民法院可以就竞买资格或者条件征询相关部门意见。

拍卖成交后，人民法院应当通知买受人持成交确认书向相关部门申请办理股权变更批准手续。买受人取得批准手续的，人民法院作出拍卖成交裁定书；买受人未在合理期限内取得批准手续的，应当重新对股权进行拍卖。重新拍卖的，原买受人不得参加竞买。

买受人明知不符合竞买资格或者条件依然参加竞买，且在成交后未能在合理期限内取得相关部门股权变更批准手续的，交纳的保证金不予退还。保证金不足以支付拍卖产生的费用损失、弥补重新拍卖价款低于原拍卖价款差价的，人民法院可以裁定原买受人补交；拒不补交的，强制执行。

第十六条 生效法律文书确定被执行人交付股权，因股权所在公司在生效法律文书作出后增资或者减资导致被执行人实际持股比例降低或者升高的，人民法院应当按照下列情形分别处理：

（一）生效法律文书已经明确交付股权的出资额的，按照该出资额交付股权；

（二）生效法律文书仅明确交付一定比例的股权的，按照生效法律文书作出时该比例所对应出资额占当前公司注册资本总额的比例交付股权。

第十七条 在审理股东资格确认纠纷案件中，当事人提出要求公司签发出资证明书、记载于股东名册并办理公司登记机关登记的诉讼请求且其主张成立的，人民法院应当予以支持；当事人未提出前述诉讼请求的，可以根据案件具体情况向其释明。

生效法律文书仅确认股权属于当事人所有，当事人可以持该生效法律文书自行向股权所在公司、公司登记机关申请办理股权变更手续；向人民法院申请强制执行的，不予受理。

第十八条 人民法院对被执行人在其他营利法人享有的投资权益强制执

行的,参照适用本规定。

第十九条 本规定自 2022 年 1 月 1 日起施行。

施行前本院公布的司法解释与本规定不一致的,以本规定为准。

附件:主要文书参考样式

×××人民法院
协助执行通知书

(××××)……执……号

×××市场监督管理局:

根据本院(××××)……执……号执行裁定,依照《中华人民共和国民事诉讼法》第二百四十二条、《最高人民法院关于人民法院强制执行股权若干问题的规定》第六条的规定,请协助执行下列事项:

一、对下列情况进行公示:冻结被执行人×××(证件种类、号码:……)持有×××……(股权的数额),冻结期限自××××年××月××日起至××××年××月××日止;

二、冻结期间,未经本院许可,在你局职权范围内,不得为被冻结股权办理   等有碍执行的事项(根据不同的公司类型、冻结需求,载明具体的协助执行事项)。

××××年××月××日
(院印)

经办人员:×××
联系电话:……

×××人民法院
协助执行通知书
（回执）

×××人民法院：

你院（××××）……执……号执行裁定书、（××××）……执……号协助执行通知书收悉，我局处理结果如下：

已于××××年××月××日在国家企业信用信息公示系统将你院冻结股权的情况进行公示，并将在我局职权范围内按照你院要求履行相关协助执行义务。

××××年××月××日
（公章）

经办人员：×××
联系电话：……

典型案例指引

深圳市丙投资企业（有限合伙）被诉股东损害赔偿责任纠纷抗诉案[①]

【关键词】

企业资产重整　保护股东个人合法财产　优化营商环境　抗诉监督

【要旨】

公司股东应以出资额为限，对公司承担有限责任。股东未滥用公司法人独立地位逃避债务并严重损害公司债权人利益的，不应对公司债务承担连带

[①] 参见最高人民检察院第二十一批指导性案例（检例第77号）。

责任。检察机关应严格适用股东有限责任等产权制度，依法保护投资者的个人财产安全，让有恒产者有恒心。

【基本案情】

2007年11月，惠州甲房产开发有限公司（以下简称甲公司）登记设立。为开发广东省惠州市某房产的房地产项目公司，甲公司多次对外借款。2010年1月，因甲公司无力清偿债务，广东省惠州市中级人民法院受理债权人对甲公司提出的破产申请。在惠州乙发展有限公司（以下简称乙公司）提供5000万元破产重整保证金后，相关债权人于2011年5月撤回破产清算申请。2011年8月，深圳市丙投资企业（有限合伙）（以下简称丙企业）与甲公司、惠州市丁房产开发有限公司（以下简称丁公司）、陈某军、乙公司签订《投资合作协议》及补充协议，约定丙企业以2000万元受让丁公司持有的甲公司100%股权，并向甲公司提供1.48亿元委托贷款，甲公司以案涉国有土地使用权等为丙企业的债权投资提供担保，丁公司、陈某军、乙公司亦提供连带责任担保。

2011年8月9日，甲公司的股东变更为丙企业和陈某军，其中丙企业占股东出资额的99.9%。2011年8月10日，丙企业委托中国建设银行股份有限公司某分行将其1.48亿元款项借给甲公司，用于甲公司某项目运作和甲公司运营，甲公司和丁公司依约提供抵押担保。同日，1.48亿元委托贷款和2000万元股权转让款转入甲公司。款项到位后，2011年8月至2012年4月期间，为完成破产重整程序中债务清偿及期间发生的借款、担保等相关衍生事宜，甲公司依照合同约定及乙公司、债权人陈某忠等人指令，先后向丁公司、深圳市戊公司、深圳市己公司等多家公司转账，款项共计1.605亿元。

2012年11月1日，诸某某将其持有的对甲公司债权中的800万元转让给赵某新，并通知债务人。2012年11月5日，赵某新向浙江省兰溪市人民法院起诉，要求甲公司归还欠款800万元，丙企业承担连带责任。

兰溪市人民法院一审认为，丙企业是甲公司的绝对控股股东，其滥用公司法人独立地位和股东有限责任，对甲公司进行不正当支配和控制，且未将贷款用于房地产开发，其转移资产、逃避债务的行为严重损害公司债权人利益，应当对甲公司的债务承担连带责任，遂判决甲公司归还赵某新800万元借款，丙企业承担连带责任。丙企业不服，上诉至浙江省金华市中级人民法院。二审判决驳回上诉，维持原判。丙企业申请再审，浙江省高级人民法院裁定驳回其再审申请。

【检察机关监督情况】

受理及审查情况。丙企业主张，甲公司对外转款均有特定用途，并非转移资产，丙企业并不存在滥用公司法人独立地位和股东有限责任的行为，不应承担连带责任，遂于2016年2月向浙江省金华市人民检察院申请监督。该院予以受理审查。

围绕丙企业是否存在滥用公司法人独立地位和股东有限责任逃避公司债务的问题，检察机关依法调阅原审案卷；核实相关工商登记信息，并对本案关键证人进行询问，相关证据可以证实甲公司于2011年8月至2012年4月期间的对外转款均具有正当事由，而非恶意转移资产，逃避债务。

监督意见。金华市人民检察院就本案向浙江省人民检察院提请抗诉。浙江省人民检察院经审查认为，丙企业并未支配控制甲公司的资金支出，在丙企业受让股权后，甲公司仍然由原股东丁公司派人进行管理，公司管理人员未发生变化；甲公司向丁公司等公司多次转款均具有明确用途，而非恶意转移资产；丙企业与甲公司、丁公司等企业之间不存在人员、业务、财务的交叉或混同。因此，终审判决认定丙企业利用法人独立地位和股东有限责任逃避债务，属于认定事实和适用法律错误。2016年11月25日，浙江省人民检察院依法向浙江省高级人民法院提出抗诉。

监督结果。2018年1月31日，浙江省高级人民法院作出（2017）浙民再116号民事判决，认定案涉委托贷款以及股权转让款的对外支付有合理解释，现有证据不足以证明丙企业有滥用公司法人独立地位和股东有限责任逃避债务的行为，判决撤销一、二审判决有关丙企业对案涉债务承担连带责任的判项，驳回赵某新对丙企业提出的诉讼请求。

【指导意义】

1. 严格适用公司有限责任制度，依法保护股东的个人财产安全。公司人格独立和股东有限责任是公司法的基本原则。否认公司独立人格，由滥用公司法人独立地位和股东有限责任的股东对公司债务承担连带责任，是股东有限责任的例外。在具体案件中应依据特定的法律事实和法律关系，综合判断和审慎适用，依法区分股东与公司的各自财产与债务，维护市场主体的独立性和正常的经济秩序。

2. 检察机关在审查股东损害公司债权人利益的案件时,应当严格区分企业正当融资担保与恶意转移公司资产逃避债务损害公司债权人利益违法行为的界限。如果公司股东没有利用经营权恶意转移公司资产谋一己之私,没有损害公司债权人利益的,依法不应当对公司债务承担连带偿还责任。

3. 检察机关应积极发挥监督职责,推动法治化营商环境建设。公司有限责任是具有标志性的现代企业法律制度,旨在科学化解市场风险,鼓励投资创造财富。产权是市场经济的基础、社会文明的基石和社会向前发展的动力,投资者无法回避市场风险,但需要筑牢企业家个人和家庭与企业之间的财产风险"防火墙",对于依法出资和合法经营的,即使企业关闭停产,也能守住股东个人和家庭的合法财产底线,真正让有恒产者有恒心,优化营商环境,保护企业家的投资创业热情,为完善市场秩序提供法治保障。

【相关规定】①
《中华人民共和国公司法》第二十条
《中华人民共和国民事诉讼法》第二百条、第二百零八条

---

① 相关法律已经修订或修正,具体请参见现行法律。

· 第三部分 ·
相关规定

中华人民共和国民法典（节录）

（2020年5月28日第十三届全国人民代表大会第三次会议通过　2020年5月28日中华人民共和国主席令第45号公布　自2021年1月1日起施行）

……

第一编　总　　则

……

第三章　法　　人

第一节　一 般 规 定

第五十七条　法人是具有民事权利能力和民事行为能力，依法独立享有民事权利和承担民事义务的组织。

第五十八条　法人应当依法成立。

法人应当有自己的名称、组织机构、住所、财产或者经费。法人成立的具体条件和程序，依照法律、行政法规的规定。

设立法人，法律、行政法规规定须经有关机关批准的，依照其规定。

第五十九条　法人的民事权利能力和民事行为能力，从法人成立时产生，到法人终止时消灭。

第六十条　法人以其全部财产独立承担民事责任。

第六十一条　依照法律或者法人章程的规定，代表法人从事民事活动的负责人，为法人的法定代表人。

法定代表人以法人名义从事的民事活动，其法律后果由法人承受。

法人章程或者法人权力机构对法定代表人代表权的限制，不得对抗善意相对人。

第六十二条 法定代表人因执行职务造成他人损害的，由法人承担民事责任。

法人承担民事责任后，依照法律或者法人章程的规定，可以向有过错的法定代表人追偿。

第六十三条 法人以其主要办事机构所在地为住所。依法需要办理法人登记的，应当将主要办事机构所在地登记为住所。

第六十四条 法人存续期间登记事项发生变化的，应当依法向登记机关申请变更登记。

第六十五条 法人的实际情况与登记的事项不一致的，不得对抗善意相对人。

第六十六条 登记机关应当依法及时公示法人登记的有关信息。

第六十七条 法人合并的，其权利和义务由合并后的法人享有和承担。

法人分立的，其权利和义务由分立后的法人享有连带债权，承担连带债务，但是债权人和债务人另有约定的除外。

第六十八条 有下列原因之一并依法完成清算、注销登记的，法人终止：

（一）法人解散；

（二）法人被宣告破产；

（三）法律规定的其他原因。

法人终止，法律、行政法规规定须经有关机关批准的，依照其规定。

第六十九条 有下列情形之一的，法人解散：

（一）法人章程规定的存续期间届满或者法人章程规定的其他解散事由出现；

（二）法人的权力机构决议解散；

（三）因法人合并或者分立需要解散；

（四）法人依法被吊销营业执照、登记证书，被责令关闭或者被撤销；

（五）法律规定的其他情形。

第七十条 法人解散的，除合并或者分立的情形外，清算义务人应当及时组成清算组进行清算。

法人的董事、理事等执行机构或者决策机构的成员为清算义务人。法律、行政法规另有规定的，依照其规定。

清算义务人未及时履行清算义务，造成损害的，应当承担民事责任；主管机关或者利害关系人可以申请人民法院指定有关人员组成清算组进行清算。

第七十一条 法人的清算程序和清算组职权，依照有关法律的规定；没有规定的，参照适用公司法律的有关规定。

第七十二条 清算期间法人存续，但是不得从事与清算无关的活动。

法人清算后的剩余财产，按照法人章程的规定或者法人权力机构的决议处理。法律另有规定的，依照其规定。

清算结束并完成法人注销登记时，法人终止；依法不需要办理法人登记的，清算结束时，法人终止。

第七十三条 法人被宣告破产的，依法进行破产清算并完成法人注销登记时，法人终止。

第七十四条 法人可以依法设立分支机构。法律、行政法规规定分支机构应当登记的，依照其规定。

分支机构以自己的名义从事民事活动，产生的民事责任由法人承担；也可以先以该分支机构管理的财产承担，不足以承担的，由法人承担。

第七十五条 设立人为设立法人从事的民事活动，其法律后果由法人承受；法人未成立的，其法律后果由设立人承受，设立人为二人以上的，享有连带债权，承担连带债务。

设立人为设立法人以自己的名义从事民事活动产生的民事责任，第三人有权选择请求法人或者设立人承担。

第二节 营利法人

第七十六条 以取得利润并分配给股东等出资人为目的成立的法人，为营利法人。

营利法人包括有限责任公司、股份有限公司和其他企业法人等。

第七十七条 营利法人经依法登记成立。

第七十八条 依法设立的营利法人，由登记机关发给营利法人营业执照。营业执照签发日期为营利法人的成立日期。

第七十九条 设立营利法人应当依法制定法人章程。

第八十条 营利法人应当设权力机构。

权力机构行使修改法人章程,选举或者更换执行机构、监督机构成员,以及法人章程规定的其他职权。

第八十一条 营利法人应当设执行机构。

执行机构行使召集权力机构会议,决定法人的经营计划和投资方案,决定法人内部管理机构的设置,以及法人章程规定的其他职权。

执行机构为董事会或者执行董事的,董事长、执行董事或者经理按照法人章程的规定担任法定代表人;未设董事会或者执行董事的,法人章程规定的主要负责人为其执行机构和法定代表人。

第八十二条 营利法人设监事会或者监事等监督机构的,监督机构依法行使检查法人财务,监督执行机构成员、高级管理人员执行法人职务的行为,以及法人章程规定的其他职权。

第八十三条 营利法人的出资人不得滥用出资人权利损害法人或者其他出资人的利益;滥用出资人权利造成法人或者其他出资人损失的,应当依法承担民事责任。

营利法人的出资人不得滥用法人独立地位和出资人有限责任损害法人债权人的利益;滥用法人独立地位和出资人有限责任,逃避债务,严重损害法人债权人的利益的,应当对法人债务承担连带责任。

第八十四条 营利法人的控股出资人、实际控制人、董事、监事、高级管理人员不得利用其关联关系损害法人的利益;利用关联关系造成法人损失的,应当承担赔偿责任。

第八十五条 营利法人的权力机构、执行机构作出决议的会议召集程序、表决方式违反法律、行政法规、法人章程,或者决议内容违反法人章程的,营利法人的出资人可以请求人民法院撤销该决议。但是,营利法人依据该决议与善意相对人形成的民事法律关系不受影响。

第八十六条 营利法人从事经营活动,应当遵守商业道德,维护交易安全,接受政府和社会的监督,承担社会责任。

……

中华人民共和国企业所得税法

（2007年3月16日第十届全国人民代表大会第五次会议通过 根据2017年2月24日第十二届全国人民代表大会常务委员会第二十六次会议《关于修改〈中华人民共和国企业所得税法〉的决定》第一次修正 根据2018年12月29日第十三届全国人民代表大会常务委员会第七次会议《关于修改〈中华人民共和国电力法〉等四部法律的决定》第二次修正）

目　　录

第一章　总　　则
第二章　应纳税所得额
第三章　应纳税额
第四章　税收优惠
第五章　源泉扣缴
第六章　特别纳税调整
第七章　征收管理
第八章　附　　则

第一章　总　　则

第一条　在中华人民共和国境内，企业和其他取得收入的组织（以下统称企业）为企业所得税的纳税人，依照本法的规定缴纳企业所得税。

个人独资企业、合伙企业不适用本法。

第二条　企业分为居民企业和非居民企业。

本法所称居民企业，是指依法在中国境内成立，或者依照外国（地区）法律成立但实际管理机构在中国境内的企业。

本法所称非居民企业，是指依照外国（地区）法律成立且实际管理机构不在中国境内，但在中国境内设立机构、场所的，或者在中国境内未设立机构、场所，但有来源于中国境内所得的企业。

第三条 居民企业应当就其来源于中国境内、境外的所得缴纳企业所得税。

非居民企业在中国境内设立机构、场所的，应当就其所设机构、场所取得的来源于中国境内的所得，以及发生在中国境外但与其所设机构、场所有实际联系的所得，缴纳企业所得税。

非居民企业在中国境内未设立机构、场所的，或者虽设立机构、场所但取得的所得与其所设机构、场所没有实际联系的，应当就其来源于中国境内的所得缴纳企业所得税。

第四条 企业所得税的税率为25%。

非居民企业取得本法第三条第三款规定的所得，适用税率为20%。

第二章 应纳税所得额

第五条 企业每一纳税年度的收入总额，减除不征税收入、免税收入、各项扣除以及允许弥补的以前年度亏损后的余额，为应纳税所得额。

第六条 企业以货币形式和非货币形式从各种来源取得的收入，为收入总额。包括：

（一）销售货物收入；

（二）提供劳务收入；

（三）转让财产收入；

（四）股息、红利等权益性投资收益；

（五）利息收入；

（六）租金收入；

（七）特许权使用费收入；

（八）接受捐赠收入；

（九）其他收入。

第七条 收入总额中的下列收入为不征税收入：

（一）财政拨款；

（二）依法收取并纳入财政管理的行政事业性收费、政府性基金；

（三）国务院规定的其他不征税收入。

第八条 企业实际发生的与取得收入有关的、合理的支出，包括成本、费用、税金、损失和其他支出，准予在计算应纳税所得额时扣除。

第九条 企业发生的公益性捐赠支出，在年度利润总额12%以内的部分，准予在计算应纳税所得额时扣除；超过年度利润总额12%的部分，准予结转以后三年内在计算应纳税所得额时扣除。

第十条 在计算应纳税所得额时，下列支出不得扣除：

（一）向投资者支付的股息、红利等权益性投资收益款项；

（二）企业所得税税款；

（三）税收滞纳金；

（四）罚金、罚款和被没收财物的损失；

（五）本法第九条规定以外的捐赠支出；

（六）赞助支出；

（七）未经核定的准备金支出；

（八）与取得收入无关的其他支出。

第十一条 在计算应纳税所得额时，企业按照规定计算的固定资产折旧，准予扣除。

下列固定资产不得计算折旧扣除：

（一）房屋、建筑物以外未投入使用的固定资产；

（二）以经营租赁方式租入的固定资产；

（三）以融资租赁方式租出的固定资产；

（四）已足额提取折旧仍继续使用的固定资产；

（五）与经营活动无关的固定资产；

（六）单独估价作为固定资产入账的土地；

（七）其他不得计算折旧扣除的固定资产。

第十二条 在计算应纳税所得额时，企业按照规定计算的无形资产摊销费用，准予扣除。

下列无形资产不得计算摊销费用扣除：

（一）自行开发的支出已在计算应纳税所得额时扣除的无形资产；

（二）自创商誉；

（三）与经营活动无关的无形资产；

（四）其他不得计算摊销费用扣除的无形资产。

第十三条　在计算应纳税所得额时，企业发生的下列支出作为长期待摊费用，按照规定摊销的，准予扣除：

（一）已足额提取折旧的固定资产的改建支出；

（二）租入固定资产的改建支出；

（三）固定资产的大修理支出；

（四）其他应当作为长期待摊费用的支出。

第十四条　企业对外投资期间，投资资产的成本在计算应纳税所得额时不得扣除。

第十五条　企业使用或者销售存货，按照规定计算的存货成本，准予在计算应纳税所得额时扣除。

第十六条　企业转让资产，该项资产的净值，准予在计算应纳税所得额时扣除。

第十七条　企业在汇总计算缴纳企业所得税时，其境外营业机构的亏损不得抵减境内营业机构的盈利。

第十八条　企业纳税年度发生的亏损，准予向以后年度结转，用以后年度的所得弥补，但结转年限最长不得超过五年。

第十九条　非居民企业取得本法第三条第三款规定的所得，按照下列方法计算其应纳税所得额：

（一）股息、红利等权益性投资收益和利息、租金、特许权使用费所得，以收入全额为应纳税所得额；

（二）转让财产所得，以收入全额减除财产净值后的余额为应纳税所得额；

（三）其他所得，参照前两项规定的方法计算应纳税所得额。

第二十条　本章规定的收入、扣除的具体范围、标准和资产的税务处理的具体办法，由国务院财政、税务主管部门规定。

第二十一条　在计算应纳税所得额时，企业财务、会计处理办法与税收法律、行政法规的规定不一致的，应当依照税收法律、行政法规的规定计算。

第三章 应 纳 税 额

第二十二条 企业的应纳税所得额乘以适用税率，减除依照本法关于税收优惠的规定减免和抵免的税额后的余额，为应纳税额。

第二十三条 企业取得的下列所得已在境外缴纳的所得税税额，可以从其当期应纳税额中抵免，抵免限额为该项所得依照本法规定计算的应纳税额；超过抵免限额的部分，可以在以后五个年度内，用每年度抵免限额抵免当年应抵税额后的余额进行抵补：

（一）居民企业来源于中国境外的应税所得；

（二）非居民企业在中国境内设立机构、场所，取得发生在中国境外但与该机构、场所有实际联系的应税所得。

第二十四条 居民企业从其直接或者间接控制的外国企业分得的来源于中国境外的股息、红利等权益性投资收益，外国企业在境外实际缴纳的所得税税额中属于该项所得负担的部分，可以作为该居民企业的可抵免境外所得税税额，在本法第二十三条规定的抵免限额内抵免。

第四章 税 收 优 惠

第二十五条 国家对重点扶持和鼓励发展的产业和项目，给予企业所得税优惠。

第二十六条 企业的下列收入为免税收入：

（一）国债利息收入；

（二）符合条件的居民企业之间的股息、红利等权益性投资收益；

（三）在中国境内设立机构、场所的非居民企业从居民企业取得与该机构、场所有实际联系的股息、红利等权益性投资收益；

（四）符合条件的非营利组织的收入。

第二十七条 企业的下列所得，可以免征、减征企业所得税：

（一）从事农、林、牧、渔业项目的所得；

（二）从事国家重点扶持的公共基础设施项目投资经营的所得；

（三）从事符合条件的环境保护、节能节水项目的所得；

（四）符合条件的技术转让所得；

（五）本法第三条第三款规定的所得。

第二十八条 符合条件的小型微利企业，减按20%的税率征收企业所得税。

国家需要重点扶持的高新技术企业，减按15%的税率征收企业所得税。

第二十九条 民族自治地方的自治机关对本民族自治地方的企业应缴纳的企业所得税中属于地方分享的部分，可以决定减征或者免征。自治州、自治县决定减征或者免征的，须报省、自治区、直辖市人民政府批准。

第三十条 企业的下列支出，可以在计算应纳税所得额时加计扣除：

（一）开发新技术、新产品、新工艺发生的研究开发费用；

（二）安置残疾人员及国家鼓励安置的其他就业人员所支付的工资。

第三十一条 创业投资企业从事国家需要重点扶持和鼓励的创业投资，可以按投资额的一定比例抵扣应纳税所得额。

第三十二条 企业的固定资产由于技术进步等原因，确需加速折旧的，可以缩短折旧年限或者采取加速折旧的方法。

第三十三条 企业综合利用资源，生产符合国家产业政策规定的产品所取得的收入，可以在计算应纳税所得额时减计收入。

第三十四条 企业购置用于环境保护、节能节水、安全生产等专用设备的投资额，可以按一定比例实行税额抵免。

第三十五条 本法规定的税收优惠的具体办法，由国务院规定。

第三十六条 根据国民经济和社会发展的需要，或者由于突发事件等原因对企业经营活动产生重大影响的，国务院可以制定企业所得税专项优惠政策，报全国人民代表大会常务委员会备案。

第五章　源泉扣缴

第三十七条 对非居民企业取得本法第三条第三款规定的所得应缴纳的所得税，实行源泉扣缴，以支付人为扣缴义务人。税款由扣缴义务人在每次支付或者到期应支付时，从支付或者到期应支付的款项中扣缴。

第三十八条　对非居民企业在中国境内取得工程作业和劳务所得应缴纳的所得税，税务机关可以指定工程价款或者劳务费的支付人为扣缴义务人。

第三十九条　依照本法第三十七条、第三十八条规定应当扣缴的所得税，扣缴义务人未依法扣缴或者无法履行扣缴义务的，由纳税人在所得发生地缴纳。纳税人未依法缴纳的，税务机关可以从该纳税人在中国境内其他收入项目的支付人应付的款项中，追缴该纳税人的应纳税款。

第四十条　扣缴义务人每次代扣的税款，应当自代扣之日起七日内缴入国库，并向所在地的税务机关报送扣缴企业所得税报告表。

第六章　特别纳税调整

第四十一条　企业与其关联方之间的业务往来，不符合独立交易原则而减少企业或者其关联方应纳税收入或者所得额的，税务机关有权按照合理方法调整。

企业与其关联方共同开发、受让无形资产，或者共同提供、接受劳务发生的成本，在计算应纳税所得额时应当按照独立交易原则进行分摊。

第四十二条　企业可以向税务机关提出与其关联方之间业务往来的定价原则和计算方法，税务机关与企业协商、确认后，达成预约定价安排。

第四十三条　企业向税务机关报送年度企业所得税纳税申报表时，应当就其与关联方之间的业务往来，附送年度关联业务往来报告表。

税务机关在进行关联业务调查时，企业及其关联方，以及与关联业务调查有关的其他企业，应当按照规定提供相关资料。

第四十四条　企业不提供与其关联方之间业务往来资料，或者提供虚假、不完整资料，未能真实反映其关联业务往来情况的，税务机关有权依法核定其应纳税所得额。

第四十五条　由居民企业，或者由居民企业和中国居民控制的设立在实际税负明显低于本法第四条第一款规定税率水平的国家（地区）的企业，并非由于合理的经营需要而对利润不作分配或者减少分配的，上述利润中应归属于该居民企业的部分，应当计入该居民企业的当期收入。

第四十六条　企业从其关联方接受的债权性投资与权益性投资的比例超

过规定标准而发生的利息支出，不得在计算应纳税所得额时扣除。

第四十七条　企业实施其他不具有合理商业目的的安排而减少其应纳税收入或者所得额的，税务机关有权按照合理方法调整。

第四十八条　税务机关依照本章规定作出纳税调整，需要补征税款的，应当补征税款，并按照国务院规定加收利息。

第七章　征收管理

第四十九条　企业所得税的征收管理除本法规定外，依照《中华人民共和国税收征收管理法》的规定执行。

第五十条　除税收法律、行政法规另有规定外，居民企业以企业登记注册地为纳税地点；但登记注册地在境外的，以实际管理机构所在地为纳税地点。

居民企业在中国境内设立不具有法人资格的营业机构的，应当汇总计算并缴纳企业所得税。

第五十一条　非居民企业取得本法第三条第二款规定的所得，以机构、场所所在地为纳税地点。非居民企业在中国境内设立两个或者两个以上机构、场所，符合国务院税务主管部门规定条件的，可以选择由其主要机构、场所汇总缴纳企业所得税。

非居民企业取得本法第三条第三款规定的所得，以扣缴义务人所在地为纳税地点。

第五十二条　除国务院另有规定外，企业之间不得合并缴纳企业所得税。

第五十三条　企业所得税按纳税年度计算。纳税年度自公历1月1日起至12月31日止。

企业在一个纳税年度中间开业，或者终止经营活动，使该纳税年度的实际经营期不足十二个月的，应当以其实际经营期为一个纳税年度。

企业依法清算时，应当以清算期间作为一个纳税年度。

第五十四条　企业所得税分月或者分季预缴。

企业应当自月份或者季度终了之日起十五日内，向税务机关报送预缴企业所得税纳税申报表，预缴税款。

企业应当自年度终了之日起五个月内，向税务机关报送年度企业所得税纳税申报表，并汇算清缴，结清应缴应退税款。

企业在报送企业所得税纳税申报表时，应当按照规定附送财务会计报告和其他有关资料。

第五十五条　企业在年度中间终止经营活动的，应当自实际经营终止之日起六十日内，向税务机关办理当期企业所得税汇算清缴。

企业应当在办理注销登记前，就其清算所得向税务机关申报并依法缴纳企业所得税。

第五十六条　依照本法缴纳的企业所得税，以人民币计算。所得以人民币以外的货币计算的，应当折合成人民币计算并缴纳税款。

第八章　附　　则

第五十七条　本法公布前已经批准设立的企业，依照当时的税收法律、行政法规规定，享受低税率优惠的，按照国务院规定，可以在本法施行后五年内，逐步过渡到本法规定的税率；享受定期减免税优惠的，按照国务院规定，可以在本法施行后继续享受到期满为止，但因未获利而尚未享受优惠的，优惠期限从本法施行年度起计算。

法律设置的发展对外经济合作和技术交流的特定地区内，以及国务院已规定执行上述地区特殊政策的地区内新设立的国家需要重点扶持的高新技术企业，可以享受过渡性税收优惠，具体办法由国务院规定。

国家已确定的其他鼓励类企业，可以按照国务院规定享受减免税优惠。

第五十八条　中华人民共和国政府同外国政府订立的有关税收的协定与本法有不同规定的，依照协定的规定办理。

第五十九条　国务院根据本法制定实施条例。

第六十条　本法自2008年1月1日起施行。1991年4月9日第七届全国人民代表大会第四次会议通过的《中华人民共和国外商投资企业和外国企业所得税法》和1993年12月13日国务院发布的《中华人民共和国企业所得税暂行条例》同时废止。

中华人民共和国企业破产法

（2006 年 8 月 27 日第十届全国人民代表大会常务委员会第二十三次会议通过　2006 年 8 月 27 日中华人民共和国主席令第 54 号公布　自 2007 年 6 月 1 日起施行）

目　　录

第一章　总　　则
第二章　申请和受理
　第一节　申　　请
　第二节　受　　理
第三章　管 理 人
第四章　债务人财产
第五章　破产费用和共益债务
第六章　债权申报
第七章　债权人会议
　第一节　一般规定
　第二节　债权人委员会
第八章　重　　整
　第一节　重整申请和重整期间
　第二节　重整计划的制定和批准
　第三节　重整计划的执行
第九章　和　　解
第十章　破产清算
　第一节　破产宣告
　第二节　变价和分配
　第三节　破产程序的终结

第十一章　法律责任
第十二章　附　　则

第一章　总　　则

第一条　为规范企业破产程序，公平清理债权债务，保护债权人和债务人的合法权益，维护社会主义市场经济秩序，制定本法。

第二条　企业法人不能清偿到期债务，并且资产不足以清偿全部债务或者明显缺乏清偿能力的，依照本法规定清理债务。

企业法人有前款规定情形，或者有明显丧失清偿能力可能的，可以依照本法规定进行重整。

第三条　破产案件由债务人住所地人民法院管辖。

第四条　破产案件审理程序，本法没有规定的，适用民事诉讼法的有关规定。

第五条　依照本法开始的破产程序，对债务人在中华人民共和国领域外的财产发生效力。

对外国法院作出的发生法律效力的破产案件的判决、裁定，涉及债务人在中华人民共和国领域内的财产，申请或者请求人民法院承认和执行的，人民法院依照中华人民共和国缔结或者参加的国际条约，或者按照互惠原则进行审查，认为不违反中华人民共和国法律的基本原则，不损害国家主权、安全和社会公共利益，不损害中华人民共和国领域内债权人的合法权益的，裁定承认和执行。

第六条　人民法院审理破产案件，应当依法保障企业职工的合法权益，依法追究破产企业经营管理人员的法律责任。

第二章　申请和受理

第一节　申　　请

第七条　债务人有本法第二条规定的情形，可以向人民法院提出重整、和解或者破产清算申请。

债务人不能清偿到期债务，债权人可以向人民法院提出对债务人进行重整或者破产清算的申请。

企业法人已解散但未清算或者未清算完毕，资产不足以清偿债务的，依法负有清算责任的人应当向人民法院申请破产清算。

第八条　向人民法院提出破产申请，应当提交破产申请书和有关证据。

破产申请书应当载明下列事项：

（一）申请人、被申请人的基本情况；

（二）申请目的；

（三）申请的事实和理由；

（四）人民法院认为应当载明的其他事项。

债务人提出申请的，还应当向人民法院提交财产状况说明、债务清册、债权清册、有关财务会计报告、职工安置预案以及职工工资的支付和社会保险费用的缴纳情况。

第九条　人民法院受理破产申请前，申请人可以请求撤回申请。

第二节　受　　理

第十条　债权人提出破产申请的，人民法院应当自收到申请之日起五日内通知债务人。债务人对申请有异议的，应当自收到人民法院的通知之日起七日内向人民法院提出。人民法院应当自异议期满之日起十日内裁定是否受理。

除前款规定的情形外，人民法院应当自收到破产申请之日起十五日内裁定是否受理。

有特殊情况需要延长前两款规定的裁定受理期限的，经上一级人民法院批准，可以延长十五日。

第十一条　人民法院受理破产申请的，应当自裁定作出之日起五日内送达申请人。

债权人提出申请的，人民法院应当自裁定作出之日起五日内送达债务人。债务人应当自裁定送达之日起十五日内，向人民法院提交财产状况说明、债务清册、债权清册、有关财务会计报告以及职工工资的支付和社会保险费用的缴纳情况。

第十二条 人民法院裁定不受理破产申请的，应当自裁定作出之日起五日内送达申请人并说明理由。申请人对裁定不服的，可以自裁定送达之日起十日内向上一级人民法院提起上诉。

人民法院受理破产申请后至破产宣告前，经审查发现债务人不符合本法第二条规定情形的，可以裁定驳回申请。申请人对裁定不服的，可以自裁定送达之日起十日内向上一级人民法院提起上诉。

第十三条 人民法院裁定受理破产申请的，应当同时指定管理人。

第十四条 人民法院应当自裁定受理破产申请之日起二十五日内通知已知债权人，并予以公告。

通知和公告应当载明下列事项：

（一）申请人、被申请人的名称或者姓名；

（二）人民法院受理破产申请的时间；

（三）申报债权的期限、地点和注意事项；

（四）管理人的名称或者姓名及其处理事务的地址；

（五）债务人的债务人或者财产持有人应当向管理人清偿债务或者交付财产的要求；

（六）第一次债权人会议召开的时间和地点；

（七）人民法院认为应当通知和公告的其他事项。

第十五条 自人民法院受理破产申请的裁定送达债务人之日起至破产程序终结之日，债务人的有关人员承担下列义务：

（一）妥善保管其占有和管理的财产、印章和账簿、文书等资料；

（二）根据人民法院、管理人的要求进行工作，并如实回答询问；

（三）列席债权人会议并如实回答债权人的询问；

（四）未经人民法院许可，不得离开住所地；

（五）不得新任其他企业的董事、监事、高级管理人员。

前款所称有关人员，是指企业的法定代表人；经人民法院决定，可以包括企业的财务管理人员和其他经营管理人员。

第十六条 人民法院受理破产申请后，债务人对个别债权人的债务清偿无效。

第十七条　人民法院受理破产申请后，债务人的债务人或者财产持有人应当向管理人清偿债务或者交付财产。

债务人的债务人或者财产持有人故意违反前款规定向债务人清偿债务或者交付财产，使债权人受到损失的，不免除其清偿债务或者交付财产的义务。

第十八条　人民法院受理破产申请后，管理人对破产申请受理前成立而债务人和对方当事人均未履行完毕的合同有权决定解除或者继续履行，并通知对方当事人。管理人自破产申请受理之日起二个月内未通知对方当事人，或者自收到对方当事人催告之日起三十日内未答复的，视为解除合同。

管理人决定继续履行合同的，对方当事人应当履行；但是，对方当事人有权要求管理人提供担保。管理人不提供担保的，视为解除合同。

第十九条　人民法院受理破产申请后，有关债务人财产的保全措施应当解除，执行程序应当中止。

第二十条　人民法院受理破产申请后，已经开始而尚未终结的有关债务人的民事诉讼或者仲裁应当中止；在管理人接管债务人的财产后，该诉讼或者仲裁继续进行。

第二十一条　人民法院受理破产申请后，有关债务人的民事诉讼，只能向受理破产申请的人民法院提起。

第三章　管　理　人

第二十二条　管理人由人民法院指定。

债权人会议认为管理人不能依法、公正执行职务或者有其他不能胜任职务情形的，可以申请人民法院予以更换。

指定管理人和确定管理人报酬的办法，由最高人民法院规定。

第二十三条　管理人依照本法规定执行职务，向人民法院报告工作，并接受债权人会议和债权人委员会的监督。

管理人应当列席债权人会议，向债权人会议报告职务执行情况，并回答询问。

第二十四条　管理人可以由有关部门、机构的人员组成的清算组或者依法设立的律师事务所、会计师事务所、破产清算事务所等社会中介机构担任。

人民法院根据债务人的实际情况，可以在征询有关社会中介机构的意见后，指定该机构具备相关专业知识并取得执业资格的人员担任管理人。

有下列情形之一的，不得担任管理人：

（一）因故意犯罪受过刑事处罚；

（二）曾被吊销相关专业执业证书；

（三）与本案有利害关系；

（四）人民法院认为不宜担任管理人的其他情形。

个人担任管理人的，应当参加执业责任保险。

第二十五条　管理人履行下列职责：

（一）接管债务人的财产、印章和账簿、文书等资料；

（二）调查债务人财产状况，制作财产状况报告；

（三）决定债务人的内部管理事务；

（四）决定债务人的日常开支和其他必要开支；

（五）在第一次债权人会议召开之前，决定继续或者停止债务人的营业；

（六）管理和处分债务人的财产；

（七）代表债务人参加诉讼、仲裁或者其他法律程序；

（八）提议召开债权人会议；

（九）人民法院认为管理人应当履行的其他职责。

本法对管理人的职责另有规定的，适用其规定。

第二十六条　在第一次债权人会议召开之前，管理人决定继续或者停止债务人的营业或者有本法第六十九条规定行为之一的，应当经人民法院许可。

第二十七条　管理人应当勤勉尽责，忠实执行职务。

第二十八条　管理人经人民法院许可，可以聘用必要的工作人员。

管理人的报酬由人民法院确定。债权人会议对管理人的报酬有异议的，有权向人民法院提出。

第二十九条　管理人没有正当理由不得辞去职务。管理人辞去职务应当经人民法院许可。

第四章　债务人财产

第三十条　破产申请受理时属于债务人的全部财产，以及破产申请受理后至破产程序终结前债务人取得的财产，为债务人财产。

第三十一条 人民法院受理破产申请前一年内，涉及债务人财产的下列行为，管理人有权请求人民法院予以撤销：

（一）无偿转让财产的；

（二）以明显不合理的价格进行交易的；

（三）对没有财产担保的债务提供财产担保的；

（四）对未到期的债务提前清偿的；

（五）放弃债权的。

第三十二条 人民法院受理破产申请前六个月内，债务人有本法第二条第一款规定的情形，仍对个别债权人进行清偿的，管理人有权请求人民法院予以撤销。但是，个别清偿使债务人财产受益的除外。

第三十三条 涉及债务人财产的下列行为无效：

（一）为逃避债务而隐匿、转移财产的；

（二）虚构债务或者承认不真实的债务的。

第三十四条 因本法第三十一条、第三十二条或者第三十三条规定的行为而取得的债务人的财产，管理人有权追回。

第三十五条 人民法院受理破产申请后，债务人的出资人尚未完全履行出资义务的，管理人应当要求该出资人缴纳所认缴的出资，而不受出资期限的限制。

第三十六条 债务人的董事、监事和高级管理人员利用职权从企业获取的非正常收入和侵占的企业财产，管理人应当追回。

第三十七条 人民法院受理破产申请后，管理人可以通过清偿债务或者提供为债权人接受的担保，取回质物、留置物。

前款规定的债务清偿或者替代担保，在质物或者留置物的价值低于被担保的债权额时，以该质物或者留置物当时的市场价值为限。

第三十八条 人民法院受理破产申请后，债务人占有的不属于债务人的财产，该财产的权利人可以通过管理人取回。但是，本法另有规定的除外。

第三十九条 人民法院受理破产申请时，出卖人已将买卖标的物向作为买受人的债务人发运，债务人尚未收到且未付清全部价款的，出卖人可以取回在运途中的标的物。但是，管理人可以支付全部价款，请求出卖人交付标的物。

第四十条 债权人在破产申请受理前对债务人负有债务的，可以向管理人主张抵销。但是，有下列情形之一的，不得抵销：

（一）债务人的债务人在破产申请受理后取得他人对债务人的债权的；

（二）债权人已知债务人有不能清偿到期债务或者破产申请的事实，对债务人负担债务的；但是，债权人因为法律规定或者有破产申请一年前所发生的原因而负担债务的除外；

（三）债务人的债务人已知债务人有不能清偿到期债务或者破产申请的事实，对债务人取得债权的；但是，债务人的债务人因为法律规定或者有破产申请一年前所发生的原因而取得债权的除外。

第五章 破产费用和共益债务

第四十一条 人民法院受理破产申请后发生的下列费用，为破产费用：
（一）破产案件的诉讼费用；
（二）管理、变价和分配债务人财产的费用；
（三）管理人执行职务的费用、报酬和聘用工作人员的费用。

第四十二条 人民法院受理破产申请后发生的下列债务，为共益债务：
（一）因管理人或者债务人请求对方当事人履行双方均未履行完毕的合同所产生的债务；
（二）债务人财产受无因管理所产生的债务；
（三）因债务人不当得利所产生的债务；
（四）为债务人继续营业而应支付的劳动报酬和社会保险费用以及由此产生的其他债务；
（五）管理人或者相关人员执行职务致人损害所产生的债务；
（六）债务人财产致人损害所产生的债务。

第四十三条 破产费用和共益债务由债务人财产随时清偿。
债务人财产不足以清偿所有破产费用和共益债务的，先行清偿破产费用。
债务人财产不足以清偿所有破产费用或者共益债务的，按照比例清偿。
债务人财产不足以清偿破产费用的，管理人应当提请人民法院终结破产程序。人民法院应当自收到请求之日起十五日内裁定终结破产程序，并予以公告。

第六章 债权申报

第四十四条 人民法院受理破产申请时对债务人享有债权的债权人，依照本法规定的程序行使权利。

第四十五条 人民法院受理破产申请后，应当确定债权人申报债权的期限。债权申报期限自人民法院发布受理破产申请公告之日起计算，最短不得少于三十日，最长不得超过三个月。

第四十六条 未到期的债权，在破产申请受理时视为到期。

附利息的债权自破产申请受理时起停止计息。

第四十七条 附条件、附期限的债权和诉讼、仲裁未决的债权，债权人可以申报。

第四十八条 债权人应当在人民法院确定的债权申报期限内向管理人申报债权。

债务人所欠职工的工资和医疗、伤残补助、抚恤费用，所欠的应当划入职工个人账户的基本养老保险、基本医疗保险费用，以及法律、行政法规规定应当支付给职工的补偿金，不必申报，由管理人调查后列出清单并予以公示。职工对清单记载有异议的，可以要求管理人更正；管理人不予更正的，职工可以向人民法院提起诉讼。

第四十九条 债权人申报债权时，应当书面说明债权的数额和有无财产担保，并提交有关证据。申报的债权是连带债权的，应当说明。

第五十条 连带债权人可以由其中一人代表全体连带债权人申报债权，也可以共同申报债权。

第五十一条 债务人的保证人或者其他连带债务人已经代替债务人清偿债务的，以其对债务人的求偿权申报债权。

债务人的保证人或者其他连带债务人尚未代替债务人清偿债务的，以其对债务人的将来求偿权申报债权。但是，债权人已经向管理人申报全部债权的除外。

第五十二条 连带债务人数人被裁定适用本法规定的程序的，其债权人有权就全部债权分别在各破产案件中申报债权。

第五十三条 管理人或者债务人依照本法规定解除合同的，对方当事人以因合同解除所产生的损害赔偿请求权申报债权。

第五十四条 债务人是委托合同的委托人，被裁定适用本法规定的程序，受托人不知该事实，继续处理委托事务的，受托人以由此产生的请求权申报债权。

第五十五条 债务人是票据的出票人，被裁定适用本法规定的程序，该票据的付款人继续付款或者承兑的，付款人以由此产生的请求权申报债权。

第五十六条 在人民法院确定的债权申报期限内，债权人未申报债权的，可以在破产财产最后分配前补充申报；但是，此前已进行的分配，不再对其补充分配。为审查和确认补充申报债权的费用，由补充申报人承担。

债权人未依照本法规定申报债权的，不得依照本法规定的程序行使权利。

第五十七条 管理人收到债权申报材料后，应当登记造册，对申报的债权进行审查，并编制债权表。

债权表和债权申报材料由管理人保存，供利害关系人查阅。

第五十八条 依照本法第五十七条规定编制的债权表，应当提交第一次债权人会议核查。

债务人、债权人对债权表记载的债权无异议的，由人民法院裁定确认。

债务人、债权人对债权表记载的债权有异议的，可以向受理破产申请的人民法院提起诉讼。

第七章 债权人会议

第一节 一般规定

第五十九条 依法申报债权的债权人为债权人会议的成员，有权参加债权人会议，享有表决权。

债权尚未确定的债权人，除人民法院能够为其行使表决权而临时确定债权额的外，不得行使表决权。

对债务人的特定财产享有担保权的债权人，未放弃优先受偿权利的，对于本法第六十一条第一款第七项、第十项规定的事项不享有表决权。

债权人可以委托代理人出席债权人会议，行使表决权。代理人出席债权人会议，应当向人民法院或者债权人会议主席提交债权人的授权委托书。

债权人会议应当有债务人的职工和工会的代表参加，对有关事项发表意见。

第六十条　债权人会议设主席一人，由人民法院从有表决权的债权人中指定。

债权人会议主席主持债权人会议。

第六十一条　债权人会议行使下列职权：

（一）核查债权；

（二）申请人民法院更换管理人，审查管理人的费用和报酬；

（三）监督管理人；

（四）选任和更换债权人委员会成员；

（五）决定继续或者停止债务人的营业；

（六）通过重整计划；

（七）通过和解协议；

（八）通过债务人财产的管理方案；

（九）通过破产财产的变价方案；

（十）通过破产财产的分配方案；

（十一）人民法院认为应当由债权人会议行使的其他职权。

债权人会议应当对所议事项的决议作成会议记录。

第六十二条　第一次债权人会议由人民法院召集，自债权申报期限届满之日起十五日内召开。

以后的债权人会议，在人民法院认为必要时，或者管理人、债权人委员会、占债权总额四分之一以上的债权人向债权人会议主席提议时召开。

第六十三条　召开债权人会议，管理人应当提前十五日通知已知的债权人。

第六十四条　债权人会议的决议，由出席会议的有表决权的债权人过半数通过，并且其所代表的债权额占无财产担保债权总额的二分之一以上。但是，本法另有规定的除外。

债权人认为债权人会议的决议违反法律规定，损害其利益的，可以自债权人会议作出决议之日起十五日内，请求人民法院裁定撤销该决议，责令债权人会议依法重新作出决议。

债权人会议的决议，对于全体债权人均有约束力。

第六十五条 本法第六十一条第一款第八项、第九项所列事项，经债权人会议表决未通过的，由人民法院裁定。

本法第六十一条第一款第十项所列事项，经债权人会议二次表决仍未通过的，由人民法院裁定。

对前两款规定的裁定，人民法院可以在债权人会议上宣布或者另行通知债权人。

第六十六条 债权人对人民法院依照本法第六十五条第一款作出的裁定不服的，债权额占无财产担保债权总额二分之一以上的债权人对人民法院依照本法第六十五条第二款作出的裁定不服的，可以自裁定宣布之日或者收到通知之日起十五日内向该人民法院申请复议。复议期间不停止裁定的执行。

第二节 债权人委员会

第六十七条 债权人会议可以决定设立债权人委员会。债权人委员会由债权人会议选任的债权人代表和一名债务人的职工代表或者工会代表组成。债权人委员会成员不得超过九人。

债权人委员会成员应当经人民法院书面决定认可。

第六十八条 债权人委员会行使下列职权：

（一）监督债务人财产的管理和处分；

（二）监督破产财产分配；

（三）提议召开债权人会议；

（四）债权人会议委托的其他职权。

债权人委员会执行职务时，有权要求管理人、债务人的有关人员对其职权范围内的事务作出说明或者提供有关文件。

管理人、债务人的有关人员违反本法规定拒绝接受监督的，债权人委员会有权就监督事项请求人民法院作出决定；人民法院应当在五日内作出决定。

第六十九条 管理人实施下列行为，应当及时报告债权人委员会：

（一）涉及土地、房屋等不动产权益的转让；

（二）探矿权、采矿权、知识产权等财产权的转让；

（三）全部库存或者营业的转让；

（四）借款；

（五）设定财产担保；

（六）债权和有价证券的转让；

（七）履行债务人和对方当事人均未履行完毕的合同；

（八）放弃权利；

（九）担保物的取回；

（十）对债权人利益有重大影响的其他财产处分行为。

未设立债权人委员会的，管理人实施前款规定的行为应当及时报告人民法院。

第八章 重 整

第一节 重整申请和重整期间

第七十条 债务人或者债权人可以依照本法规定，直接向人民法院申请对债务人进行重整。

债权人申请对债务人进行破产清算的，在人民法院受理破产申请后、宣告债务人破产前，债务人或者出资额占债务人注册资本十分之一以上的出资人，可以向人民法院申请重整。

第七十一条 人民法院经审查认为重整申请符合本法规定的，应当裁定债务人重整，并予以公告。

第七十二条 自人民法院裁定债务人重整之日起至重整程序终止，为重整期间。

第七十三条 在重整期间，经债务人申请，人民法院批准，债务人可以在管理人的监督下自行管理财产和营业事务。

有前款规定情形的，依照本法规定已接管债务人财产和营业事务的管理人应当向债务人移交财产和营业事务，本法规定的管理人的职权由债务人行使。

第七十四条 管理人负责管理财产和营业事务的，可以聘任债务人的经营管理人员负责营业事务。

第七十五条 在重整期间，对债务人的特定财产享有的担保权暂停行使。但是，担保物有损坏或者价值明显减少的可能，足以危害担保权人权利的，担保权人可以向人民法院请求恢复行使担保权。

在重整期间，债务人或者管理人为继续营业而借款的，可以为该借款设定担保。

第七十六条 债务人合法占有的他人财产，该财产的权利人在重整期间要求取回的，应当符合事先约定的条件。

第七十七条 在重整期间，债务人的出资人不得请求投资收益分配。

在重整期间，债务人的董事、监事、高级管理人员不得向第三人转让其持有的债务人的股权。但是，经人民法院同意的除外。

第七十八条 在重整期间，有下列情形之一的，经管理人或者利害关系人请求，人民法院应当裁定终止重整程序，并宣告债务人破产：

（一）债务人的经营状况和财产状况继续恶化，缺乏挽救的可能性；

（二）债务人有欺诈、恶意减少债务人财产或者其他显著不利于债权人的行为；

（三）由于债务人的行为致使管理人无法执行职务。

第二节 重整计划的制定和批准

第七十九条 债务人或者管理人应当自人民法院裁定债务人重整之日起六个月内，同时向人民法院和债权人会议提交重整计划草案。

前款规定的期限届满，经债务人或者管理人请求，有正当理由的，人民法院可以裁定延期三个月。

债务人或者管理人未按期提出重整计划草案的，人民法院应当裁定终止重整程序，并宣告债务人破产。

第八十条 债务人自行管理财产和营业事务的，由债务人制作重整计划草案。

管理人负责管理财产和营业事务的，由管理人制作重整计划草案。

第八十一条　重整计划草案应当包括下列内容：

（一）债务人的经营方案；

（二）债权分类；

（三）债权调整方案；

（四）债权受偿方案；

（五）重整计划的执行期限；

（六）重整计划执行的监督期限；

（七）有利于债务人重整的其他方案。

第八十二条　下列各类债权的债权人参加讨论重整计划草案的债权人会议，依照下列债权分类，分组对重整计划草案进行表决：

（一）对债务人的特定财产享有担保权的债权；

（二）债务人所欠职工的工资和医疗、伤残补助、抚恤费用，所欠的应当划入职工个人账户的基本养老保险、基本医疗保险费用，以及法律、行政法规规定应当支付给职工的补偿金；

（三）债务人所欠税款；

（四）普通债权。

人民法院在必要时可以决定在普通债权组中设小额债权组对重整计划草案进行表决。

第八十三条　重整计划不得规定减免债务人欠缴的本法第八十二条第一款第二项规定以外的社会保险费用；该项费用的债权人不参加重整计划草案的表决。

第八十四条　人民法院应当自收到重整计划草案之日起三十日内召开债权人会议，对重整计划草案进行表决。

出席会议的同一表决组的债权人过半数同意重整计划草案，并且其所代表的债权额占该组债权总额的三分之二以上的，即为该组通过重整计划草案。

债务人或者管理人应当向债权人会议就重整计划草案作出说明，并回答询问。

第八十五条　债务人的出资人代表可以列席讨论重整计划草案的债权人会议。

重整计划草案涉及出资人权益调整事项的，应当设出资人组，对该事项进行表决。

第八十六条 各表决组均通过重整计划草案时，重整计划即为通过。

自重整计划通过之日起十日内，债务人或者管理人应当向人民法院提出批准重整计划的申请。人民法院经审查认为符合本法规定的，应当自收到申请之日起三十日内裁定批准，终止重整程序，并予以公告。

第八十七条 部分表决组未通过重整计划草案的，债务人或者管理人可以同未通过重整计划草案的表决组协商。该表决组可以在协商后再表决一次。双方协商的结果不得损害其他表决组的利益。

未通过重整计划草案的表决组拒绝再次表决或者再次表决仍未通过重整计划草案，但重整计划草案符合下列条件的，债务人或者管理人可以申请人民法院批准重整计划草案：

（一）按照重整计划草案，本法第八十二条第一款第一项所列债权就该特定财产将获得全额清偿，其因延期清偿所受的损失将得到公平补偿，并且其担保权未受到实质性损害，或者该表决组已经通过重整计划草案；

（二）按照重整计划草案，本法第八十二条第一款第二项、第三项所列债权将获得全额清偿，或者相应表决组已经通过重整计划草案；

（三）按照重整计划草案，普通债权所获得的清偿比例，不低于其在重整计划草案被提请批准时依照破产清算程序所能获得的清偿比例，或者该表决组已经通过重整计划草案；

（四）重整计划草案对出资人权益的调整公平、公正，或者出资人组已经通过重整计划草案；

（五）重整计划草案公平对待同一表决组的成员，并且所规定的债权清偿顺序不违反本法第一百一十三条的规定；

（六）债务人的经营方案具有可行性。

人民法院经审查认为重整计划草案符合前款规定的，应当自收到申请之日起三十日内裁定批准，终止重整程序，并予以公告。

第八十八条 重整计划草案未获得通过且未依照本法第八十七条的规定获得批准，或者已通过的重整计划未获得批准的，人民法院应当裁定终止重整程序，并宣告债务人破产。

第三节　重整计划的执行

第八十九条　重整计划由债务人负责执行。

人民法院裁定批准重整计划后，已接管财产和营业事务的管理人应当向债务人移交财产和营业事务。

第九十条　自人民法院裁定批准重整计划之日起，在重整计划规定的监督期内，由管理人监督重整计划的执行。

在监督期内，债务人应当向管理人报告重整计划执行情况和债务人财务状况。

第九十一条　监督期届满时，管理人应当向人民法院提交监督报告。自监督报告提交之日起，管理人的监督职责终止。

管理人向人民法院提交的监督报告，重整计划的利害关系人有权查阅。

经管理人申请，人民法院可以裁定延长重整计划执行的监督期限。

第九十二条　经人民法院裁定批准的重整计划，对债务人和全体债权人均有约束力。

债权人未依照本法规定申报债权的，在重整计划执行期间不得行使权利；在重整计划执行完毕后，可以按照重整计划规定的同类债权的清偿条件行使权利。

债权人对债务人的保证人和其他连带债务人所享有的权利，不受重整计划的影响。

第九十三条　债务人不能执行或者不执行重整计划的，人民法院经管理人或者利害关系人请求，应当裁定终止重整计划的执行，并宣告债务人破产。

人民法院裁定终止重整计划执行的，债权人在重整计划中作出的债权调整的承诺失去效力。债权人因执行重整计划所受的清偿仍然有效，债权未受清偿的部分作为破产债权。

前款规定的债权人，只有在其他同顺位债权人同自己所受的清偿达到同一比例时，才能继续接受分配。

有本条第一款规定情形的，为重整计划的执行提供的担保继续有效。

第九十四条　按照重整计划减免的债务，自重整计划执行完毕时起，债务人不再承担清偿责任。

第九章 和 解

第九十五条 债务人可以依照本法规定,直接向人民法院申请和解;也可以在人民法院受理破产申请后、宣告债务人破产前,向人民法院申请和解。

债务人申请和解,应当提出和解协议草案。

第九十六条 人民法院经审查认为和解申请符合本法规定的,应当裁定和解,予以公告,并召集债权人会议讨论和解协议草案。

对债务人的特定财产享有担保权的权利人,自人民法院裁定和解之日起可以行使权利。

第九十七条 债权人会议通过和解协议的决议,由出席会议的有表决权的债权人过半数同意,并且其所代表的债权额占无财产担保债权总额的三分之二以上。

第九十八条 债权人会议通过和解协议的,由人民法院裁定认可,终止和解程序,并予以公告。管理人应当向债务人移交财产和营业事务,并向人民法院提交执行职务的报告。

第九十九条 和解协议草案经债权人会议表决未获得通过,或者已经债权人会议通过的和解协议未获得人民法院认可的,人民法院应当裁定终止和解程序,并宣告债务人破产。

第一百条 经人民法院裁定认可的和解协议,对债务人和全体和解债权人均有约束力。

和解债权人是指人民法院受理破产申请时对债务人享有无财产担保债权的人。

和解债权人未依照本法规定申报债权的,在和解协议执行期间不得行使权利;在和解协议执行完毕后,可以按照和解协议规定的清偿条件行使权利。

第一百零一条 和解债权人对债务人的保证人和其他连带债务人所享有的权利,不受和解协议的影响。

第一百零二条 债务人应当按照和解协议规定的条件清偿债务。

第一百零三条 因债务人的欺诈或者其他违法行为而成立的和解协议,人民法院应当裁定无效,并宣告债务人破产。

有前款规定情形的，和解债权人因执行和解协议所受的清偿，在其他债权人所受清偿同等比例的范围内，不予返还。

第一百零四条 债务人不能执行或者不执行和解协议的，人民法院经和解债权人请求，应当裁定终止和解协议的执行，并宣告债务人破产。

人民法院裁定终止和解协议执行的，和解债权人在和解协议中作出的债权调整的承诺失去效力。和解债权人因执行和解协议所受的清偿仍然有效，和解债权未受清偿的部分作为破产债权。

前款规定的债权人，只有在其他债权人同自己所受的清偿达到同一比例时，才能继续接受分配。

有本条第一款规定情形的，为和解协议的执行提供的担保继续有效。

第一百零五条 人民法院受理破产申请后，债务人与全体债权人就债权债务的处理自行达成协议的，可以请求人民法院裁定认可，并终结破产程序。

第一百零六条 按照和解协议减免的债务，自和解协议执行完毕时起，债务人不再承担清偿责任。

第十章 破产清算

第一节 破产宣告

第一百零七条 人民法院依照本法规定宣告债务人破产的，应当自裁定作出之日起五日内送达债务人和管理人，自裁定作出之日起十日内通知已知债权人，并予以公告。

债务人被宣告破产后，债务人称为破产人，债务人财产称为破产财产，人民法院受理破产申请时对债务人享有的债权称为破产债权。

第一百零八条 破产宣告前，有下列情形之一的，人民法院应当裁定终结破产程序，并予以公告：

（一）第三人为债务人提供足额担保或者为债务人清偿全部到期债务的；

（二）债务人已清偿全部到期债务的。

第一百零九条 对破产人的特定财产享有担保权的权利人，对该特定财产享有优先受偿的权利。

第一百一十条 享有本法第一百零九条规定权利的债权人行使优先受偿权利未能完全受偿的，其未受偿的债权作为普通债权；放弃优先受偿权利的，其债权作为普通债权。

第二节 变价和分配

第一百一十一条 管理人应当及时拟订破产财产变价方案，提交债权人会议讨论。

管理人应当按照债权人会议通过的或者人民法院依照本法第六十五条第一款规定裁定的破产财产变价方案，适时变价出售破产财产。

第一百一十二条 变价出售破产财产应当通过拍卖进行。但是，债权人会议另有决议的除外。

破产企业可以全部或者部分变价出售。企业变价出售时，可以将其中的无形资产和其他财产单独变价出售。

按照国家规定不能拍卖或者限制转让的财产，应当按照国家规定的方式处理。

第一百一十三条 破产财产在优先清偿破产费用和共益债务后，依照下列顺序清偿：

（一）破产人所欠职工的工资和医疗、伤残补助、抚恤费用，所欠的应当划入职工个人账户的基本养老保险、基本医疗保险费用，以及法律、行政法规规定应当支付给职工的补偿金；

（二）破产人欠缴的除前项规定以外的社会保险费用和破产人所欠税款；

（三）普通破产债权。

破产财产不足以清偿同一顺序的清偿要求的，按照比例分配。

破产企业的董事、监事和高级管理人员的工资按照该企业职工的平均工资计算。

第一百一十四条 破产财产的分配应当以货币分配方式进行。但是，债权人会议另有决议的除外。

第一百一十五条 管理人应当及时拟订破产财产分配方案，提交债权人会议讨论。

破产财产分配方案应当载明下列事项：

（一）参加破产财产分配的债权人名称或者姓名、住所；

（二）参加破产财产分配的债权额；

（三）可供分配的破产财产数额；

（四）破产财产分配的顺序、比例及数额；

（五）实施破产财产分配的方法。

债权人会议通过破产财产分配方案后，由管理人将该方案提请人民法院裁定认可。

第一百一十六条　破产财产分配方案经人民法院裁定认可后，由管理人执行。

管理人按照破产财产分配方案实施多次分配的，应当公告本次分配的财产额和债权额。管理人实施最后分配的，应当在公告中指明，并载明本法第一百一十七条第二款规定的事项。

第一百一十七条　对于附生效条件或者解除条件的债权，管理人应当将其分配额提存。

管理人依照前款规定提存的分配额，在最后分配公告日，生效条件未成就或者解除条件成就的，应当分配给其他债权人；在最后分配公告日，生效条件成就或者解除条件未成就的，应当交付给债权人。

第一百一十八条　债权人未受领的破产财产分配额，管理人应当提存。债权人自最后分配公告之日起满二个月仍不领取的，视为放弃受领分配的权利，管理人或者人民法院应当将提存的分配额分配给其他债权人。

第一百一十九条　破产财产分配时，对于诉讼或者仲裁未决的债权，管理人应当将其分配额提存。自破产程序终结之日起满二年仍不能受领分配的，人民法院应当将提存的分配额分配给其他债权人。

第三节　破产程序的终结

第一百二十条　破产人无财产可供分配的，管理人应当请求人民法院裁定终结破产程序。

管理人在最后分配完结后，应当及时向人民法院提交破产财产分配报告，并提请人民法院裁定终结破产程序。

人民法院应当自收到管理人终结破产程序的请求之日起十五日内作出是否终结破产程序的裁定。裁定终结的，应当予以公告。

第一百二十一条　管理人应当自破产程序终结之日起十日内，持人民法院终结破产程序的裁定，向破产人的原登记机关办理注销登记。

第一百二十二条　管理人于办理注销登记完毕的次日终止执行职务。但是，存在诉讼或者仲裁未决情况的除外。

第一百二十三条　自破产程序依照本法第四十三条第四款或者第一百二十条的规定终结之日起二年内，有下列情形之一的，债权人可以请求人民法院按照破产财产分配方案进行追加分配：

（一）发现有依照本法第三十一条、第三十二条、第三十三条、第三十六条规定应当追回的财产的；

（二）发现破产人有应当供分配的其他财产的。

有前款规定情形，但财产数量不足以支付分配费用的，不再进行追加分配，由人民法院将其上交国库。

第一百二十四条　破产人的保证人和其他连带债务人，在破产程序终结后，对债权人依照破产清算程序未受清偿的债权，依法继续承担清偿责任。

第十一章　法　律　责　任

第一百二十五条　企业董事、监事或者高级管理人员违反忠实义务、勤勉义务，致使所在企业破产的，依法承担民事责任。

有前款规定情形的人员，自破产程序终结之日起三年内不得担任任何企业的董事、监事、高级管理人员。

第一百二十六条　有义务列席债权人会议的债务人的有关人员，经人民法院传唤，无正当理由拒不列席债权人会议的，人民法院可以拘传，并依法处以罚款。债务人的有关人员违反本法规定，拒不陈述、回答，或者作虚假陈述、回答的，人民法院可以依法处以罚款。

第一百二十七条　债务人违反本法规定，拒不向人民法院提交或者提交不真实的财产状况说明、债务清册、债权清册、有关财务会计报告以及职工工资的支付情况和社会保险费用的缴纳情况的，人民法院可以对直接责任人员依法处以罚款。

债务人违反本法规定，拒不向管理人移交财产、印章和账簿、文书等资料的，或者伪造、销毁有关财产证据材料而使财产状况不明的，人民法院可以对直接责任人员依法处以罚款。

第一百二十八条　债务人有本法第三十一条、第三十二条、第三十三条规定的行为，损害债权人利益的，债务人的法定代表人和其他直接责任人员依法承担赔偿责任。

第一百二十九条　债务人的有关人员违反本法规定，擅自离开住所地的，人民法院可以予以训诫、拘留，可以依法并处罚款。

第一百三十条　管理人未依照本法规定勤勉尽责，忠实执行职务的，人民法院可以依法处以罚款；给债权人、债务人或者第三人造成损失的，依法承担赔偿责任。

第一百三十一条　违反本法规定，构成犯罪的，依法追究刑事责任。

第十二章　附　　则

第一百三十二条　本法施行后，破产人在本法公布之日前所欠职工的工资和医疗、伤残补助、抚恤费用，所欠的应当划入职工个人账户的基本养老保险、基本医疗保险费用，以及法律、行政法规规定应当支付给职工的补偿金，依照本法第一百一十三条的规定清偿后不足以清偿的部分，以本法第一百零九条规定的特定财产优先于对该特定财产享有担保权的权利人受偿。

第一百三十三条　在本法施行前国务院规定的期限和范围内的国有企业实施破产的特殊事宜，按照国务院有关规定办理。

第一百三十四条　商业银行、证券公司、保险公司等金融机构有本法第二条规定情形的，国务院金融监督管理机构可以向人民法院提出对该金融机构进行重整或者破产清算的申请。国务院金融监督管理机构依法对出现重大经营风险的金融机构采取接管、托管等措施的，可以向人民法院申请中止以该金融机构为被告或者被执行人的民事诉讼程序或者执行程序。

金融机构实施破产的，国务院可以依据本法和其他有关法律的规定制定实施办法。

第一百三十五条 其他法律规定企业法人以外的组织的清算，属于破产清算的，参照适用本法规定的程序。

第一百三十六条 本法自 2007 年 6 月 1 日起施行，《中华人民共和国企业破产法（试行）》同时废止。

典型案例指引

甲制衣公司诉某市市场监督管理局行政处罚案①

【基本案情】

2004 年 3 月，甲制衣公司在某市市场监督管理局登记设立。因未报送 2017 年、2018 年年度报告，某市市场监督管理局将该公司列入异常经营名录，于 2020 年 1 月在该局所属市人民政府门户网站发布催告，告知包括该公司在内的多家企业，在公告发布之日起 15 日内未主动申报年度报告或办理注销登记的，将依法予以吊销。该局于 2020 年 1 月向税务机关函询该公司自 2019 年 7 月 1 日以来的纳税记录及社保缴纳情况，得知无相关记录。该局于 2020 年 2 月进行实地调查，未发现该公司有开展经营活动的迹象。某市市场监督管理局于 2020 年 4 月作出行政处罚决定，对该公司吊销营业执照。另，2018 年 11 月，人民法院裁定受理债权人对甲制衣公司进行破产清算的申请。2019 年 3 月，甲制衣公司的第一次债权人会议召开，债权人表决同意该公司停止营业、同意该公司的重整申请。在诉讼期间，人民法院未裁定该公司进入破产重整程序。该公司管理人了解到被吊销营业执照后，提起诉讼，请求撤销某市市场监督管理局吊销该公司营业执照的行政处罚决定。

【裁判结果】

人民法院生效判决认为，依照当时有效的《中华人民共和国公司法》第二百一十一条第一款和《中华人民共和国公司登记管理条例》第六十七条的规定，公司成立后无正当理由超过六个月未开业的，或开业后自行停业连续

---

① 参见最高人民法院发布《人民法院服务保障全国统一大市场建设行政诉讼典型案例》之七，载最高人民法院网，https://www.court.gov.cn/zixun/xiangqing/421962.html，访问时间 2024 年 1 月 9 日。

六个月以上的,可以由公司登记机关吊销营业执照。本案中,人民法院已经受理了对甲制衣公司进行破产清算的申请,债权人会议已表决通过停止该公司营业的报告,故该公司自2019年3月起停止营业并非无正当理由的自行停业。参考《工商总局 税务总局关于清理长期停业未经营企业工作有关问题的通知》(工商企监字〔2016〕97号)规定精神,已进入破产程序的企业,应从清理范围中剔除,宜通过破产程序退出市场,故判决撤销某市市场监督管理局吊销甲制衣公司营业执照的行政处罚决定。

【典型意义】

企业是最重要的市场主体。保障企业依法平等准入和退出,是加快建设全国统一大市场的必然要求。市场监管部门应当坚持依法行政,公平公正监管,正确适用市场监管规则。对于进入破产程序的企业退出市场,应当按照当时有效的《中华人民共和国公司法》《中华人民共和国破产法》《中华人民共和国公司登记管理条例》等法律法规,及《工商总局 税务总局关于清理长期停业未经营企业工作有关问题的通知》等相关政策的规定,区分情况、分类处置。对于清理对象存在已办理清算备案或已进入破产程序等情形的,可以从清理范围中剔除。本案的审理对于保护进入破产程序企业的合法权益,助推民营企业通过破产制度脱困重生,保障市场主体依法有序退出具有积极意义。

| 典型案例指引

福建安溪铁观音集团股份有限公司及其关联企业破产重整案[①]

(一) 基本案情

福建省安溪茶厂有限公司(以下简称安溪茶厂)成立于1952年,是我国历史最为悠久的三大国营茶厂之一,系福建安溪铁观音集团股份有限公司(以下简称铁观音集团)全资子公司。铁观音集团成立后,投入大量资金用

---

① 参见最高人民法院发布《全国法院审理破产典型案例》之八,载最高人民法院网,https://www.court.gov.cn/zixun/xiangqing/83792.html,访问时间2024年1月9日。

于启动上市计划并于 2012 年 6 月进行 IPO 预披露，由于国家政策及市场变动等因素，2013 年铁观音集团终止上市计划。之后随着国家宏观经济下行、消费环境变化和市场调整等不利因素的影响，尤其是担保链断裂等因素，铁观音集团和安溪茶厂陷入资金和经营困境。2016 年 1 月，债权人分别申请铁观音集团和安溪茶厂重整，泉州市中级人民法院（以下简称泉州中院）、安溪县人民法院（以下简称安溪法院）分别受理两个案件。安溪法院受理后以案件疑难复杂为由将案件移送泉州中院审理。

（二）审理情况

泉州中院受理后，共裁定确认铁观音集团债权 41 家合计约 4.78 亿元、安溪茶厂债权 137 家合计约 3.32 亿元（其中茶农债权人 83 名，债权金额合计约 776 万元）。管理人采用公开遴选的方式，引入投资人向铁观音集团增资 2.2 亿元，持有铁观音集团股权 76.2%，原股东的股权稀释为 23.8%；铁观音集团普通债权清偿率 7.54%（其中 10 万元以下部分清偿率 30%），比清算条件下的清偿率提高三倍；安溪茶厂普通债权清偿率 16%（其中 10 万元以下部分清偿率 40%），两案重整计划草案均获得高票通过。2016 月 11 月 3 日，泉州中院裁定批准重整计划，终止重整程序。2017 年 8 月 31 日重组方投资全部到位，2017 年 10 月 31 日，泉州中院裁定确认两案的重整计划执行完毕。

（三）典型意义

本案是通过破产重整制度促进传统农业企业转型升级的典型案例。安溪茶厂、铁观音集团等企业共同形成了茶叶种植、生产、研发、销售的产、供、销一体化涉农企业。重整成功使"安溪铁观音集团"这一著名商号得以保留，带动茶农、茶配套生产商、茶叶营销加盟商相关产业发展；且投资方"互联网+"思维模式、合伙制商业模式、"制茶大师工作室"等创新模式的引入，对传统农业企业从营销模式、产品定位、科研创新等方面进行升级转型，同时化解了金融债权约 5.8 亿元，有效防控金融风险。此外，本案中，经审计机构和管理人调查，两家企业在主要财产、交易渠道、账册等方面不存在高度混同情形，故未采用实质性合并重整的方式，而是采取分中有合、合中有分的审理模式对于安溪茶厂和铁观音集团两个关联企业进行重整。基于两家企业母子公司的关系，招募同一个投资人作为重整案件的重组方，最大限度整合两家企业的资源，提高重整的价值，实现债务人和债权人利益最大化。

中华人民共和国企业所得税法实施条例

（2007年12月6日中华人民共和国国务院令第512号公布　根据2019年4月23日《国务院关于修改部分行政法规的决定》修订）

第一章　总　　则

第一条　根据《中华人民共和国企业所得税法》（以下简称企业所得税法）的规定，制定本条例。

第二条　企业所得税法第一条所称个人独资企业、合伙企业，是指依照中国法律、行政法规成立的个人独资企业、合伙企业。

第三条　企业所得税法第二条所称依法在中国境内成立的企业，包括依照中国法律、行政法规在中国境内成立的企业、事业单位、社会团体以及其他取得收入的组织。

企业所得税法第二条所称依照外国（地区）法律成立的企业，包括依照外国（地区）法律成立的企业和其他取得收入的组织。

第四条　企业所得税法第二条所称实际管理机构，是指对企业的生产经营、人员、账务、财产等实施实质性全面管理和控制的机构。

第五条　企业所得税法第二条第三款所称机构、场所，是指在中国境内从事生产经营活动的机构、场所，包括：

（一）管理机构、营业机构、办事机构；

（二）工厂、农场、开采自然资源的场所；

（三）提供劳务的场所；

（四）从事建筑、安装、装配、修理、勘探等工程作业的场所；

（五）其他从事生产经营活动的机构、场所。

非居民企业委托营业代理人在中国境内从事生产经营活动的，包括委托单位或者个人经常代其签订合同，或者储存、交付货物等，该营业代理人视为非居民企业在中国境内设立的机构、场所。

第六条 企业所得税法第三条所称所得，包括销售货物所得、提供劳务所得、转让财产所得、股息红利等权益性投资所得、利息所得、租金所得、特许权使用费所得、接受捐赠所得和其他所得。

第七条 企业所得税法第三条所称来源于中国境内、境外的所得，按照以下原则确定：

（一）销售货物所得，按照交易活动发生地确定；

（二）提供劳务所得，按照劳务发生地确定；

（三）转让财产所得，不动产转让所得按照不动产所在地确定，动产转让所得按照转让动产的企业或者机构、场所所在地确定，权益性投资资产转让所得按照被投资企业所在地确定；

（四）股息、红利等权益性投资所得，按照分配所得的企业所在地确定；

（五）利息所得、租金所得、特许权使用费所得，按照负担、支付所得的企业或者机构、场所所在地确定，或者按照负担、支付所得的个人的住所地确定；

（六）其他所得，由国务院财政、税务主管部门确定。

第八条 企业所得税法第三条所称实际联系，是指非居民企业在中国境内设立的机构、场所拥有据以取得所得的股权、债权，以及拥有、管理、控制据以取得所得的财产等。

第二章 应纳税所得额

第一节 一般规定

第九条 企业应纳税所得额的计算，以权责发生制为原则，属于当期的收入和费用，不论款项是否收付，均作为当期的收入和费用；不属于当期的收入和费用，即使款项已经在当期收付，均不作为当期的收入和费用。本条例和国务院财政、税务主管部门另有规定的除外。

第十条 企业所得税法第五条所称亏损，是指企业依照企业所得税法和本条例的规定将每一纳税年度的收入总额减除不征税收入、免税收入和各项扣除后小于零的数额。

第十一条 企业所得税法第五十五条所称清算所得，是指企业的全部资产可变现价值或者交易价格减除资产净值、清算费用以及相关税费等后的余额。

投资方企业从被清算企业分得的剩余资产，其中相当于从被清算企业累计未分配利润和累计盈余公积中应当分得的部分，应当确认为股息所得；剩余资产减除上述股息所得后的余额，超过或者低于投资成本的部分，应当确认为投资资产转让所得或者损失。

第二节 收 入

第十二条 企业所得税法第六条所称企业取得收入的货币形式，包括现金、存款、应收账款、应收票据、准备持有至到期的债券投资以及债务的豁免等。

企业所得税法第六条所称企业取得收入的非货币形式，包括固定资产、生物资产、无形资产、股权投资、存货、不准备持有至到期的债券投资、劳务以及有关权益等。

第十三条 企业所得税法第六条所称企业以非货币形式取得的收入，应当按照公允价值确定收入额。

前款所称公允价值，是指按照市场价格确定的价值。

第十四条 企业所得税法第六条第（一）项所称销售货物收入，是指企业销售商品、产品、原材料、包装物、低值易耗品以及其他存货取得的收入。

第十五条 企业所得税法第六条第（二）项所称提供劳务收入，是指企业从事建筑安装、修理修配、交通运输、仓储租赁、金融保险、邮电通信、咨询经纪、文化体育、科学研究、技术服务、教育培训、餐饮住宿、中介代理、卫生保健、社区服务、旅游、娱乐、加工以及其他劳务服务活动取得的收入。

第十六条 企业所得税法第六条第（三）项所称转让财产收入，是指企业转让固定资产、生物资产、无形资产、股权、债权等财产取得的收入。

第十七条 企业所得税法第六条第（四）项所称股息、红利等权益性投资收益，是指企业因权益性投资从被投资方取得的收入。

股息、红利等权益性投资收益，除国务院财政、税务主管部门另有规定外,按照被投资方作出利润分配决定的日期确认收入的实现。

第十八条　企业所得税法第六条第(五)项所称利息收入,是指企业将资金提供他人使用但不构成权益性投资,或者因他人占用本企业资金取得的收入,包括存款利息、贷款利息、债券利息、欠款利息等收入。

利息收入,按照合同约定的债务人应付利息的日期确认收入的实现。

第十九条　企业所得税法第六条第(六)项所称租金收入,是指企业提供固定资产、包装物或者其他有形资产的使用权取得的收入。

租金收入,按照合同约定的承租人应付租金的日期确认收入的实现。

第二十条　企业所得税法第六条第(七)项所称特许权使用费收入,是指企业提供专利权、非专利技术、商标权、著作权以及其他特许权的使用权取得的收入。

特许权使用费收入,按照合同约定的特许权使用人应付特许权使用费的日期确认收入的实现。

第二十一条　企业所得税法第六条第(八)项所称接受捐赠收入,是指企业接受的来自其他企业、组织或者个人无偿给予的货币性资产、非货币性资产。

接受捐赠收入,按照实际收到捐赠资产的日期确认收入的实现。

第二十二条　企业所得税法第六条第(九)项所称其他收入,是指企业取得的除企业所得税法第六条第(一)项至第(八)项规定的收入外的其他收入,包括企业资产溢余收入、逾期未退包装物押金收入、确实无法偿付的应付款项、已作坏账损失处理后又收回的应收款项、债务重组收入、补贴收入、违约金收入、汇兑收益等。

第二十三条　企业的下列生产经营业务可以分期确认收入的实现:

(一)以分期收款方式销售货物的,按照合同约定的收款日期确认收入的实现;

(二)企业受托加工制造大型机械设备、船舶、飞机,以及从事建筑、安装、装配工程业务或者提供其他劳务等,持续时间超过12个月的,按照纳税年度内完工进度或者完成的工作量确认收入的实现。

第二十四条　采取产品分成方式取得收入的,按照企业分得产品的日期确认收入的实现,其收入额按照产品的公允价值确定。

第二十五条　企业发生非货币性资产交换，以及将货物、财产、劳务用于捐赠、偿债、赞助、集资、广告、样品、职工福利或者利润分配等用途的，应当视同销售货物、转让财产或者提供劳务，但国务院财政、税务主管部门另有规定的除外。

第二十六条　企业所得税法第七条第（一）项所称财政拨款，是指各级人民政府对纳入预算管理的事业单位、社会团体等组织拨付的财政资金，但国务院和国务院财政、税务主管部门另有规定的除外。

企业所得税法第七条第（二）项所称行政事业性收费，是指依照法律法规等有关规定，按照国务院规定程序批准，在实施社会公共管理，以及在向公民、法人或者其他组织提供特定公共服务过程中，向特定对象收取并纳入财政管理的费用。

企业所得税法第七条第（二）项所称政府性基金，是指企业依照法律、行政法规等有关规定，代政府收取的具有专项用途的财政资金。

企业所得税法第七条第（三）项所称国务院规定的其他不征税收入，是指企业取得的，由国务院财政、税务主管部门规定专项用途并经国务院批准的财政性资金。

第三节　扣　　除

第二十七条　企业所得税法第八条所称有关的支出，是指与取得收入直接相关的支出。

企业所得税法第八条所称合理的支出，是指符合生产经营活动常规，应当计入当期损益或者有关资产成本的必要和正常的支出。

第二十八条　企业发生的支出应当区分收益性支出和资本性支出。收益性支出在发生当期直接扣除；资本性支出应当分期扣除或者计入有关资产成本，不得在发生当期直接扣除。

企业的不征税收入用于支出所形成的费用或者财产，不得扣除或者计算对应的折旧、摊销扣除。

除企业所得税法和本条例另有规定外，企业实际发生的成本、费用、税金、损失和其他支出，不得重复扣除。

第二十九条　企业所得税法第八条所称成本，是指企业在生产经营活动中发生的销售成本、销货成本、业务支出以及其他耗费。

第三十条 企业所得税法第八条所称费用，是指企业在生产经营活动中发生的销售费用、管理费用和财务费用，已经计入成本的有关费用除外。

第三十一条 企业所得税法第八条所称税金，是指企业发生的除企业所得税和允许抵扣的增值税以外的各项税金及其附加。

第三十二条 企业所得税法第八条所称损失，是指企业在生产经营活动中发生的固定资产和存货的盘亏、毁损、报废损失，转让财产损失，呆账损失，坏账损失，自然灾害等不可抗力因素造成的损失以及其他损失。

企业发生的损失，减除责任人赔偿和保险赔款后的余额，依照国务院财政、税务主管部门的规定扣除。

企业已经作为损失处理的资产，在以后纳税年度又全部收回或者部分收回时，应当计入当期收入。

第三十三条 企业所得税法第八条所称其他支出，是指除成本、费用、税金、损失外，企业在生产经营活动中发生的与生产经营活动有关的、合理的支出。

第三十四条 企业发生的合理的工资薪金支出，准予扣除。

前款所称工资薪金，是指企业每一纳税年度支付给在本企业任职或者受雇的员工的所有现金形式或者非现金形式的劳动报酬，包括基本工资、奖金、津贴、补贴、年终加薪、加班工资，以及与员工任职或者受雇有关的其他支出。

第三十五条 企业依照国务院有关主管部门或者省级人民政府规定的范围和标准为职工缴纳的基本养老保险费、基本医疗保险费、失业保险费、工伤保险费、生育保险费等基本社会保险费和住房公积金，准予扣除。

企业为投资者或者职工支付的补充养老保险费、补充医疗保险费，在国务院财政、税务主管部门规定的范围和标准内，准予扣除。

第三十六条 除企业依照国家有关规定为特殊工种职工支付的人身安全保险费和国务院财政、税务主管部门规定可以扣除的其他商业保险费外，企业为投资者或者职工支付的商业保险费，不得扣除。

第三十七条 企业在生产经营活动中发生的合理的不需要资本化的借款费用，准予扣除。

企业为购置、建造固定资产、无形资产和经过 12 个月以上的建造才能达到预定可销售状态的存货发生借款的，在有关资产购置、建造期间发生的合理的借款费用，应当作为资本性支出计入有关资产的成本，并依照本条例的规定扣除。

第三十八条　企业在生产经营活动中发生的下列利息支出，准予扣除：

（一）非金融企业向金融企业借款的利息支出、金融企业的各项存款利息支出和同业拆借利息支出、企业经批准发行债券的利息支出；

（二）非金融企业向非金融企业借款的利息支出，不超过按照金融企业同期同类贷款利率计算的数额的部分。

第三十九条　企业在货币交易中，以及纳税年度终了时将人民币以外的货币性资产、负债按照期末即期人民币汇率中间价折算为人民币时产生的汇兑损失，除已经计入有关资产成本以及与向所有者进行利润分配相关的部分外，准予扣除。

第四十条　企业发生的职工福利费支出，不超过工资薪金总额 14% 的部分，准予扣除。

第四十一条　企业拨缴的工会经费，不超过工资薪金总额 2% 的部分，准予扣除。

第四十二条　除国务院财政、税务主管部门另有规定外，企业发生的职工教育经费支出，不超过工资薪金总额 2.5% 的部分，准予扣除；超过部分，准予在以后纳税年度结转扣除。

第四十三条　企业发生的与生产经营活动有关的业务招待费支出，按照发生额的 60% 扣除，但最高不得超过当年销售（营业）收入的 5‰。

第四十四条　企业发生的符合条件的广告费和业务宣传费支出，除国务院财政、税务主管部门另有规定外，不超过当年销售（营业）收入 15% 的部分，准予扣除；超过部分，准予在以后纳税年度结转扣除。

第四十五条　企业依照法律、行政法规有关规定提取的用于环境保护、生态恢复等方面的专项资金，准予扣除。上述专项资金提取后改变用途的，不得扣除。

第四十六条　企业参加财产保险，按照规定缴纳的保险费，准予扣除。

第四十七条　企业根据生产经营活动的需要租入固定资产支付的租赁费，

按照以下方法扣除：

（一）以经营租赁方式租入固定资产发生的租赁费支出，按照租赁期限均匀扣除；

（二）以融资租赁方式租入固定资产发生的租赁费支出，按照规定构成融资租入固定资产价值的部分应当提取折旧费用，分期扣除。

第四十八条 企业发生的合理的劳动保护支出，准予扣除。

第四十九条 企业之间支付的管理费、企业内营业机构之间支付的租金和特许权使用费，以及非银行企业内营业机构之间支付的利息，不得扣除。

第五十条 非居民企业在中国境内设立的机构、场所，就其中国境外总机构发生的与该机构、场所生产经营有关的费用，能够提供总机构出具的费用汇集范围、定额、分配依据和方法等证明文件，并合理分摊的，准予扣除。

第五十一条 企业所得税法第九条所称公益性捐赠，是指企业通过公益性社会组织或者县级以上人民政府及其部门，用于符合法律规定的慈善活动、公益事业的捐赠。

第五十二条 本条例第五十一条所称公益性社会组织，是指同时符合下列条件的慈善组织以及其他社会组织：

（一）依法登记，具有法人资格；

（二）以发展公益事业为宗旨，且不以营利为目的；

（三）全部资产及其增值为该法人所有；

（四）收益和营运结余主要用于符合该法人设立目的的事业；

（五）终止后的剩余财产不归属任何个人或者营利组织；

（六）不经营与其设立目的无关的业务；

（七）有健全的财务会计制度；

（八）捐赠者不以任何形式参与该法人财产的分配；

（九）国务院财政、税务主管部门会同国务院民政部门等登记管理部门规定的其他条件。

第五十三条 企业当年发生以及以前年度结转的公益性捐赠支出，不超过年度利润总额12%的部分，准予扣除。

年度利润总额，是指企业依照国家统一会计制度的规定计算的年度会计利润。

第五十四条 企业所得税法第十条第（六）项所称赞助支出，是指企业发生的与生产经营活动无关的各种非广告性质支出。

第五十五条 企业所得税法第十条第（七）项所称未经核定的准备金支出，是指不符合国务院财政、税务主管部门规定的各项资产减值准备、风险准备等准备金支出。

第四节 资产的税务处理

第五十六条 企业的各项资产，包括固定资产、生物资产、无形资产、长期待摊费用、投资资产、存货等，以历史成本为计税基础。

前款所称历史成本，是指企业取得该项资产时实际发生的支出。

企业持有各项资产期间资产增值或者减值，除国务院财政、税务主管部门规定可以确认损益外，不得调整该资产的计税基础。

第五十七条 企业所得税法第十一条所称固定资产，是指企业为生产产品、提供劳务、出租或者经营管理而持有的、使用时间超过12个月的非货币性资产，包括房屋、建筑物、机器、机械、运输工具以及其他与生产经营活动有关的设备、器具、工具等。

第五十八条 固定资产按照以下方法确定计税基础：

（一）外购的固定资产，以购买价款和支付的相关税费以及直接归属于使该资产达到预定用途发生的其他支出为计税基础；

（二）自行建造的固定资产，以竣工结算前发生的支出为计税基础；

（三）融资租入的固定资产，以租赁合同约定的付款总额和承租人在签订租赁合同过程中发生的相关费用为计税基础，租赁合同未约定付款总额的，以该资产的公允价值和承租人在签订租赁合同过程中发生的相关费用为计税基础；

（四）盘盈的固定资产，以同类固定资产的重置完全价值为计税基础；

（五）通过捐赠、投资、非货币性资产交换、债务重组等方式取得的固定资产，以该资产的公允价值和支付的相关税费为计税基础；

（六）改建的固定资产，除企业所得税法第十三条第（一）项和第（二）项规定的支出外，以改建过程中发生的改建支出增加计税基础。

第五十九条 固定资产按照直线法计算的折旧，准予扣除。

企业应当自固定资产投入使用月份的次月起计算折旧；停止使用的固定资产，应当自停止使用月份的次月起停止计算折旧。

企业应当根据固定资产的性质和使用情况，合理确定固定资产的预计净残值。固定资产的预计净残值一经确定，不得变更。

第六十条　除国务院财政、税务主管部门另有规定外，固定资产计算折旧的最低年限如下：

（一）房屋、建筑物，为20年；

（二）飞机、火车、轮船、机器、机械和其他生产设备，为10年；

（三）与生产经营活动有关的器具、工具、家具等，为5年；

（四）飞机、火车、轮船以外的运输工具，为4年；

（五）电子设备，为3年。

第六十一条　从事开采石油、天然气等矿产资源的企业，在开始商业性生产前发生的费用和有关固定资产的折耗、折旧方法，由国务院财政、税务主管部门另行规定。

第六十二条　生产性生物资产按照以下方法确定计税基础：

（一）外购的生产性生物资产，以购买价款和支付的相关税费为计税基础；

（二）通过捐赠、投资、非货币性资产交换、债务重组等方式取得的生产性生物资产，以该资产的公允价值和支付的相关税费为计税基础。

前款所称生产性生物资产，是指企业为生产农产品、提供劳务或者出租等而持有的生物资产，包括经济林、薪炭林、产畜和役畜等。

第六十三条　生产性生物资产按照直线法计算的折旧，准予扣除。

企业应当自生产性生物资产投入使用月份的次月起计算折旧；停止使用的生产性生物资产，应当自停止使用月份的次月起停止计算折旧。

企业应当根据生产性生物资产的性质和使用情况，合理确定生产性生物资产的预计净残值。生产性生物资产的预计净残值一经确定，不得变更。

第六十四条　生产性生物资产计算折旧的最低年限如下：

（一）林木类生产性生物资产，为10年；

（二）畜类生产性生物资产，为3年。

第六十五条　企业所得税法第十二条所称无形资产，是指企业为生产产品、提供劳务、出租或者经营管理而持有的、没有实物形态的非货币性长期资产，包括专利权、商标权、著作权、土地使用权、非专利技术、商誉等。

第六十六条 无形资产按照以下方法确定计税基础：

（一）外购的无形资产，以购买价款和支付的相关税费以及直接归属于使该资产达到预定用途发生的其他支出为计税基础；

（二）自行开发的无形资产，以开发过程中该资产符合资本化条件后至达到预定用途前发生的支出为计税基础；

（三）通过捐赠、投资、非货币性资产交换、债务重组等方式取得的无形资产，以该资产的公允价值和支付的相关税费为计税基础。

第六十七条 无形资产按照直线法计算的摊销费用，准予扣除。

无形资产的摊销年限不得低于10年。

作为投资或者受让的无形资产，有关法律规定或者合同约定了使用年限的，可以按照规定或者约定的使用年限分期摊销。

外购商誉的支出，在企业整体转让或者清算时，准予扣除。

第六十八条 企业所得税法第十三条第（一）项和第（二）项所称固定资产的改建支出，是指改变房屋或者建筑物结构、延长使用年限等发生的支出。

企业所得税法第十三条第（一）项规定的支出，按照固定资产预计尚可使用年限分期摊销；第（二）项规定的支出，按照合同约定的剩余租赁期限分期摊销。

改建的固定资产延长使用年限的，除企业所得税法第十三条第（一）项和第（二）项规定外，应当适当延长折旧年限。

第六十九条 企业所得税法第十三条第（三）项所称固定资产的大修理支出，是指同时符合下列条件的支出：

（一）修理支出达到取得固定资产时的计税基础50%以上；

（二）修理后固定资产的使用年限延长2年以上。

企业所得税法第十三条第（三）项规定的支出，按照固定资产尚可使用年限分期摊销。

第七十条 企业所得税法第十三条第（四）项所称其他应当作为长期待摊费用的支出，自支出发生月份的次月起，分期摊销，摊销年限不得低于

3年。

第七十一条　企业所得税法第十四条所称投资资产，是指企业对外进行权益性投资和债权性投资形成的资产。

企业在转让或者处置投资资产时，投资资产的成本，准予扣除。

投资资产按照以下方法确定成本：

（一）通过支付现金方式取得的投资资产，以购买价款为成本；

（二）通过支付现金以外的方式取得的投资资产，以该资产的公允价值和支付的相关税费为成本。

第七十二条　企业所得税法第十五条所称存货，是指企业持有以备出售的产品或者商品、处在生产过程中的在产品、在生产或者提供劳务过程中耗用的材料和物料等。

存货按照以下方法确定成本：

（一）通过支付现金方式取得的存货，以购买价款和支付的相关税费为成本；

（二）通过支付现金以外的方式取得的存货，以该存货的公允价值和支付的相关税费为成本；

（三）生产性生物资产收获的农产品，以产出或者采收过程中发生的材料费、人工费和分摊的间接费用等必要支出为成本。

第七十三条　企业使用或者销售的存货的成本计算方法，可以在先进先出法、加权平均法、个别计价法中选用一种。计价方法一经选用，不得随意变更。

第七十四条　企业所得税法第十六条所称资产的净值和第十九条所称财产净值，是指有关资产、财产的计税基础减除已经按照规定扣除的折旧、折耗、摊销、准备金等后的余额。

第七十五条　除国务院财政、税务主管部门另有规定外，企业在重组过程中，应当在交易发生时确认有关资产的转让所得或者损失，相关资产应当按照交易价格重新确定计税基础。

第三章　应　纳　税　额

第七十六条　企业所得税法第二十二条规定的应纳税额的计算公式为：

应纳税额=应纳税所得额×适用税率-减免税额-抵免税额

公式中的减免税额和抵免税额，是指依照企业所得税法和国务院的税收优惠规定减征、免征和抵免的应纳税额。

第七十七条 企业所得税法第二十三条所称已在境外缴纳的所得税税额，是指企业来源于中国境外的所得依照中国境外税收法律以及相关规定应当缴纳并已经实际缴纳的企业所得税性质的税款。

第七十八条 企业所得税法第二十三条所称抵免限额，是指企业来源于中国境外的所得，依照企业所得税法和本条例的规定计算的应纳税额。除国务院财政、税务主管部门另有规定外，该抵免限额应当分国（地区）不分项计算，计算公式如下：

抵免限额=中国境内、境外所得依照企业所得税法和本条例的规定计算的应纳税总额×来源于某国（地区）的应纳税所得额÷中国境内、境外应纳税所得总额

第七十九条 企业所得税法第二十三条所称5个年度，是指从企业取得的来源于中国境外的所得，已经在中国境外缴纳的企业所得税性质的税额超过抵免限额的当年的次年起连续5个纳税年度。

第八十条 企业所得税法第二十四条所称直接控制，是指居民企业直接持有外国企业20%以上股份。

企业所得税法第二十四条所称间接控制，是指居民企业以间接持股方式持有外国企业20%以上股份，具体认定办法由国务院财政、税务主管部门另行制定。

第八十一条 企业依照企业所得税法第二十三条、第二十四条的规定抵免企业所得税税额时，应当提供中国境外税务机关出具的税款所属年度的有关纳税凭证。

第四章 税 收 优 惠

第八十二条 企业所得税法第二十六条第（一）项所称国债利息收入，是指企业持有国务院财政部门发行的国债取得的利息收入。

第八十三条 企业所得税法第二十六条第（二）项所称符合条件的居民

企业之间的股息、红利等权益性投资收益，是指居民企业直接投资于其他居民企业取得的投资收益。企业所得税法第二十六条第（二）项和第（三）项所称股息、红利等权益性投资收益，不包括连续持有居民企业公开发行并上市流通的股票不足 12 个月取得的投资收益。

第八十四条　企业所得税法第二十六条第（四）项所称符合条件的非营利组织，是指同时符合下列条件的组织：

（一）依法履行非营利组织登记手续；

（二）从事公益性或者非营利性活动；

（三）取得的收入除用于与该组织有关的、合理的支出外，全部用于登记核定或者章程规定的公益性或者非营利性事业；

（四）财产及其孳息不用于分配；

（五）按照登记核定或者章程规定，该组织注销后的剩余财产用于公益性或者非营利性目的，或者由登记管理机关转赠给与该组织性质、宗旨相同的组织，并向社会公告；

（六）投入人对投入该组织的财产不保留或者享有任何财产权利；

（七）工作人员工资福利开支控制在规定的比例内，不变相分配该组织的财产。

前款规定的非营利组织的认定管理办法由国务院财政、税务主管部门会同国务院有关部门制定。

第八十五条　企业所得税法第二十六条第（四）项所称符合条件的非营利组织的收入，不包括非营利组织从事营利性活动取得的收入，但国务院财政、税务主管部门另有规定的除外。

第八十六条　企业所得税法第二十七条第（一）项规定的企业从事农、林、牧、渔业项目的所得，可以免征、减征企业所得税，是指：

（一）企业从事下列项目的所得，免征企业所得税：

1. 蔬菜、谷物、薯类、油料、豆类、棉花、麻类、糖料、水果、坚果的种植；

2. 农作物新品种的选育；

3. 中药材的种植；

4. 林木的培育和种植；

5. 牲畜、家禽的饲养；

6. 林产品的采集；

7. 灌溉、农产品初加工、兽医、农技推广、农机作业和维修等农、林、牧、渔服务业项目；

8. 远洋捕捞。

（二）企业从事下列项目的所得，减半征收企业所得税：

1. 花卉、茶以及其他饮料作物和香料作物的种植；

2. 海水养殖、内陆养殖。

企业从事国家限制和禁止发展的项目，不得享受本条规定的企业所得税优惠。

第八十七条 企业所得税法第二十七条第（二）项所称国家重点扶持的公共基础设施项目，是指《公共基础设施项目企业所得税优惠目录》规定的港口码头、机场、铁路、公路、城市公共交通、电力、水利等项目。

企业从事前款规定的国家重点扶持的公共基础设施项目的投资经营的所得，自项目取得第一笔生产经营收入所属纳税年度起，第一年至第三年免征企业所得税，第四年至第六年减半征收企业所得税。

企业承包经营、承包建设和内部自建自用本条规定的项目，不得享受本条规定的企业所得税优惠。

第八十八条 企业所得税法第二十七条第（三）项所称符合条件的环境保护、节能节水项目，包括公共污水处理、公共垃圾处理、沼气综合开发利用、节能减排技术改造、海水淡化等。项目的具体条件和范围由国务院财政、税务主管部门商国务院有关部门制订，报国务院批准后公布施行。

企业从事前款规定的符合条件的环境保护、节能节水项目的所得，自项目取得第一笔生产经营收入所属纳税年度起，第一年至第三年免征企业所得税，第四年至第六年减半征收企业所得税。

第八十九条 依照本条例第八十七条和第八十八条规定享受减免税优惠的项目，在减免税期限内转让的，受让方自受让之日起，可以在剩余期限内享受规定的减免税优惠；减免税期限届满后转让的，受让方不得就该项目重复享受减免税优惠。

第九十条 企业所得税法第二十七条第（四）项所称符合条件的技术转

让所得免征、减征企业所得税，是指一个纳税年度内，居民企业技术转让所得不超过500万元的部分，免征企业所得税；超过500万元的部分，减半征收企业所得税。

第九十一条　非居民企业取得企业所得税法第二十七条第（五）项规定的所得，减按10%的税率征收企业所得税。

下列所得可以免征企业所得税：

（一）外国政府向中国政府提供贷款取得的利息所得；

（二）国际金融组织向中国政府和居民企业提供优惠贷款取得的利息所得；

（三）经国务院批准的其他所得。

第九十二条　企业所得税法第二十八条第一款所称符合条件的小型微利企业，是指从事国家非限制和禁止行业，并符合下列条件的企业：

（一）工业企业，年度应纳税所得额不超过30万元，从业人数不超过100人，资产总额不超过3000万元；

（二）其他企业，年度应纳税所得额不超过30万元，从业人数不超过80人，资产总额不超过1000万元。

第九十三条　企业所得税法第二十八条第二款所称国家需要重点扶持的高新技术企业，是指拥有核心自主知识产权，并同时符合下列条件的企业：

（一）产品（服务）属于《国家重点支持的高新技术领域》规定的范围；

（二）研究开发费用占销售收入的比例不低于规定比例；

（三）高新技术产品（服务）收入占企业总收入的比例不低于规定比例；

（四）科技人员占企业职工总数的比例不低于规定比例；

（五）高新技术企业认定管理办法规定的其他条件。

《国家重点支持的高新技术领域》和高新技术企业认定管理办法由国务院科技、财政、税务主管部门商国务院有关部门制订，报国务院批准后公布施行。

第九十四条　企业所得税法第二十九条所称民族自治地方，是指依照《中华人民共和国民族区域自治法》的规定，实行民族区域自治的自治区、自治州、自治县。

对民族自治地方内国家限制和禁止行业的企业，不得减征或者免征企业所得税。

第九十五条 企业所得税法第三十条第（一）项所称研究开发费用的加计扣除，是指企业为开发新技术、新产品、新工艺发生的研究开发费用，未形成无形资产计入当期损益的，在按照规定据实扣除的基础上，按照研究开发费用的50%加计扣除；形成无形资产的，按照无形资产成本的150%摊销。

第九十六条 企业所得税法第三十条第（二）项所称企业安置残疾人员所支付的工资的加计扣除，是指企业安置残疾人员的，在按照支付给残疾职工工资据实扣除的基础上，按照支付给残疾职工工资的100%加计扣除。残疾人员的范围适用《中华人民共和国残疾人保障法》的有关规定。

企业所得税法第三十条第（二）项所称企业安置国家鼓励安置的其他就业人员所支付的工资的加计扣除办法，由国务院另行规定。

第九十七条 企业所得税法第三十一条所称抵扣应纳税所得额，是指创业投资企业采取股权投资方式投资于未上市的中小高新技术企业2年以上的，可以按照其投资额的70%在股权持有满2年的当年抵扣该创业投资企业的应纳税所得额；当年不足抵扣的，可以在以后纳税年度结转抵扣。

第九十八条 企业所得税法第三十二条所称可以采取缩短折旧年限或者采取加速折旧的方法的固定资产，包括：

（一）由于技术进步，产品更新换代较快的固定资产；

（二）常年处于强震动、高腐蚀状态的固定资产。

采取缩短折旧年限方法的，最低折旧年限不得低于本条例第六十条规定折旧年限的60%；采取加速折旧方法的，可以采取双倍余额递减法或者年数总和法。

第九十九条 企业所得税法第三十三条所称减计收入，是指企业以《资源综合利用企业所得税优惠目录》规定的资源作为主要原材料，生产国家非限制和禁止并符合国家和行业相关标准的产品取得的收入，减按90%计入收入总额。

前款所称原材料占生产产品材料的比例不得低于《资源综合利用企业所得税优惠目录》规定的标准。

第一百条 企业所得税法第三十四条所称税额抵免，是指企业购置并实际使用《环境保护专用设备企业所得税优惠目录》、《节能节水专用设备企业所得税优惠目录》和《安全生产专用设备企业所得税优惠目录》规定的环境保护、节能节水、安全生产等专用设备的，该专用设备的投资额的10%可以从企业当年的应纳税额中抵免；当年不足抵免的，可以在以后5个纳税年度结转抵免。

享受前款规定的企业所得税优惠的企业，应当实际购置并自身实际投入使用前款规定的专用设备；企业购置上述专用设备在5年内转让、出租的，应当停止享受企业所得税优惠，并补缴已经抵免的企业所得税税款。

第一百零一条　本章第八十七条、第九十九条、第一百条规定的企业所得税优惠目录，由国务院财政、税务主管部门商国务院有关部门制订，报国务院批准后公布施行。

第一百零二条　企业同时从事适用不同企业所得税待遇的项目的，其优惠项目应当单独计算所得，并合理分摊企业的期间费用；没有单独计算的，不得享受企业所得税优惠。

第五章　源泉扣缴

第一百零三条　依照企业所得税法对非居民企业应当缴纳的企业所得税实行源泉扣缴的，应当依照企业所得税法第十九条的规定计算应纳税所得额。

企业所得税法第十九条所称收入全额，是指非居民企业向支付人收取的全部价款和价外费用。

第一百零四条　企业所得税法第三十七条所称支付人，是指依照有关法律规定或者合同约定对非居民企业直接负有支付相关款项义务的单位或者个人。

第一百零五条　企业所得税法第三十七条所称支付，包括现金支付、汇拨支付、转账支付和权益兑价支付等货币支付和非货币支付。

企业所得税法第三十七条所称到期应支付的款项，是指支付人按照权责发生制原则应当计入相关成本、费用的应付款项。

第一百零六条　企业所得税法第三十八条规定的可以指定扣缴义务人的情形，包括：

（一）预计工程作业或者提供劳务期限不足一个纳税年度，且有证据表明不履行纳税义务的；

（二）没有办理税务登记或者临时税务登记，且未委托中国境内的代理人履行纳税义务的；

（三）未按照规定期限办理企业所得税纳税申报或者预缴申报的。

前款规定的扣缴义务人，由县级以上税务机关指定，并同时告知扣缴义务人所扣税款的计算依据、计算方法、扣缴期限和扣缴方式。

第一百零七条 企业所得税法第三十九条所称所得发生地，是指依照本条例第七条规定的原则确定的所得发生地。在中国境内存在多处所得发生地的，由纳税人选择其中之一申报缴纳企业所得税。

第一百零八条 企业所得税法第三十九条所称该纳税人在中国境内其他收入，是指该纳税人在中国境内取得的其他各种来源的收入。

税务机关在追缴该纳税人应纳税款时，应当将追缴理由、追缴数额、缴纳期限和缴纳方式等告知该纳税人。

第六章　特别纳税调整

第一百零九条 企业所得税法第四十一条所称关联方，是指与企业有下列关联关系之一的企业、其他组织或者个人：

（一）在资金、经营、购销等方面存在直接或者间接的控制关系；

（二）直接或者间接地同为第三者控制；

（三）在利益上具有相关联的其他关系。

第一百一十条 企业所得税法第四十一条所称独立交易原则，是指没有关联关系的交易各方，按照公平成交价格和营业常规进行业务往来遵循的原则。

第一百一十一条 企业所得税法第四十一条所称合理方法，包括：

（一）可比非受控价格法，是指按照没有关联关系的交易各方进行相同或者类似业务往来的价格进行定价的方法；

（二）再销售价格法，是指按照从关联方购进商品再销售给没有关联关系的交易方的价格，减除相同或者类似业务的销售毛利进行定价的方法；

（三）成本加成法，是指按照成本加合理的费用和利润进行定价的方法；

（四）交易净利润法，是指按照没有关联关系的交易各方进行相同或者类似业务往来取得的净利润水平确定利润的方法；

（五）利润分割法，是指将企业与其关联方的合并利润或者亏损在各方之间采用合理标准进行分配的方法；

（六）其他符合独立交易原则的方法。

第一百一十二条 企业可以依照企业所得税法第四十一条第二款的规定，按照独立交易原则与其关联方分摊共同发生的成本，达成成本分摊协议。

企业与其关联方分摊成本时，应当按照成本与预期收益相配比的原则进行分摊，并在税务机关规定的期限内，按照税务机关的要求报送有关资料。

企业与其关联方分摊成本时违反本条第一款、第二款规定的，其自行分摊的成本不得在计算应纳税所得额时扣除。

第一百一十三条 企业所得税法第四十二条所称预约定价安排，是指企业就其未来年度关联交易的定价原则和计算方法，向税务机关提出申请，与税务机关按照独立交易原则协商、确认后达成的协议。

第一百一十四条 企业所得税法第四十三条所称相关资料，包括：

（一）与关联业务往来有关的价格、费用的制定标准、计算方法和说明等同期资料；

（二）关联业务往来所涉及的财产、财产使用权、劳务等的再销售（转让）价格或者最终销售（转让）价格的相关资料；

（三）与关联业务调查有关的其他企业应当提供的与被调查企业可比的产品价格、定价方式以及利润水平等资料；

（四）其他与关联业务往来有关的资料。

企业所得税法第四十三条所称与关联业务调查有关的其他企业，是指与被调查企业在生产经营内容和方式上相类似的企业。

企业应当在税务机关规定的期限内提供与关联业务往来有关的价格、费用的制定标准、计算方法和说明等资料。关联方以及与关联业务调查有关的其他企业应当在税务机关与其约定的期限内提供相关资料。

第一百一十五条 税务机关依照企业所得税法第四十四条的规定核定企业的应纳税所得额时，可以采用下列方法：

（一）参照同类或者类似企业的利润率水平核定；

（二）按照企业成本加合理的费用和利润的方法核定；

（三）按照关联企业集团整体利润的合理比例核定；

（四）按照其他合理方法核定。

企业对税务机关按照前款规定的方法核定的应纳税所得额有异议的，应当提供相关证据，经税务机关认定后，调整核定的应纳税所得额。

第一百一十六条　企业所得税法第四十五条所称中国居民，是指根据《中华人民共和国个人所得税法》的规定，就其从中国境内、境外取得的所得在中国缴纳个人所得税的个人。

第一百一十七条　企业所得税法第四十五条所称控制，包括：

（一）居民企业或者中国居民直接或者间接单一持有外国企业10%以上有表决权股份，且由其共同持有该外国企业50%以上股份；

（二）居民企业，或者居民企业和中国居民持股比例没有达到第（一）项规定的标准，但在股份、资金、经营、购销等方面对该外国企业构成实质控制。

第一百一十八条　企业所得税法第四十五条所称实际税负明显低于企业所得税法第四条第一款规定税率水平，是指低于企业所得税法第四条第一款规定税率的50%。

第一百一十九条　企业所得税法第四十六条所称债权性投资，是指企业直接或者间接从关联方获得的，需要偿还本金和支付利息或者需要以其他具有支付利息性质的方式予以补偿的融资。

企业间接从关联方获得的债权性投资，包括：

（一）关联方通过无关联第三方提供的债权性投资；

（二）无关联第三方提供的、由关联方担保且负有连带责任的债权性投资；

（三）其他间接从关联方获得的具有负债实质的债权性投资。

企业所得税法第四十六条所称权益性投资，是指企业接受的不需要偿还本金和支付利息，投资人对企业净资产拥有所有权的投资。

企业所得税法第四十六条所称标准，由国务院财政、税务主管部门另行规定。

第一百二十条　企业所得税法第四十七条所称不具有合理商业目的，是指以减少、免除或者推迟缴纳税款为主要目的。

第一百二十一条　税务机关根据税收法律、行政法规的规定，对企业作出特别纳税调整的，应当对补征的税款，自税款所属纳税年度的次年6月1日起至补缴税款之日止的期间，按日加收利息。

前款规定加收的利息，不得在计算应纳税所得额时扣除。

第一百二十二条　企业所得税法第四十八条所称利息，应当按照税款所属纳税年度中国人民银行公布的与补税期间同期的人民币贷款基准利率加5个百分点计算。

企业依照企业所得税法第四十三条和本条例的规定提供有关资料的，可以只按前款规定的人民币贷款基准利率计算利息。

第一百二十三条　企业与其关联方之间的业务往来，不符合独立交易原则，或者企业实施其他不具有合理商业目的的安排的，税务机关有权在该业务发生的纳税年度起10年内，进行纳税调整。

第七章　征　收　管　理

第一百二十四条　企业所得税法第五十条所称企业登记注册地，是指企业依照国家有关规定登记注册的住所地。

第一百二十五条　企业汇总计算并缴纳企业所得税时，应当统一核算应纳税所得额，具体办法由国务院财政、税务主管部门另行制定。

第一百二十六条　企业所得税法第五十一条所称主要机构、场所，应当同时符合下列条件：

（一）对其他各机构、场所的生产经营活动负有监督管理责任；

（二）设有完整的账簿、凭证，能够准确反映各机构、场所的收入、成本、费用和盈亏情况。

第一百二十七条　企业所得税分月或者分季预缴，由税务机关具体核定。

企业根据企业所得税法第五十四条规定分月或者分季预缴企业所得税时，应当按照月度或者季度的实际利润额预缴；按照月度或者季度的实际利润额预缴有困难的，可以按照上一纳税年度应纳税所得额的月度或者季度平均额预缴，或者按照经税务机关认可的其他方法预缴。预缴方法一经确定，该纳税年度内不得随意变更。

第一百二十八条 企业在纳税年度内无论盈利或者亏损，都应当依照企业所得税法第五十四条规定的期限，向税务机关报送预缴企业所得税纳税申报表、年度企业所得税纳税申报表、财务会计报告和税务机关规定应当报送的其他有关资料。

第一百二十九条 企业所得以人民币以外的货币计算的，预缴企业所得税时，应当按照月度或者季度最后一日的人民币汇率中间价，折合成人民币计算应纳税所得额。年度终了汇算清缴时，对已经按照月度或者季度预缴税款的，不再重新折合计算，只就该纳税年度内未缴纳企业所得税的部分，按照纳税年度最后一日的人民币汇率中间价，折合成人民币计算应纳税所得额。

经税务机关检查确认，企业少计或者多计前款规定的所得的，应当按照检查确认补税或者退税时的上一个月最后一日的人民币汇率中间价，将少计或者多计的所得折合成人民币计算应纳税所得额，再计算应补缴或者应退的税款。

第八章 附 则

第一百三十条 企业所得税法第五十七条第一款所称本法公布前已经批准设立的企业，是指企业所得税法公布前已经完成登记注册的企业。

第一百三十一条 在香港特别行政区、澳门特别行政区和台湾地区成立的企业，参照适用企业所得税法第二条第二款、第三款的有关规定。

第一百三十二条 本条例自 2008 年 1 月 1 日起施行。1991 年 6 月 30 日国务院发布的《中华人民共和国外商投资企业和外国企业所得税法实施细则》和 1994 年 2 月 4 日财政部发布的《中华人民共和国企业所得税暂行条例实施细则》同时废止。

中华人民共和国市场主体登记管理条例

（2021年4月14日国务院第131次常务会议通过　2021年7月27日中华人民共和国国务院令第746号公布　自2022年3月1日起施行）

第一章　总　　则

第一条　为了规范市场主体登记管理行为，推进法治化市场建设，维护良好市场秩序和市场主体合法权益，优化营商环境，制定本条例。

第二条　本条例所称市场主体，是指在中华人民共和国境内以营利为目的从事经营活动的下列自然人、法人及非法人组织：

（一）公司、非公司企业法人及其分支机构；

（二）个人独资企业、合伙企业及其分支机构；

（三）农民专业合作社（联合社）及其分支机构；

（四）个体工商户；

（五）外国公司分支机构；

（六）法律、行政法规规定的其他市场主体。

第三条　市场主体应当依照本条例办理登记。未经登记，不得以市场主体名义从事经营活动。法律、行政法规规定无需办理登记的除外。

市场主体登记包括设立登记、变更登记和注销登记。

第四条　市场主体登记管理应当遵循依法合规、规范统一、公开透明、便捷高效的原则。

第五条　国务院市场监督管理部门主管全国市场主体登记管理工作。

县级以上地方人民政府市场监督管理部门主管本辖区市场主体登记管理工作，加强统筹指导和监督管理。

第六条　国务院市场监督管理部门应当加强信息化建设，制定统一的市场主体登记数据和系统建设规范。

县级以上地方人民政府承担市场主体登记工作的部门（以下称登记机关）应当优化市场主体登记办理流程，提高市场主体登记效率，推行当场办结、一次办结、限时办结等制度，实现集中办理、就近办理、网上办理、异地可办，提升市场主体登记便利化程度。

第七条　国务院市场监督管理部门和国务院有关部门应当推动市场主体登记信息与其他政府信息的共享和运用，提升政府服务效能。

第二章　登 记 事 项

第八条　市场主体的一般登记事项包括：

（一）名称；

（二）主体类型；

（三）经营范围；

（四）住所或者主要经营场所；

（五）注册资本或者出资额；

（六）法定代表人、执行事务合伙人或者负责人姓名。

除前款规定外，还应当根据市场主体类型登记下列事项：

（一）有限责任公司股东、股份有限公司发起人、非公司企业法人出资人的姓名或者名称；

（二）个人独资企业的投资人姓名及居所；

（三）合伙企业的合伙人名称或者姓名、住所、承担责任方式；

（四）个体工商户的经营者姓名、住所、经营场所；

（五）法律、行政法规规定的其他事项。

第九条　市场主体的下列事项应当向登记机关办理备案：

（一）章程或者合伙协议；

（二）经营期限或者合伙期限；

（三）有限责任公司股东或者股份有限公司发起人认缴的出资数额，合伙企业合伙人认缴或者实际缴付的出资数额、缴付期限和出资方式；

（四）公司董事、监事、高级管理人员；

（五）农民专业合作社（联合社）成员；

（六）参加经营的个体工商户家庭成员姓名；

（七）市场主体登记联络员、外商投资企业法律文件送达接受人；

（八）公司、合伙企业等市场主体受益所有人相关信息；

（九）法律、行政法规规定的其他事项。

第十条 市场主体只能登记一个名称，经登记的市场主体名称受法律保护。

市场主体名称由申请人依法自主申报。

第十一条 市场主体只能登记一个住所或者主要经营场所。

电子商务平台内的自然人经营者可以根据国家有关规定，将电子商务平台提供的网络经营场所作为经营场所。

省、自治区、直辖市人民政府可以根据有关法律、行政法规的规定和本地区实际情况，自行或者授权下级人民政府对住所或者主要经营场所作出更加便利市场主体从事经营活动的具体规定。

第十二条 有下列情形之一的，不得担任公司、非公司企业法人的法定代表人：

（一）无民事行为能力或者限制民事行为能力；

（二）因贪污、贿赂、侵占财产、挪用财产或者破坏社会主义市场经济秩序被判处刑罚，执行期满未逾5年，或者因犯罪被剥夺政治权利，执行期满未逾5年；

（三）担任破产清算的公司、非公司企业法人的法定代表人、董事或者厂长、经理，对破产负有个人责任的，自破产清算完结之日起未逾3年；

（四）担任因违法被吊销营业执照、责令关闭的公司、非公司企业法人的法定代表人，并负有个人责任的，自被吊销营业执照之日起未逾3年；

（五）个人所负数额较大的债务到期未清偿；

（六）法律、行政法规规定的其他情形。

第十三条 除法律、行政法规或者国务院决定另有规定外，市场主体的注册资本或者出资额实行认缴登记制，以人民币表示。

出资方式应当符合法律、行政法规的规定。公司股东、非公司企业法人出资人、农民专业合作社（联合社）成员不得以劳务、信用、自然人姓名、商誉、特许经营权或者设定担保的财产等作价出资。

第十四条 市场主体的经营范围包括一般经营项目和许可经营项目。经营范围中属于在登记前依法须经批准的许可经营项目，市场主体应当在申请登记时提交有关批准文件。

市场主体应当按照登记机关公布的经营项目分类标准办理经营范围登记。

第三章 登 记 规 范

第十五条 市场主体实行实名登记。申请人应当配合登记机关核验身份信息。

第十六条 申请办理市场主体登记，应当提交下列材料：

（一）申请书；

（二）申请人资格文件、自然人身份证明；

（三）住所或者主要经营场所相关文件；

（四）公司、非公司企业法人、农民专业合作社（联合社）章程或者合伙企业合伙协议；

（五）法律、行政法规和国务院市场监督管理部门规定提交的其他材料。

国务院市场监督管理部门应当根据市场主体类型分别制定登记材料清单和文书格式样本，通过政府网站、登记机关服务窗口等向社会公开。

登记机关能够通过政务信息共享平台获取的市场主体登记相关信息，不得要求申请人重复提供。

第十七条 申请人应当对提交材料的真实性、合法性和有效性负责。

第十八条 申请人可以委托其他自然人或者中介机构代其办理市场主体登记。受委托的自然人或者中介机构代为办理登记事宜应当遵守有关规定，不得提供虚假信息和材料。

第十九条 登记机关应当对申请材料进行形式审查。对申请材料齐全、符合法定形式的予以确认并当场登记。不能当场登记的，应当在3个工作日内予以登记；情形复杂的，经登记机关负责人批准，可以再延长3个工作日。

申请材料不齐全或者不符合法定形式的，登记机关应当一次性告知申请人需要补正的材料。

第二十条 登记申请不符合法律、行政法规规定，或者可能危害国家安全、社会公共利益的，登记机关不予登记并说明理由。

第二十一条 申请人申请市场主体设立登记，登记机关依法予以登记的，签发营业执照。营业执照签发日期为市场主体的成立日期。

法律、行政法规或者国务院决定规定设立市场主体须经批准的，应当在批准文件有效期内向登记机关申请登记。

第二十二条 营业执照分为正本和副本，具有同等法律效力。

电子营业执照与纸质营业执照具有同等法律效力。

营业执照样式、电子营业执照标准由国务院市场监督管理部门统一制定。

第二十三条 市场主体设立分支机构，应当向分支机构所在地的登记机关申请登记。

第二十四条 市场主体变更登记事项，应当自作出变更决议、决定或者法定变更事项发生之日起30日内向登记机关申请变更登记。

市场主体变更登记事项属于依法须经批准的，申请人应当在批准文件有效期内向登记机关申请变更登记。

第二十五条 公司、非公司企业法人的法定代表人在任职期间发生本条例第十二条所列情形之一的，应当向登记机关申请变更登记。

第二十六条 市场主体变更经营范围，属于依法须经批准的项目的，应当自批准之日起30日内申请变更登记。许可证或者批准文件被吊销、撤销或者有效期届满的，应当自许可证或者批准文件被吊销、撤销或者有效期届满之日起30日内向登记机关申请变更登记或者办理注销登记。

第二十七条 市场主体变更住所或者主要经营场所跨登记机关辖区的，应当在迁入新的住所或者主要经营场所前，向迁入地登记机关申请变更登记。迁出地登记机关无正当理由不得拒绝移交市场主体档案等相关材料。

第二十八条 市场主体变更登记涉及营业执照记载事项的，登记机关应当及时为市场主体换发营业执照。

第二十九条 市场主体变更本条例第九条规定的备案事项的，应当自作出变更决议、决定或者法定变更事项发生之日起30日内向登记机关办理备案。农民专业合作社（联合社）成员发生变更的，应当自本会计年度终了之日起90日内向登记机关办理备案。

第三十条 因自然灾害、事故灾难、公共卫生事件、社会安全事件等原因造成经营困难的，市场主体可以自主决定在一定时期内歇业。法律、行政法规另有规定的除外。

市场主体应当在歇业前与职工依法协商劳动关系处理等有关事项。

市场主体应当在歇业前向登记机关办理备案。登记机关通过国家企业信用信息公示系统向社会公示歇业期限、法律文书送达地址等信息。

市场主体歇业的期限最长不得超过3年。市场主体在歇业期间开展经营活动的，视为恢复营业，市场主体应当通过国家企业信用信息公示系统向社会公示。

市场主体歇业期间，可以以法律文书送达地址代替住所或者主要经营场所。

第三十一条 市场主体因解散、被宣告破产或者其他法定事由需要终止的，应当依法向登记机关申请注销登记。经登记机关注销登记，市场主体终止。

市场主体注销依法须经批准的，应当经批准后向登记机关申请注销登记。

第三十二条 市场主体注销登记前依法应当清算的，清算组应当自成立之日起10日内将清算组成员、清算组负责人名单通过国家企业信用信息公示系统公告。清算组可以通过国家企业信用信息公示系统发布债权人公告。

清算组应当自清算结束之日起30日内向登记机关申请注销登记。市场主体申请注销登记前，应当依法办理分支机构注销登记。

第三十三条 市场主体未发生债权债务或者已将债权债务清偿完结，未发生或者已结清清偿费用、职工工资、社会保险费用、法定补偿金、应缴纳税款（滞纳金、罚款），并由全体投资人书面承诺对上述情况的真实性承担法律责任的，可以按照简易程序办理注销登记。

市场主体应当将承诺书及注销登记申请通过国家企业信用信息公示系统公示，公示期为20日。在公示期内无相关部门、债权人及其他利害关系人提出异议的，市场主体可以于公示期届满之日起20日内向登记机关申请注销登记。

个体工商户按照简易程序办理注销登记的，无需公示，由登记机关将个体工商户的注销登记申请推送至税务等有关部门，有关部门在10日内没有提出异议的，可以直接办理注销登记。

市场主体注销依法须经批准的，或者市场主体被吊销营业执照、责令关闭、撤销，或者被列入经营异常名录的，不适用简易注销程序。

第三十四条　人民法院裁定强制清算或者裁定宣告破产的，有关清算组、破产管理人可以持人民法院终结强制清算程序的裁定或者终结破产程序的裁定，直接向登记机关申请办理注销登记。

第四章　监督管理

第三十五条　市场主体应当按照国家有关规定公示年度报告和登记相关信息。

第三十六条　市场主体应当将营业执照置于住所或者主要经营场所的醒目位置。从事电子商务经营的市场主体应当在其首页显著位置持续公示营业执照信息或者相关链接标识。

第三十七条　任何单位和个人不得伪造、涂改、出租、出借、转让营业执照。

营业执照遗失或者毁坏的，市场主体应当通过国家企业信用信息公示系统声明作废，申请补领。

登记机关依法作出变更登记、注销登记和撤销登记决定的，市场主体应当缴回营业执照。拒不缴回或者无法缴回营业执照的，由登记机关通过国家企业信用信息公示系统公告营业执照作废。

第三十八条　登记机关应当根据市场主体的信用风险状况实施分级分类监管。

登记机关应当采取随机抽取检查对象、随机选派执法检查人员的方式，对市场主体登记事项进行监督检查，并及时向社会公开监督检查结果。

第三十九条　登记机关对市场主体涉嫌违反本条例规定的行为进行查处，可以行使下列职权：

（一）进入市场主体的经营场所实施现场检查；

（二）查阅、复制、收集与市场主体经营活动有关的合同、票据、账簿以及其他资料；

（三）向与市场主体经营活动有关的单位和个人调查了解情况；

(四) 依法责令市场主体停止相关经营活动;

(五) 依法查询涉嫌违法的市场主体的银行账户;

(六) 法律、行政法规规定的其他职权。

登记机关行使前款第四项、第五项规定的职权的,应当经登记机关主要负责人批准。

第四十条 提交虚假材料或者采取其他欺诈手段隐瞒重要事实取得市场主体登记的,受虚假市场主体登记影响的自然人、法人和其他组织可以向登记机关提出撤销市场主体登记的申请。

登记机关受理申请后,应当及时开展调查。经调查认定存在虚假市场主体登记情形的,登记机关应当撤销市场主体登记。相关市场主体和人员无法联系或者拒不配合的,登记机关可以将相关市场主体的登记时间、登记事项等通过国家企业信用信息公示系统向社会公示,公示期为45日。相关市场主体及其利害关系人在公示期内没有提出异议的,登记机关可以撤销市场主体登记。

因虚假市场主体登记被撤销的市场主体,其直接责任人自市场主体登记被撤销之日起3年内不得再次申请市场主体登记。登记机关应当通过国家企业信用信息公示系统予以公示。

第四十一条 有下列情形之一的,登记机关可以不予撤销市场主体登记:

(一) 撤销市场主体登记可能对社会公共利益造成重大损害;

(二) 撤销市场主体登记后无法恢复到登记前的状态;

(三) 法律、行政法规规定的其他情形。

第四十二条 登记机关或者其上级机关认定撤销市场主体登记决定错误的,可以撤销该决定,恢复原登记状态,并通过国家企业信用信息公示系统公示。

第五章 法 律 责 任

第四十三条 未经设立登记从事经营活动的,由登记机关责令改正,没收违法所得;拒不改正的,处1万元以上10万元以下的罚款;情节严重的,依法责令关闭停业,并处10万元以上50万元以下的罚款。

第四十四条 提交虚假材料或者采取其他欺诈手段隐瞒重要事实取得市场主体登记的，由登记机关责令改正，没收违法所得，并处5万元以上20万元以下的罚款；情节严重的，处20万元以上100万元以下的罚款，吊销营业执照。

第四十五条 实行注册资本实缴登记制的市场主体虚报注册资本取得市场主体登记的，由登记机关责令改正，处虚报注册资本金额5%以上15%以下的罚款；情节严重的，吊销营业执照。

实行注册资本实缴登记制的市场主体的发起人、股东虚假出资，未交付或者未按期交付作为出资的货币或者非货币财产的，或者在市场主体成立后抽逃出资的，由登记机关责令改正，处虚假出资金额5%以上15%以下的罚款。

第四十六条 市场主体未依照本条例办理变更登记的，由登记机关责令改正；拒不改正的，处1万元以上10万元以下的罚款；情节严重的，吊销营业执照。

第四十七条 市场主体未依照本条例办理备案的，由登记机关责令改正；拒不改正的，处5万元以下的罚款。

第四十八条 市场主体未依照本条例将营业执照置于住所或者主要经营场所醒目位置的，由登记机关责令改正；拒不改正的，处3万元以下的罚款。

从事电子商务经营的市场主体未在其首页显著位置持续公示营业执照信息或者相关链接标识的，由登记机关依照《中华人民共和国电子商务法》处罚。

市场主体伪造、涂改、出租、出借、转让营业执照的，由登记机关没收违法所得，处10万元以下的罚款；情节严重的，处10万元以上50万元以下的罚款，吊销营业执照。

第四十九条 违反本条例规定的，登记机关确定罚款金额时，应当综合考虑市场主体的类型、规模、违法情节等因素。

第五十条 登记机关及其工作人员违反本条例规定未履行职责或者履行职责不当的，对直接负责的主管人员和其他直接责任人员依法给予处分。

第五十一条 违反本条例规定，构成犯罪的，依法追究刑事责任。

第五十二条 法律、行政法规对市场主体登记管理违法行为处罚另有规定的，从其规定。

第六章 附　　则

第五十三条 国务院市场监督管理部门可以依照本条例制定市场主体登记和监督管理的具体办法。

第五十四条 无固定经营场所摊贩的管理办法，由省、自治区、直辖市人民政府根据当地实际情况另行规定。

第五十五条 本条例自 2022 年 3 月 1 日起施行。《中华人民共和国公司登记管理条例》、《中华人民共和国企业法人登记管理条例》、《中华人民共和国合伙企业登记管理办法》、《农民专业合作社登记管理条例》、《企业法人法定代表人登记管理规定》同时废止。

典型案例指引

浙江省杭州市某区人民检察院督促治理虚假登记市场主体检察监督案[①]

【关键词】

行政检察　虚假登记　类案监督　检察一体化　数字化治理

【要旨】

人民检察院在开展行政诉讼监督中发现存在虚假登记市场主体问题，可以依法制发检察建议，督促行政主管部门依法履行监管职责。要积极运用大数据赋能法律监督，注重从个案发现类案监督线索，通过社会治理检察建议推动跨部门高效协同社会治理。

【基本案情】

2018 年 8 月，王某在购买车票时发现自己被纳入限制高消费名单，经查询得知，其遗失的身份证被他人冒名用于登记设立某咨询公司，王某被登记为公司法定代表人，因某咨询公司欠款未还，王某被法院列为失信被执行人。2018 年 11 月，王某向某区市场监督管理局申请撤销登记，该局未同意。王某

[①] 参见最高人民检察院第四十二批指导性案例（检例第 169 号）。

申请笔迹鉴定，鉴定意见证明注册的登记资料和委托书上的"王某"签名均非其本人书写。2019年3月，王某向某区人民法院提起行政诉讼，请求判令某区市场监督管理局撤销公司登记。因王某提起的行政诉讼已超过法定起诉期限，依据浙江省高级人民法院、浙江省人民检察院《关于共同推进行政争议实质性化解工作的纪要》，某区人民法院邀请检察机关共同开展行政争议实质性化解工作。

【检察机关履职过程】

案件来源。某区人民检察院应邀参与化解工作。经调查查明王某确系被冒名登记，遂于2019年11月18日向某区市场监督管理局发出检察建议书，建议其依法启动公示和调查程序。某区市场监督管理局收到检察建议后，按照规定启动了公示调查程序，并于2020年4月23日撤销王某名下的某咨询公司。针对王某案反映出的提交虚假材料或者采取其他欺诈手段隐瞒重要事实取得市场主体登记（以下简称虚假登记）问题，某区人民检察院研判认为该问题并非个案，经检索检察业务应用系统，发现该院办结的朱某某诈骗案中，朱某某等人为骗取街道招商引资引荐奖金，通过购买、借用他人身份信息，虚假登记26家公司。经对辖区内涉嫌虚假登记线索进一步筛查，发现2019年11月至2020年1月期间，杭州某灯饰有限公司等74家公司分别以杭州市已处于歇业状态的某宾馆3-8层74个房间号为经营地址登记注册，涉嫌提交虚假材料取得公司登记，遂依法启动行政检察类案监督。

调查核实。某区人民检察院开展了以下调查核实工作：一是向该区市场监督管理局调取相关公司登记材料；二是向人社部门、税务部门调取涉案公司人员社保缴纳信息、税款缴纳情况；三是向该区公安分局刑事侦查大队了解电信诈骗团伙犯罪相关情况；四是实地查看74家公司登记地址，调取该地址经营的某宾馆有限公司营业执照、租赁合同。查明：某宾馆有限公司是74间房屋产权所有方，74家公司系邓某某等人伪造租赁合同和办公租用协议，加盖伪造的"某宾馆有限公司"的印章，冒用他人身份信息，通过浙江省企业登记全程电子化平台登记设立公司，申请银行对公账户，某宾馆有限公司对74家公司擅自使用其地址注册公司的行为并不知情；该74家公司均无社保、税费缴纳记录，未在登记地址实际经营。其中有4家公司的对公账户已证实被用于电信诈骗活动，其余公司及其对公账户也被转卖给他人用于违法犯罪活动。上述74家公司冒用某宾馆有限公司经营地址，影响了该公司破产程序的进行。

监督意见。某区人民检察院经审查认为，杭州某灯饰有限公司等74家公司提交虚假材料取得公司登记用于违法犯罪活动，已严重损害人民群众的财产安全、信用安全，情节严重，根据《中华人民共和国公司法》第一百九十八条、《中华人民共和国公司登记管理条例》第六十四条规定，应当吊销营业执照。杭州市某区市场监督管理局对上述违法行为负有法定监督管理职责，但并未依法尽责履职。2020年5月29日，某区人民检察院向区市场监督管理局发出检察建议书，建议：1. 履行监管职责，吊销杭州某灯饰有限公司等74家公司的营业执照；2. 开展涉案公司法定代表人的关联公司信息排查专项行动；3. 建立长效监管机制，利用大数据排查等方式加强日常巡查。

监督结果。某区市场监管局针对检察建议书的内容，对所涉及的74家公司的违法行为依法进行了相关调查处理，查明74家公司提供的租赁合同和办公租用协议确属伪造，依法作出吊销杭州某灯饰有限公司等74家公司营业执照的行政处罚决定。区市场监督管理局在全区范围内开展虚假登记专项检查，撤销20家因冒用他人身份证登记的公司，将200余家无社保缴纳记录、无缴税记录、同一地址登记多家公司等异常公司列入重点管控企业名录。朱某某诈骗案所涉及的26家公司亦被依法吊销营业执照。

针对案件办理过程中发现的职能衔接不畅、信息共享不及时、传统监管手段滞后等问题，某区人民检察院会同区法院、公安、人社、市场监管、税务等部门，建立线索移送反馈、快速联动查处、定期案情通报等工作机制，形成虚假登记行政监管"快通道"。

推进治理。案件办理后，某区人民检察院组建由行政检察牵头，刑事检察、检察技术部门共同参与的办案团队，开展类案解析、要素梳理、规则研判，建立数字办案模型，对检察业务应用系统中"营业执照、对公账户、公司登记、公司注册"等关键词和数据进行检索和碰撞，从而获取虚假登记线索。针对案件反映出互联网商事登记审核虚化、执法办案数据与司法办案数据存在信息壁垒、对异常信息的辨识和预警能力不足等行政监管问题，某区人民检察院撰写调研报告、检察情况反映报送区委及其政法委、区政府，得到充分肯定和支持。为提升治理效果，某区人民检察院会同区委政法委、区人社局、市场监管局、税务局签订《关于建立某区综合治理虚假登记公司共同守护法治营商环境工作机制的意见》，成立工作专班，共建"虚假公司综合治理一件事"多跨应用场景，打通了检察机关与行政机关的数据壁垒，对数字办案模型筛选出来的虚假登记线索与市场监管局的企业基本信息数据、人社局的企业社保缴纳数据、税务局的企业缴税数据进行实时对比碰撞，获取社保缴纳异常、缴税情况异常的企业清单，并将上述线索通过"法治营商环境共护"平台线上移送给相关部门处理，实现对虚假登记监督办案、处置反馈、动态预警、综合治理的全流程实时分析，形成覆盖"数据—平台—机制"的长效动态治理模式。

2022年1月，杭州市人民检察院以某区经验为范本，在全市范围内开展数字监督集中专项行动，借助"法治营商环境共护"平台对近年来杭州市内刑事案件中涉及虚假登记及关联公司的情况进行排查。2022年4月，浙江省人民检察院在全省推广某区经验，开展虚假登记数字监督专项行动，通过数字赋能，促进社会治理。截至2022年7月，全省检察机关通过制发检察建议的方式，督促市场监督管理部门对753家公司撤销登记或者吊销营业执照。杭州市检察机关向市市场监督管理部门推送涉案公司918家、关联公司822家，10个区县（市）同步启动治理，市场监督管理部门已撤销29家公司登记，吊销97家公司营业执照，另有846家公司被列入经营异常名录。

【指导意义】

（一）人民检察院在履行行政诉讼监督职责中发现虚假登记市场主体问题，依法制发检察建议，督促行政机关依法履职，并运用大数据挖掘分析，从个案办理发现类案线索，透过案件发现深层次问题，有助于推动跨部门高效协同数字化诉源治理。人民检察院依法能动履职，以个案办理、类案监督为切口，运用大数据构建关键词检索、关联数据碰撞的类案监督模型，对案件进行特征归纳，发掘案件背后执法司法、制度机制、管理衔接等方面存在的共性问题，适时提出检察建议，促进社会治理。要主动加强与其他执法司法机关协作，打通"数据孤岛"，推动建立执法和司法办案数据互联互通的数字化治理平台，建立数据交换、业务协同、关联分析、异常预警的数字化治理模式，实现跨部门协同治理，以监督推进共享、以共享赋能监督，有效维护公平竞争的市场秩序，营造法治化营商环境。

（二）人民检察院在办案中要坚持系统思维，充分发挥检察一体化办案机制优势，上下联动、内部融合，优化检察资源配置，提升法律监督质效。人民检察院在办案中，要凝聚检察机关上下级之间的纵向监督合力，以及内部各业务部门之间的横向监督合力，构建"线索同步发现、双向移送、协同办理"办案模式。根据办案需要，组建跨部门一体化专业办案团队，整合上下级检察机关和同一检察机关各部门资源，紧密衔接、同向发力，形成法律监督合力。上级检察机关在加大自身办案和对下指导力度的同时，要对下推动跨区域协作办案，实现检察监督效果的倍增、叠加效应。

【相关规定】①

《中华人民共和国人民检察院组织法》（2018年修订）第二十一条

《中华人民共和国公司法》（2018年修正）第一百九十八条

《人民检察院检察建议工作规定》（2019年施行）第三条、第十一条

《中华人民共和国公司登记管理条例》（2016年修订）第二条、第四条、第六十四条（现为2022年3月1日施行的《中华人民共和国市场主体登记管理条例》第五条、第十七条、第四十条、第四十四条）

国家市场监督管理总局《关于撤销冒用他人身份信息取得公司登记的指导意见》（2019年施行）

---

① 部分规定已经修订或废止，具体请参见现行规定。

优化营商环境条例

（2019年10月8日国务院第66次常务会议通过　2019年10月22日中华人民共和国国务院令第722号公布　自2020年1月1日起施行）

第一章　总　　则

第一条　为了持续优化营商环境，不断解放和发展社会生产力，加快建设现代化经济体系，推动高质量发展，制定本条例。

第二条　本条例所称营商环境，是指企业等市场主体在市场经济活动中所涉及的体制机制性因素和条件。

第三条　国家持续深化简政放权、放管结合、优化服务改革，最大限度减少政府对市场资源的直接配置，最大限度减少政府对市场活动的直接干预，加强和规范事中事后监管，着力提升政务服务能力和水平，切实降低制度性交易成本，更大激发市场活力和社会创造力，增强发展动力。

各级人民政府及其部门应当坚持政务公开透明，以公开为常态、不公开为例外，全面推进决策、执行、管理、服务、结果公开。

第四条　优化营商环境应当坚持市场化、法治化、国际化原则，以市场主体需求为导向，以深刻转变政府职能为核心，创新体制机制、强化协同联动、完善法治保障，对标国际先进水平，为各类市场主体投资兴业营造稳定、公平、透明、可预期的良好环境。

第五条　国家加快建立统一开放、竞争有序的现代市场体系，依法促进各类生产要素自由流动，保障各类市场主体公平参与市场竞争。

第六条　国家鼓励、支持、引导非公有制经济发展，激发非公有制经济活力和创造力。

国家进一步扩大对外开放，积极促进外商投资，平等对待内资企业、外商投资企业等各类市场主体。

第七条 各级人民政府应当加强对优化营商环境工作的组织领导，完善优化营商环境的政策措施，建立健全统筹推进、督促落实优化营商环境工作的相关机制，及时协调、解决优化营商环境工作中的重大问题。

县级以上人民政府有关部门应当按照职责分工，做好优化营商环境的相关工作。县级以上地方人民政府根据实际情况，可以明确优化营商环境工作的主管部门。

国家鼓励和支持各地区、各部门结合实际情况，在法治框架内积极探索原创性、差异化的优化营商环境具体措施；对探索中出现失误或者偏差，符合规定条件的，可以予以免责或者减轻责任。

第八条 国家建立和完善以市场主体和社会公众满意度为导向的营商环境评价体系，发挥营商环境评价对优化营商环境的引领和督促作用。

开展营商环境评价，不得影响各地区、各部门正常工作，不得影响市场主体正常生产经营活动或者增加市场主体负担。

任何单位不得利用营商环境评价谋取利益。

第九条 市场主体应当遵守法律法规，恪守社会公德和商业道德，诚实守信、公平竞争，履行安全、质量、劳动者权益保护、消费者权益保护等方面的法定义务，在国际经贸活动中遵循国际通行规则。

第二章 市场主体保护

第十条 国家坚持权利平等、机会平等、规则平等，保障各种所有制经济平等受到法律保护。

第十一条 市场主体依法享有经营自主权。对依法应当由市场主体自主决策的各类事项，任何单位和个人不得干预。

第十二条 国家保障各类市场主体依法平等使用资金、技术、人力资源、土地使用权及其他自然资源等各类生产要素和公共服务资源。

各类市场主体依法平等适用国家支持发展的政策。政府及其有关部门在政府资金安排、土地供应、税费减免、资质许可、标准制定、项目申报、职称评定、人力资源政策等方面，应当依法平等对待各类市场主体，不得制定或者实施歧视性政策措施。

第十三条 招标投标和政府采购应当公开透明、公平公正,依法平等对待各类所有制和不同地区的市场主体,不得以不合理条件或者产品产地来源等进行限制或者排斥。

政府有关部门应当加强招标投标和政府采购监管,依法纠正和查处违法违规行为。

第十四条 国家依法保护市场主体的财产权和其他合法权益,保护企业经营者人身和财产安全。

严禁违反法定权限、条件、程序对市场主体的财产和企业经营者个人财产实施查封、冻结和扣押等行政强制措施;依法确需实施前述行政强制措施的,应当限定在所必需的范围内。

禁止在法律、法规规定之外要求市场主体提供财力、物力或者人力的摊派行为。市场主体有权拒绝任何形式的摊派。

第十五条 国家建立知识产权侵权惩罚性赔偿制度,推动建立知识产权快速协同保护机制,健全知识产权纠纷多元化解决机制和知识产权维权援助机制,加大对知识产权的保护力度。

国家持续深化商标注册、专利申请便利化改革,提高商标注册、专利申请审查效率。

第十六条 国家加大中小投资者权益保护力度,完善中小投资者权益保护机制,保障中小投资者的知情权、参与权,提升中小投资者维护合法权益的便利度。

第十七条 除法律、法规另有规定外,市场主体有权自主决定加入或者退出行业协会商会等社会组织,任何单位和个人不得干预。

除法律、法规另有规定外,任何单位和个人不得强制或者变相强制市场主体参加评比、达标、表彰、培训、考核、考试以及类似活动,不得借前述活动向市场主体收费或者变相收费。

第十八条 国家推动建立全国统一的市场主体维权服务平台,为市场主体提供高效、便捷的维权服务。

第三章 市场环境

第十九条 国家持续深化商事制度改革,统一企业登记业务规范,统一数据标准和平台服务接口，采用统一社会信用代码进行登记管理。

国家推进"证照分离"改革，持续精简涉企经营许可事项，依法采取直接取消审批、审批改为备案、实行告知承诺、优化审批服务等方式，对所有涉企经营许可事项进行分类管理，为企业取得营业执照后开展相关经营活动提供便利。除法律、行政法规规定的特定领域外，涉企经营许可事项不得作为企业登记的前置条件。

政府有关部门应当按照国家有关规定，简化企业从申请设立到具备一般性经营条件所需办理的手续。在国家规定的企业开办时限内，各地区应当确定并公开具体办理时间。

企业申请办理住所等相关变更登记的，有关部门应当依法及时办理，不得限制。除法律、法规、规章另有规定外，企业迁移后其持有的有效许可证件不再重复办理。

第二十条　国家持续放宽市场准入，并实行全国统一的市场准入负面清单制度。市场准入负面清单以外的领域，各类市场主体均可以依法平等进入。

各地区、各部门不得另行制定市场准入性质的负面清单。

第二十一条　政府有关部门应当加大反垄断和反不正当竞争执法力度，有效预防和制止市场经济活动中的垄断行为、不正当竞争行为以及滥用行政权力排除、限制竞争的行为，营造公平竞争的市场环境。

第二十二条　国家建立健全统一开放、竞争有序的人力资源市场体系，打破城乡、地区、行业分割和身份、性别等歧视，促进人力资源有序社会性流动和合理配置。

第二十三条　政府及其有关部门应当完善政策措施、强化创新服务，鼓励和支持市场主体拓展创新空间，持续推进产品、技术、商业模式、管理等创新，充分发挥市场主体在推动科技成果转化中的作用。

第二十四条　政府及其有关部门应当严格落实国家各项减税降费政策，及时研究解决政策落实中的具体问题，确保减税降费政策全面、及时惠及市场主体。

第二十五条　设立政府性基金、涉企行政事业性收费、涉企保证金，应当有法律、行政法规依据或者经国务院批准。对政府性基金、涉企行政事业性收费、涉企保证金以及实行政府定价的经营服务性收费，实行目录清单管理并向社会公开，目录清单之外的前述收费和保证金一律不得执行。推广以金融机构保函替代现金缴纳涉企保证金。

第二十六条 国家鼓励和支持金融机构加大对民营企业、中小企业的支持力度，降低民营企业、中小企业综合融资成本。

金融监督管理部门应当完善对商业银行等金融机构的监管考核和激励机制，鼓励、引导其增加对民营企业、中小企业的信贷投放，并合理增加中长期贷款和信用贷款支持，提高贷款审批效率。

商业银行等金融机构在授信中不得设置不合理条件，不得对民营企业、中小企业设置歧视性要求。商业银行等金融机构应当按照国家有关规定规范收费行为，不得违规向服务对象收取不合理费用。商业银行应当向社会公开开设企业账户的服务标准、资费标准和办理时限。

第二十七条 国家促进多层次资本市场规范健康发展，拓宽市场主体融资渠道，支持符合条件的民营企业、中小企业依法发行股票、债券以及其他融资工具，扩大直接融资规模。

第二十八条 供水、供电、供气、供热等公用企事业单位应当向社会公开服务标准、资费标准等信息，为市场主体提供安全、便捷、稳定和价格合理的服务，不得强迫市场主体接受不合理的服务条件，不得以任何名义收取不合理费用。各地区应当优化报装流程，在国家规定的报装办理时限内确定并公开具体办理时间。

政府有关部门应当加强对公用企事业单位运营的监督管理。

第二十九条 行业协会商会应当依照法律、法规和章程，加强行业自律，及时反映行业诉求，为市场主体提供信息咨询、宣传培训、市场拓展、权益保护、纠纷处理等方面的服务。

国家依法严格规范行业协会商会的收费、评比、认证等行为。

第三十条 国家加强社会信用体系建设，持续推进政务诚信、商务诚信、社会诚信和司法公信建设，提高全社会诚信意识和信用水平，维护信用信息安全，严格保护商业秘密和个人隐私。

第三十一条 地方各级人民政府及其有关部门应当履行向市场主体依法作出的政策承诺以及依法订立的各类合同，不得以行政区划调整、政府换届、机构或者职能调整以及相关责任人更替等为由违约毁约。因国家利益、社会公共利益需要改变政策承诺、合同约定的，应当依照法定权限和程序进行，并依法对市场主体因此受到的损失予以补偿。

第三十二条 国家机关、事业单位不得违约拖欠市场主体的货物、工程、服务等账款，大型企业不得利用优势地位拖欠中小企业账款。

县级以上人民政府及其有关部门应当加大对国家机关、事业单位拖欠市场主体账款的清理力度，并通过加强预算管理、严格责任追究等措施，建立防范和治理国家机关、事业单位拖欠市场主体账款的长效机制。

第三十三条 政府有关部门应当优化市场主体注销办理流程，精简申请材料、压缩办理时间、降低注销成本。对设立后未开展生产经营活动或者无债权债务的市场主体，可以按照简易程序办理注销。对有债权债务的市场主体，在债权债务依法解决后及时办理注销。

县级以上地方人民政府应当根据需要建立企业破产工作协调机制，协调解决企业破产过程中涉及的有关问题。

第四章　政务服务

第三十四条 政府及其有关部门应当进一步增强服务意识，切实转变工作作风，为市场主体提供规范、便利、高效的政务服务。

第三十五条 政府及其有关部门应当推进政务服务标准化，按照减环节、减材料、减时限的要求，编制并向社会公开政务服务事项（包括行政权力事项和公共服务事项，下同）标准化工作流程和办事指南，细化量化政务服务标准，压缩自由裁量权，推进同一事项实行无差别受理、同标准办理。没有法律、法规、规章依据，不得增设政务服务事项的办理条件和环节。

第三十六条 政府及其有关部门办理政务服务事项，应当根据实际情况，推行当场办结、一次办结、限时办结等制度，实现集中办理、就近办理、网上办理、异地可办。需要市场主体补正有关材料、手续的，应当一次性告知需要补正的内容；需要进行现场踏勘、现场核查、技术审查、听证论证的，应当及时安排、限时办结。

法律、法规、规章以及国家有关规定对政务服务事项办理时限有规定的，应当在规定的时限内尽快办结；没有规定的，应当按照合理、高效的原则确定办理时限并按时办结。各地区可以在国家规定的政务服务事项办理时限内进一步压减时间，并应当向社会公开；超过办理时间的，办理单位应当公开说明理由。

地方各级人民政府已设立政务服务大厅的，本行政区域内各类政务服务事项一般应当进驻政务服务大厅统一办理。对政务服务大厅中部门分设的服务窗口，应当创造条件整合为综合窗口，提供一站式服务。

第三十七条 国家加快建设全国一体化在线政务服务平台（以下称一体化在线平台），推动政务服务事项在全国范围内实现"一网通办"。除法律、法规另有规定或者涉及国家秘密等情形外，政务服务事项应当按照国务院确定的步骤，纳入一体化在线平台办理。

国家依托一体化在线平台，推动政务信息系统整合，优化政务流程，促进政务服务跨地区、跨部门、跨层级数据共享和业务协同。政府及其有关部门应当按照国家有关规定，提供数据共享服务，及时将有关政务服务数据上传至一体化在线平台，加强共享数据使用全过程管理，确保共享数据安全。

国家建立电子证照共享服务系统，实现电子证照跨地区、跨部门共享和全国范围内互信互认。各地区、各部门应当加强电子证照的推广应用。

各地区、各部门应当推动政务服务大厅与政务服务平台全面对接融合。市场主体有权自主选择政务服务办理渠道，行政机关不得限定办理渠道。

第三十八条 政府及其有关部门应当通过政府网站、一体化在线平台，集中公布涉及市场主体的法律、法规、规章、行政规范性文件和各类政策措施，并通过多种途径和方式加强宣传解读。

第三十九条 国家严格控制新设行政许可。新设行政许可应当按照行政许可法和国务院的规定严格设定标准，并进行合法性、必要性和合理性审查论证。对通过事中事后监管或者市场机制能够解决以及行政许可法和国务院规定不得设立行政许可的事项，一律不得设立行政许可，严禁以备案、登记、注册、目录、规划、年检、年报、监制、认定、认证、审定以及其他任何形式变相设定或者实施行政许可。

法律、行政法规和国务院决定对相关管理事项已作出规定，但未采取行政许可管理方式的，地方不得就该事项设定行政许可。对相关管理事项尚未制定法律、行政法规的，地方可以依法就该事项设定行政许可。

第四十条 国家实行行政许可清单管理制度，适时调整行政许可清单并向社会公布，清单之外不得违法实施行政许可。

国家大力精简已有行政许可。对已取消的行政许可，行政机关不得继续实施或者变相实施，不得转由行业协会商会或者其他组织实施。

对实行行政许可管理的事项，行政机关应当通过整合实施、下放审批层级等多种方式，优化审批服务，提高审批效率，减轻市场主体负担。符合相关条件和要求的，可以按照有关规定采取告知承诺的方式办理。

第四十一条 县级以上地方人民政府应当深化投资审批制度改革，根据项目性质、投资规模等分类规范投资审批程序，精简审批要件，简化技术审查事项，强化项目决策与用地、规划等建设条件落实的协同，实行与相关审批在线并联办理。

第四十二条 设区的市级以上地方人民政府应当按照国家有关规定，优化工程建设项目（不包括特殊工程和交通、水利、能源等领域的重大工程）审批流程，推行并联审批、多图联审、联合竣工验收等方式，简化审批手续，提高审批效能。

在依法设立的开发区、新区和其他有条件的区域，按照国家有关规定推行区域评估，由设区的市级以上地方人民政府组织对一定区域内压覆重要矿产资源、地质灾害危险性等事项进行统一评估，不再对区域内的市场主体单独提出评估要求。区域评估的费用不得由市场主体承担。

第四十三条 作为办理行政审批条件的中介服务事项（以下称法定行政审批中介服务）应当有法律、法规或者国务院决定依据；没有依据的，不得作为办理行政审批的条件。中介服务机构应当明确办理法定行政审批中介服务的条件、流程、时限、收费标准，并向社会公开。

国家加快推进中介服务机构与行政机关脱钩。行政机关不得为市场主体指定或者变相指定中介服务机构；除法定行政审批中介服务外，不得强制或者变相强制市场主体接受中介服务。行政机关所属事业单位、主管的社会组织及其举办的企业不得开展与本机关所负责行政审批相关的中介服务，法律、行政法规另有规定的除外。

行政机关在行政审批过程中需要委托中介服务机构开展技术性服务的，应当通过竞争性方式选择中介服务机构，并自行承担服务费用，不得转嫁给市场主体承担。

第四十四条 证明事项应当有法律、法规或者国务院决定依据。

设定证明事项，应当坚持确有必要、从严控制的原则。对通过法定证照、法定文书、书面告知承诺、政府部门内部核查和部门间核查、网络核验、合同凭证等能够办理，能够被其他材料涵盖或者替代，以及开具单位无法调查核实的，不得设定证明事项。

政府有关部门应当公布证明事项清单，逐项列明设定依据、索要单位、开具单位、办理指南等。清单之外，政府部门、公用企事业单位和服务机构不得索要证明。各地区、各部门之间应当加强证明的互认共享，避免重复索要证明。

第四十五条 政府及其有关部门应当按照国家促进跨境贸易便利化的有关要求，依法削减进出口环节审批事项，取消不必要的监管要求，优化简化通关流程，提高通关效率，清理规范口岸收费，降低通关成本，推动口岸和国际贸易领域相关业务统一通过国际贸易"单一窗口"办理。

第四十六条 税务机关应当精简办税资料和流程，简并申报缴税次数，公开涉税事项办理时限，压减办税时间，加大推广使用电子发票的力度，逐步实现全程网上办税，持续优化纳税服务。

第四十七条 不动产登记机构应当按照国家有关规定，加强部门协作，实行不动产登记、交易和缴税一窗受理、并行办理，压缩办理时间，降低办理成本。在国家规定的不动产登记时限内，各地区应当确定并公开具体办理时间。

国家推动建立统一的动产和权利担保登记公示系统，逐步实现市场主体在一个平台上办理动产和权利担保登记。纳入统一登记公示系统的动产和权利范围另行规定。

第四十八条 政府及其有关部门应当按照构建亲清新型政商关系的要求，建立畅通有效的政企沟通机制，采取多种方式及时听取市场主体的反映和诉求，了解市场主体生产经营中遇到的困难和问题，并依法帮助其解决。

建立政企沟通机制，应当充分尊重市场主体意愿，增强针对性和有效性，不得干扰市场主体正常生产经营活动，不得增加市场主体负担。

第四十九条 政府及其有关部门应当建立便利、畅通的渠道，受理有关营商环境的投诉和举报。

第五十条　新闻媒体应当及时、准确宣传优化营商环境的措施和成效，为优化营商环境创造良好舆论氛围。

国家鼓励对营商环境进行舆论监督，但禁止捏造虚假信息或者歪曲事实进行不实报道。

第五章　监管执法

第五十一条　政府有关部门应当严格按照法律法规和职责，落实监管责任，明确监管对象和范围、厘清监管事权，依法对市场主体进行监管，实现监管全覆盖。

第五十二条　国家健全公开透明的监管规则和标准体系。国务院有关部门应当分领域制定全国统一、简明易行的监管规则和标准，并向社会公开。

第五十三条　政府及其有关部门应当按照国家关于加快构建以信用为基础的新型监管机制的要求，创新和完善信用监管，强化信用监管的支撑保障，加强信用监管的组织实施，不断提升信用监管效能。

第五十四条　国家推行"双随机、一公开"监管，除直接涉及公共安全和人民群众生命健康等特殊行业、重点领域外，市场监管领域的行政检查应当通过随机抽取检查对象、随机选派执法检查人员、抽查事项及查处结果及时向社会公开的方式进行。针对同一检查对象的多个检查事项，应当尽可能合并或者纳入跨部门联合抽查范围。

对直接涉及公共安全和人民群众生命健康等特殊行业、重点领域，依法依规实行全覆盖的重点监管，并严格规范重点监管的程序；对通过投诉举报、转办交办、数据监测等发现的问题，应当有针对性地进行检查并依法依规处理。

第五十五条　政府及其有关部门应当按照鼓励创新的原则，对新技术、新产业、新业态、新模式等实行包容审慎监管，针对其性质、特点分类制定和实行相应的监管规则和标准，留足发展空间，同时确保质量和安全，不得简单化予以禁止或者不予监管。

第五十六条　政府及其有关部门应当充分运用互联网、大数据等技术手段，依托国家统一建立的在线监管系统，加强监管信息归集共享和关联整合，推行以远程监管、移动监管、预警防控为特征的非现场监管，提升监管的精准化、智能化水平。

第五十七条 国家建立健全跨部门、跨区域行政执法联动响应和协作机制，实现违法线索互联、监管标准互通、处理结果互认。

国家统筹配置行政执法职能和执法资源，在相关领域推行综合行政执法，整合精简执法队伍，减少执法主体和执法层级，提高基层执法能力。

第五十八条 行政执法机关应当按照国家有关规定，全面落实行政执法公示、行政执法全过程记录和重大行政执法决定法制审核制度，实现行政执法信息及时准确公示、行政执法全过程留痕和可回溯管理、重大行政执法决定法制审核全覆盖。

第五十九条 行政执法中应当推广运用说服教育、劝导示范、行政指导等非强制性手段，依法慎重实施行政强制。采用非强制性手段能够达到行政管理目的的，不得实施行政强制；违法行为情节轻微或者社会危害较小的，可以不实施行政强制；确需实施行政强制的，应当尽可能减少对市场主体正常生产经营活动的影响。

开展清理整顿、专项整治等活动，应当严格依法进行，除涉及人民群众生命安全、发生重特大事故或者举办国家重大活动，并报经有权机关批准外，不得在相关区域采取要求相关行业、领域的市场主体普遍停产、停业的措施。

禁止将罚没收入与行政执法机关利益挂钩。

第六十条 国家健全行政执法自由裁量基准制度，合理确定裁量范围、种类和幅度，规范行政执法自由裁量权的行使。

第六章 法 治 保 障

第六十一条 国家根据优化营商环境需要，依照法定权限和程序及时制定或者修改、废止有关法律、法规、规章、行政规范性文件。

优化营商环境的改革措施涉及调整实施现行法律、行政法规等有关规定的，依照法定程序经有权机关授权后，可以先行先试。

第六十二条 制定与市场主体生产经营活动密切相关的行政法规、规章、行政规范性文件，应当按照国务院的规定，充分听取市场主体、行业协会商会的意见。

除依法需要保密外，制定与市场主体生产经营活动密切相关的行政法规、规章、行政规范性文件，应当通过报纸、网络等向社会公开征求意见，并建立健全意见采纳情况反馈机制。向社会公开征求意见的期限一般不少于30日。

第六十三条　制定与市场主体生产经营活动密切相关的行政法规、规章、行政规范性文件，应当按照国务院的规定进行公平竞争审查。

制定涉及市场主体权利义务的行政规范性文件，应当按照国务院的规定进行合法性审核。

市场主体认为地方性法规同行政法规相抵触，或者认为规章同法律、行政法规相抵触的，可以向国务院书面提出审查建议，由有关机关按照规定程序处理。

第六十四条　没有法律、法规或者国务院决定和命令依据的，行政规范性文件不得减损市场主体合法权益或者增加其义务，不得设置市场准入和退出条件，不得干预市场主体正常生产经营活动。

涉及市场主体权利义务的行政规范性文件应当按照法定要求和程序予以公布，未经公布的不得作为行政管理依据。

第六十五条　制定与市场主体生产经营活动密切相关的行政法规、规章、行政规范性文件，应当结合实际，确定是否为市场主体留出必要的适应调整期。

政府及其有关部门应当统筹协调、合理把握规章、行政规范性文件等的出台节奏，全面评估政策效果，避免因政策叠加或者相互不协调对市场主体正常生产经营活动造成不利影响。

第六十六条　国家完善调解、仲裁、行政裁决、行政复议、诉讼等有机衔接、相互协调的多元化纠纷解决机制，为市场主体提供高效、便捷的纠纷解决途径。

第六十七条　国家加强法治宣传教育，落实国家机关普法责任制，提高国家工作人员依法履职能力，引导市场主体合法经营、依法维护自身合法权益，不断增强全社会的法治意识，为营造法治化营商环境提供基础性支撑。

第六十八条　政府及其有关部门应当整合律师、公证、司法鉴定、调解、仲裁等公共法律服务资源，加快推进公共法律服务体系建设，全面提升公共法律服务能力和水平，为优化营商环境提供全方位法律服务。

第六十九条　政府和有关部门及其工作人员有下列情形之一的，依法依规追究责任：

（一）违法干预应当由市场主体自主决策的事项；

（二）制定或者实施政策措施不依法平等对待各类市场主体；

（三）违反法定权限、条件、程序对市场主体的财产和企业经营者个人财产实施查封、冻结和扣押等行政强制措施；

（四）在法律、法规规定之外要求市场主体提供财力、物力或者人力；

（五）没有法律、法规依据，强制或者变相强制市场主体参加评比、达标、表彰、培训、考核、考试以及类似活动，或者借前述活动向市场主体收费或者变相收费；

（六）违法设立或者在目录清单之外执行政府性基金、涉企行政事业性收费、涉企保证金；

（七）不履行向市场主体依法作出的政策承诺以及依法订立的各类合同，或者违约拖欠市场主体的货物、工程、服务等账款；

（八）变相设定或者实施行政许可，继续实施或者变相实施已取消的行政许可，或者转由行业协会商会或者其他组织实施已取消的行政许可；

（九）为市场主体指定或者变相指定中介服务机构，或者违法强制市场主体接受中介服务；

（十）制定与市场主体生产经营活动密切相关的行政法规、规章、行政规范性文件时，不按照规定听取市场主体、行业协会商会的意见；

（十一）其他不履行优化营商环境职责或者损害营商环境的情形。

第七十条　公用企事业单位有下列情形之一的，由有关部门责令改正，依法追究法律责任：

（一）不向社会公开服务标准、资费标准、办理时限等信息；

（二）强迫市场主体接受不合理的服务条件；

（三）向市场主体收取不合理费用。

第七十一条　行业协会商会、中介服务机构有下列情形之一的，由有关

部门责令改正,依法追究法律责任:

(一)违法开展收费、评比、认证等行为;

(二)违法干预市场主体加入或者退出行业协会商会等社会组织;

(三)没有法律、法规依据,强制或者变相强制市场主体参加评比、达标、表彰、培训、考核、考试以及类似活动,或者借前述活动向市场主体收费或者变相收费;

(四)不向社会公开办理法定行政审批中介服务的条件、流程、时限、收费标准;

(五)违法强制或者变相强制市场主体接受中介服务。

第七章　附　　则

第七十二条　本条例自 2020 年 1 月 1 日起施行。

企业国有资产监督管理暂行条例

(2003年5月27日中华人民共和国国务院令第378号公布 根据2011年1月8日《国务院关于废止和修改部分行政法规的决定》第一次修订 根据2019年3月2日《国务院关于修改部分行政法规的决定》第二次修订)

第一章 总 则

第一条 为建立适应社会主义市场经济需要的国有资产监督管理体制,进一步搞好国有企业,推动国有经济布局和结构的战略性调整,发展和壮大国有经济,实现国有资产保值增值,制定本条例。

第二条 国有及国有控股企业、国有参股企业中的国有资产的监督管理,适用本条例。

金融机构中的国有资产的监督管理,不适用本条例。

第三条 本条例所称企业国有资产,是指国家对企业各种形式的投资和投资所形成的权益,以及依法认定为国家所有的其他权益。

第四条 企业国有资产属于国家所有。国家实行由国务院和地方人民政府分别代表国家履行出资人职责,享有所有者权益,权利、义务和责任相统一,管资产和管人、管事相结合的国有资产管理体制。

第五条 国务院代表国家对关系国民经济命脉和国家安全的大型国有及国有控股、国有参股企业,重要基础设施和重要自然资源等领域的国有及国有控股、国有参股企业,履行出资人职责。国务院履行出资人职责的企业,由国务院确定、公布。

省、自治区、直辖市人民政府和设区的市、自治州级人民政府分别代表国家对由国务院履行出资人职责以外的国有及国有控股、国有参股企业,履行出资人职责。其中,省、自治区、直辖市人民政府履行出资人职责的国有及国有控股、国有参股企业,由省、自治区、直辖市人民政府确定、公布,并报国务院国有资产监督管理机构备案；其他由设区的市、自治州级人民政府履行出资人职责的国有及国有控股、国有参股企业，由设区的市、自治州级人民政府确定、公布，并报省、自治区、直辖市人民政府国有资产监督管理机构备案。

国务院，省、自治区、直辖市人民政府，设区的市、自治州级人民政府履行出资人职责的企业，以下统称所出资企业。

第六条　国务院，省、自治区、直辖市人民政府，设区的市、自治州级人民政府，分别设立国有资产监督管理机构。国有资产监督管理机构根据授权，依法履行出资人职责，依法对企业国有资产进行监督管理。

企业国有资产较少的设区的市、自治州，经省、自治区、直辖市人民政府批准，可以不单独设立国有资产监督管理机构。

第七条　各级人民政府应当严格执行国有资产管理法律、法规，坚持政府的社会公共管理职能与国有资产出资人职能分开，坚持政企分开，实行所有权与经营权分离。

国有资产监督管理机构不行使政府的社会公共管理职能，政府其他机构、部门不履行企业国有资产出资人职责。

第八条　国有资产监督管理机构应当依照本条例和其他有关法律、行政法规的规定，建立健全内部监督制度，严格执行法律、行政法规。

第九条　发生战争、严重自然灾害或者其他重大、紧急情况时，国家可以依法统一调用、处置企业国有资产。

第十条　所出资企业及其投资设立的企业，享有有关法律、行政法规规定的企业经营自主权。

国有资产监督管理机构应当支持企业依法自主经营，除履行出资人职责以外，不得干预企业的生产经营活动。

第十一条　所出资企业应当努力提高经济效益，对其经营管理的企业国有资产承担保值增值责任。

所出资企业应当接受国有资产监督管理机构依法实施的监督管理，不得损害企业国有资产所有者和其他出资人的合法权益。

第二章　国有资产监督管理机构

第十二条　国务院国有资产监督管理机构是代表国务院履行出资人职责、负责监督管理企业国有资产的直属特设机构。

省、自治区、直辖市人民政府国有资产监督管理机构，设区的市、自治州级人民政府国有资产监督管理机构是代表本级政府履行出资人职责、负责监督管理企业国有资产的直属特设机构。

上级政府国有资产监督管理机构依法对下级政府的国有资产监督管理工作进行指导和监督。

第十三条　国有资产监督管理机构的主要职责是：

（一）依照《中华人民共和国公司法》等法律、法规，对所出资企业履行出资人职责，维护所有者权益；

（二）指导推进国有及国有控股企业的改革和重组；

（三）依照规定向所出资企业委派监事；

（四）依照法定程序对所出资企业的企业负责人进行任免、考核，并根据考核结果对其进行奖惩；

（五）通过统计、稽核等方式对企业国有资产的保值增值情况进行监管；

（六）履行出资人的其他职责和承办本级政府交办的其他事项。

国务院国有资产监督管理机构除前款规定职责外，可以制定企业国有资产监督管理的规章、制度。

第十四条　国有资产监督管理机构的主要义务是：

（一）推进国有资产合理流动和优化配置，推动国有经济布局和结构的调整；

（二）保持和提高关系国民经济命脉和国家安全领域国有经济的控制力和竞争力，提高国有经济的整体素质；

（三）探索有效的企业国有资产经营体制和方式，加强企业国有资产监督管理工作，促进企业国有资产保值增值，防止企业国有资产流失；

（四）指导和促进国有及国有控股企业建立现代企业制度，完善法人治理结构，推进管理现代化；

（五）尊重、维护国有及国有控股企业经营自主权，依法维护企业合法权益，促进企业依法经营管理，增强企业竞争力；

（六）指导和协调解决国有及国有控股企业改革与发展中的困难和问题。

第十五条 国有资产监督管理机构应当向本级政府报告企业国有资产监督管理工作、国有资产保值增值状况和其他重大事项。

第三章 企业负责人管理

第十六条 国有资产监督管理机构应当建立健全适应现代企业制度要求的企业负责人的选用机制和激励约束机制。

第十七条 国有资产监督管理机构依照有关规定，任免或者建议任免所出资企业的企业负责人：

（一）任免国有独资企业的总经理、副总经理、总会计师及其他企业负责人；

（二）任免国有独资公司的董事长、副董事长、董事，并向其提出总经理、副总经理、总会计师等的任免建议；

（三）依照公司章程，提出向国有控股的公司派出的董事、监事人选，推荐国有控股的公司的董事长、副董事长和监事会主席人选，并向其提出总经理、副总经理、总会计师人选的建议；

（四）依照公司章程，提出向国有参股的公司派出的董事、监事人选。

国务院，省、自治区、直辖市人民政府，设区的市、自治州级人民政府，对所出资企业的企业负责人的任免另有规定的，按照有关规定执行。

第十八条 国有资产监督管理机构应当建立企业负责人经营业绩考核制度，与其任命的企业负责人签订业绩合同，根据业绩合同对企业负责人进行年度考核和任期考核。

第十九条 国有资产监督管理机构应当依照有关规定，确定所出资企业中的国有独资企业、国有独资公司的企业负责人的薪酬；依据考核结果，决定其向所出资企业派出的企业负责人的奖惩。

第四章 企业重大事项管理

第二十条 国有资产监督管理机构负责指导国有及国有控股企业建立现代企业制度，审核批准其所出资企业中的国有独资企业、国有独资公司的重组、股份制改造方案和所出资企业中的国有独资公司的章程。

第二十一条 国有资产监督管理机构依照法定程序决定其所出资企业中的国有独资企业、国有独资公司的分立、合并、破产、解散、增减资本、发行公司债券等重大事项。其中，重要的国有独资企业、国有独资公司分立、合并、破产、解散的，应当由国有资产监督管理机构审核后，报本级人民政府批准。

国有资产监督管理机构依照法定程序审核、决定国防科技工业领域其所出资企业中的国有独资企业、国有独资公司的有关重大事项时，按照国家有关法律、规定执行。

第二十二条 国有资产监督管理机构依照公司法的规定，派出股东代表、董事，参加国有控股的公司、国有参股的公司的股东会、董事会。

国有控股的公司、国有参股的公司的股东会、董事会决定公司的分立、合并、破产、解散、增减资本、发行公司债券、任免企业负责人等重大事项时，国有资产监督管理机构派出的股东代表、董事，应当按照国有资产监督管理机构的指示发表意见、行使表决权。

国有资产监督管理机构派出的股东代表、董事，应当将其履行职责的有关情况及时向国有资产监督管理机构报告。

第二十三条 国有资产监督管理机构决定其所出资企业的国有股权转让。其中，转让全部国有股权或者转让部分国有股权致使国家不再拥有控股地位的，报本级人民政府批准。

第二十四条 所出资企业投资设立的重要子企业的重大事项，需由所出资企业报国有资产监督管理机构批准的，管理办法由国务院国有资产监督管理机构另行制定，报国务院批准。

第二十五条 国有资产监督管理机构依照国家有关规定组织协调所出资企业中的国有独资企业、国有独资公司的兼并破产工作，并配合有关部门做好企业下岗职工安置等工作。

第二十六条　国有资产监督管理机构依照国家有关规定拟订所出资企业收入分配制度改革的指导意见，调控所出资企业工资分配的总体水平。

第二十七条　国有资产监督管理机构可以对所出资企业中具备条件的国有独资企业、国有独资公司进行国有资产授权经营。

被授权的国有独资企业、国有独资公司对其全资、控股、参股企业中国家投资形成的国有资产依法进行经营、管理和监督。

第二十八条　被授权的国有独资企业、国有独资公司应当建立和完善规范的现代企业制度，并承担企业国有资产的保值增值责任。

第五章　企业国有资产管理

第二十九条　国有资产监督管理机构依照国家有关规定，负责企业国有资产的产权界定、产权登记、资产评估监管、清产核资、资产统计、综合评价等基础管理工作。

国有资产监督管理机构协调其所出资企业之间的企业国有资产产权纠纷。

第三十条　国有资产监督管理机构应当建立企业国有资产产权交易监督管理制度，加强企业国有资产产权交易的监督管理，促进企业国有资产的合理流动，防止企业国有资产流失。

第三十一条　国有资产监督管理机构对其所出资企业的企业国有资产收益依法履行出资人职责；对其所出资企业的重大投融资规划、发展战略和规划，依照国家发展规划和产业政策履行出资人职责。

第三十二条　所出资企业中的国有独资企业、国有独资公司的重大资产处置，需由国有资产监督管理机构批准的，依照有关规定执行。

第六章　企业国有资产监督

第三十三条　国有资产监督管理机构依法对所出资企业财务进行监督，建立和完善国有资产保值增值指标体系，维护国有资产出资人的权益。

第三十四条　国有及国有控股企业应当加强内部监督和风险控制，依照国家有关规定建立健全财务、审计、企业法律顾问和职工民主监督等制度。

第三十五条 所出资企业中的国有独资企业、国有独资公司应当按照规定定期向国有资产监督管理机构报告财务状况、生产经营状况和国有资产保值增值状况。

第七章 法律责任

第三十六条 国有资产监督管理机构不按规定任免或者建议任免所出资企业的企业负责人，或者违法干预所出资企业的生产经营活动，侵犯其合法权益，造成企业国有资产损失或者其他严重后果的，对直接负责的主管人员和其他直接责任人员依法给予行政处分；构成犯罪的，依法追究刑事责任。

第三十七条 所出资企业中的国有独资企业、国有独资公司未按照规定向国有资产监督管理机构报告财务状况、生产经营状况和国有资产保值增值状况的，予以警告；情节严重的，对直接负责的主管人员和其他直接责任人员依法给予纪律处分。

第三十八条 国有及国有控股企业的企业负责人滥用职权、玩忽职守，造成企业国有资产损失的，应负赔偿责任，并对其依法给予纪律处分；构成犯罪的，依法追究刑事责任。

第三十九条 对企业国有资产损失负有责任受到撤职以上纪律处分的国有及国有控股企业的企业负责人，5年内不得担任任何国有及国有控股企业的企业负责人；造成企业国有资产重大损失或者被判处刑罚的，终身不得担任任何国有及国有控股企业的企业负责人。

第八章 附 则

第四十条 国有及国有控股企业、国有参股企业的组织形式、组织机构、权利和义务等，依照《中华人民共和国公司法》等法律、行政法规和本条例的规定执行。

第四十一条 国有及国有控股企业、国有参股企业中中国共产党基层组织建设、社会主义精神文明建设和党风廉政建设，依照《中国共产党章程》

和有关规定执行。

国有及国有控股企业、国有参股企业中工会组织依照《中华人民共和国工会法》和《中国工会章程》的有关规定执行。

第四十二条　国务院国有资产监督管理机构，省、自治区、直辖市人民政府可以依据本条例制定实施办法。

第四十三条　本条例施行前制定的有关企业国有资产监督管理的行政法规与本条例不一致的，依照本条例的规定执行。

第四十四条　政企尚未分开的单位，应当按照国务院的规定，加快改革，实现政企分开。政企分开后的企业，由国有资产监督管理机构依法履行出资人职责，依法对企业国有资产进行监督管理。

第四十五条　本条例自公布之日起施行。

中华人民共和国市场主体登记管理条例实施细则

(2022年3月1日国家市场监督管理总局令第52号公布 自公布之日起施行)

第一章 总 则

第一条 根据《中华人民共和国市场主体登记管理条例》(以下简称《条例》)等有关法律法规,制定本实施细则。

第二条 市场主体登记管理应当遵循依法合规、规范统一、公开透明、便捷高效的原则。

第三条 国家市场监督管理总局主管全国市场主体统一登记管理工作,制定市场主体登记管理的制度措施,推进登记全程电子化,规范登记行为,指导地方登记机关依法有序开展登记管理工作。

县级以上地方市场监督管理部门主管本辖区市场主体登记管理工作,加强对辖区内市场主体登记管理工作的统筹指导和监督管理,提升登记管理水平。

县级市场监督管理部门的派出机构可以依法承担个体工商户等市场主体的登记管理职责。

各级登记机关依法履行登记管理职责,执行全国统一的登记管理政策文件和规范要求,使用统一的登记材料、文书格式,以及省级统一的市场主体登记管理系统,优化登记办理流程,推行网上办理等便捷方式,健全数据安全管理制度,提供规范化、标准化登记管理服务。

第四条 省级以上人民政府或者其授权的国有资产监督管理机构履行出资人职责的公司,以及该公司投资设立并持有50%以上股权或者股份的公司的登记管理由省级登记机关负责;股份有限公司的登记管理由地市级以上地方登记机关负责。

除前款规定的情形外,省级市场监督管理部门依法对本辖区登记管辖作出统一规定；上级登记机关在特定情形下，可以依法将部分市场主体登记管理工作交由下级登记机关承担，或者承担下级登记机关的部分登记管理工作。

外商投资企业登记管理由国家市场监督管理总局或者其授权的地方市场监督管理部门负责。

第五条 国家市场监督管理总局应当加强信息化建设，统一登记管理业务规范、数据标准和平台服务接口，归集全国市场主体登记管理信息。

省级市场监督管理部门主管本辖区登记管理信息化建设，建立统一的市场主体登记管理系统，归集市场主体登记管理信息，规范市场主体登记注册流程，提升政务服务水平，强化部门间信息共享和业务协同，提升市场主体登记管理便利化程度。

第二章 登 记 事 项

第六条 市场主体应当按照类型依法登记下列事项：

（一）公司：名称、类型、经营范围、住所、注册资本、法定代表人姓名、有限责任公司股东或者股份有限公司发起人姓名或者名称。

（二）非公司企业法人：名称、类型、经营范围、住所、出资额、法定代表人姓名、出资人（主管部门）名称。

（三）个人独资企业：名称、类型、经营范围、住所、出资额、投资人姓名及居所。

（四）合伙企业：名称、类型、经营范围、主要经营场所、出资额、执行事务合伙人名称或者姓名，合伙人名称或者姓名、住所、承担责任方式。执行事务合伙人是法人或者其他组织的，登记事项还应当包括其委派的代表姓名。

（五）农民专业合作社（联合社）：名称、类型、经营范围、住所、出资额、法定代表人姓名。

（六）分支机构：名称、类型、经营范围、经营场所、负责人姓名。

（七）个体工商户：组成形式、经营范围、经营场所，经营者姓名、住所。个体工商户使用名称的，登记事项还应当包括名称。

（八）法律、行政法规规定的其他事项。

第七条 市场主体应当按照类型依法备案下列事项：

（一）公司：章程、经营期限、有限责任公司股东或者股份有限公司发起人认缴的出资数额、董事、监事、高级管理人员、登记联络员、外商投资公司法律文件送达接受人。

（二）非公司企业法人：章程、经营期限、登记联络员。

（三）个人独资企业：登记联络员。

（四）合伙企业：合伙协议、合伙期限、合伙人认缴或者实际缴付的出资数额、缴付期限和出资方式、登记联络员、外商投资合伙企业法律文件送达接受人。

（五）农民专业合作社（联合社）：章程、成员、登记联络员。

（六）分支机构：登记联络员。

（七）个体工商户：家庭参加经营的家庭成员姓名、登记联络员。

（八）公司、合伙企业等市场主体受益所有人相关信息。

（九）法律、行政法规规定的其他事项。

上述备案事项由登记机关在设立登记时一并进行信息采集。

受益所有人信息管理制度由中国人民银行会同国家市场监督管理总局另行制定。

第八条 市场主体名称由申请人依法自主申报。

第九条 申请人应当依法申请登记下列市场主体类型：

（一）有限责任公司、股份有限公司；

（二）全民所有制企业、集体所有制企业、联营企业；

（三）个人独资企业；

（四）普通合伙（含特殊普通合伙）企业、有限合伙企业；

（五）农民专业合作社、农民专业合作社联合社；

（六）个人经营的个体工商户、家庭经营的个体工商户。

分支机构应当按所属市场主体类型注明分公司或者相应的分支机构。

第十条 申请人应当根据市场主体类型依法向其住所（主要经营场所、经营场所）所在地具有登记管辖权的登记机关办理登记。

第十一条 申请人申请登记市场主体法定代表人、执行事务合伙人（含委派代表），应当符合章程或者协议约定。

合伙协议未约定或者全体合伙人未决定委托执行事务合伙人的，除有限合伙人外，申请人应当将其他合伙人均登记为执行事务合伙人。

第十二条 申请人应当按照国家市场监督管理总局发布的经营范围规范目录，根据市场主体主要行业或者经营特征自主选择一般经营项目和许可经营项目，申请办理经营范围登记。

第十三条 申请人申请登记的市场主体注册资本（出资额）应当符合章程或者协议约定。

市场主体注册资本（出资额）以人民币表示。外商投资企业的注册资本（出资额）可以用可自由兑换的货币表示。

依法以境内公司股权或者债权出资的，应当权属清楚、权能完整，依法可以评估、转让，符合公司章程规定。

第三章 登记规范

第十四条 申请人可以自行或者指定代表人、委托代理人办理市场主体登记、备案事项。

第十五条 申请人应当在申请材料上签名或者盖章。

申请人可以通过全国统一电子营业执照系统等电子签名工具和途径进行电子签名或者电子签章。符合法律规定的可靠电子签名、电子签章与手写签名或者盖章具有同等法律效力。

第十六条 在办理登记、备案事项时，申请人应当配合登记机关通过实名认证系统，采用人脸识别等方式对下列人员进行实名验证：

（一）法定代表人、执行事务合伙人（含委派代表）、负责人；

（二）有限责任公司股东、股份有限公司发起人、公司董事、监事及高级管理人员；

（三）个人独资企业投资人、合伙企业合伙人、农民专业合作社（联合社）成员、个体工商户经营者；

（四）市场主体登记联络员、外商投资企业法律文件送达接受人；

（五）指定的代表人或者委托代理人。

因特殊原因，当事人无法通过实名认证系统核验身份信息的，可以提交经依法公证的自然人身份证明文件，或者由本人持身份证件到现场办理。

第十七条 办理市场主体登记、备案事项，申请人可以到登记机关现场提交申请，也可以通过市场主体登记注册系统提出申请。

申请人对申请材料的真实性、合法性、有效性负责。

办理市场主体登记、备案事项，应当遵守法律法规，诚实守信，不得利用市场主体登记，牟取非法利益，扰乱市场秩序，危害国家安全、社会公共利益。

第十八条 申请材料齐全、符合法定形式的，登记机关予以确认，并当场登记，出具登记通知书，及时制发营业执照。

不予当场登记的，登记机关应当向申请人出具接收申请材料凭证，并在3个工作日内对申请材料进行审查；情形复杂的，经登记机关负责人批准，可以延长3个工作日，并书面告知申请人。

申请材料不齐全或者不符合法定形式的，登记机关应当将申请材料退还申请人，并一次性告知申请人需要补正的材料。申请人补正后，应当重新提交申请材料。

不属于市场主体登记范畴或者不属于本登记机关登记管辖范围的事项，登记机关应当告知申请人向有关行政机关申请。

第十九条 市场主体登记申请不符合法律、行政法规或者国务院决定规定，或者可能危害国家安全、社会公共利益的，登记机关不予登记，并出具不予登记通知书。

利害关系人就市场主体申请材料的真实性、合法性、有效性或者其他有关实体权利提起诉讼或者仲裁，对登记机关依法登记造成影响的，申请人应当在诉讼或者仲裁终结后，向登记机关申请办理登记。

第二十条 市场主体法定代表人依法受到任职资格限制的，在申请办理其他变更登记时，应当依法及时申请办理法定代表人变更登记。

市场主体因通过登记的住所（主要经营场所、经营场所）无法取得联系被列入经营异常名录的，在申请办理其他变更登记时，应当依法及时申请办理住所（主要经营场所、经营场所）变更登记。

第二十一条 公司或者农民专业合作社（联合社）合并、分立的，可以通过国家企业信用信息公示系统公告，公告期45日，应当于公告期届满后申请办理登记。

非公司企业法人合并、分立的，应当经出资人（主管部门）批准，自批准之日起 30 日内申请办理登记。

市场主体设立分支机构的，应当自决定作出之日起 30 日内向分支机构所在地登记机关申请办理登记。

第二十二条 法律、行政法规或者国务院决定规定市场主体申请登记、备案事项前需要审批的，在办理登记、备案时，应当在有效期内提交有关批准文件或者许可证书。有关批准文件或者许可证书未规定有效期限，自批准之日起超过 90 日的，申请人应当报审批机关确认其效力或者另行报批。

市场主体设立后，前款规定批准文件或者许可证书内容有变化、被吊销、撤销或者有效期届满的，应当自批准文件、许可证书重新批准之日或者被吊销、撤销、有效期届满之日起 30 日内申请办理变更登记或者注销登记。

第二十三条 市场主体营业执照应当载明名称、法定代表人（执行事务合伙人、个人独资企业投资人、经营者或者负责人）姓名、类型（组成形式）、注册资本（出资额）、住所（主要经营场所、经营场所）、经营范围、登记机关、成立日期、统一社会信用代码。

电子营业执照与纸质营业执照具有同等法律效力，市场主体可以凭电子营业执照开展经营活动。

市场主体在办理涉及营业执照记载事项变更登记或者申请注销登记时，需要在提交申请时一并缴回纸质营业执照正、副本。对于市场主体营业执照拒不缴回或者无法缴回的，登记机关在完成变更登记或者注销登记后，通过国家企业信用信息公示系统公告营业执照作废。

第二十四条 外国投资者在中国境内设立外商投资企业，其主体资格文件或者自然人身份证明应当经所在国家公证机关公证并经中国驻该国使（领）馆认证。中国与有关国家缔结或者共同参加的国际条约对认证另有规定的除外。

香港特别行政区、澳门特别行政区和台湾地区投资者的主体资格文件或者自然人身份证明应当按照专项规定或者协议，依法提供当地公证机构的公证文件。按照国家有关规定，无需提供公证文件的除外。

第四章 设 立 登 记

第二十五条 申请办理设立登记，应当提交下列材料：

（一）申请书；

（二）申请人主体资格文件或者自然人身份证明；

（三）住所（主要经营场所、经营场所）相关文件；

（四）公司、非公司企业法人、农民专业合作社（联合社）章程或者合伙企业合伙协议。

第二十六条 申请办理公司设立登记，还应当提交法定代表人、董事、监事和高级管理人员的任职文件和自然人身份证明。

除前款规定的材料外，募集设立股份有限公司还应当提交依法设立的验资机构出具的验资证明；公开发行股票的，还应当提交国务院证券监督管理机构的核准或者注册文件。涉及发起人首次出资属于非货币财产的，还应当提交已办理财产权转移手续的证明文件。

第二十七条 申请设立非公司企业法人，还应当提交法定代表人的任职文件和自然人身份证明。

第二十八条 申请设立合伙企业，还应当提交下列材料：

（一）法律、行政法规规定设立特殊的普通合伙企业需要提交合伙人的职业资格文件的，提交相应材料；

（二）全体合伙人决定委托执行事务合伙人的，应当提交全体合伙人的委托书和执行事务合伙人的主体资格文件或者自然人身份证明。执行事务合伙人是法人或者其他组织的，还应当提交其委派代表的委托书和自然人身份证明。

第二十九条 申请设立农民专业合作社（联合社），还应当提交下列材料：

（一）全体设立人签名或者盖章的设立大会纪要；

（二）法定代表人、理事的任职文件和自然人身份证明；

（三）成员名册和出资清单，以及成员主体资格文件或者自然人身份证明。

第三十条 申请办理分支机构设立登记，还应当提交负责人的任职文件和自然人身份证明。

第五章 变 更 登 记

第三十一条 市场主体变更登记事项，应当自作出变更决议、决定或者法定变更事项发生之日起 30 日内申请办理变更登记。

市场主体登记事项变更涉及分支机构登记事项变更的，应当自市场主体登记事项变更登记之日起 30 日内申请办理分支机构变更登记。

第三十二条 申请办理变更登记，应当提交申请书，并根据市场主体类型及具体变更事项分别提交下列材料：

（一）公司变更事项涉及章程修改的，应当提交修改后的章程或者章程修正案；需要对修改章程作出决议决定的，还应当提交相关决议决定；

（二）合伙企业应当提交全体合伙人或者合伙协议约定的人员签署的变更决定书；变更事项涉及修改合伙协议的，应当提交由全体合伙人签署或者合伙协议约定的人员签署修改或者补充的合伙协议；

（三）农民专业合作社（联合社）应当提交成员大会或者成员代表大会作出的变更决议；变更事项涉及章程修改的应当提交修改后的章程或者章程修正案。

第三十三条 市场主体更换法定代表人、执行事务合伙人（含委派代表）、负责人的变更登记申请由新任法定代表人、执行事务合伙人（含委派代表）、负责人签署。

第三十四条 市场主体变更名称，可以自主申报名称并在保留期届满前申请变更登记，也可以直接申请变更登记。

第三十五条 市场主体变更住所（主要经营场所、经营场所），应当在迁入新住所（主要经营场所、经营场所）前向迁入地登记机关申请变更登记，并提交新的住所（主要经营场所、经营场所）使用相关文件。

第三十六条 市场主体变更注册资本或者出资额的，应当办理变更登记。

公司增加注册资本，有限责任公司股东认缴新增资本的出资和股份有限公司的股东认购新股的，应当按照设立时缴纳出资和缴纳股款的规定执行。

股份有限公司以公开发行新股方式或者上市公司以非公开发行新股方式增加注册资本，还应当提交国务院证券监督管理机构的核准或者注册文件。

公司减少注册资本，可以通过国家企业信用信息公示系统公告，公告期45日，应当于公告期届满后申请变更登记。法律、行政法规或者国务院决定对公司注册资本有最低限额规定的，减少后的注册资本应当不少于最低限额。

外商投资企业注册资本（出资额）币种发生变更，应当向登记机关申请变更登记。

第三十七条　公司变更类型，应当按照拟变更公司类型的设立条件，在规定的期限内申请变更登记，并提交有关材料。

非公司企业法人申请改制为公司，应当按照拟变更的公司类型设立条件，在规定期限内申请变更登记，并提交有关材料。

个体工商户申请转变为企业组织形式，应当按照拟变更的企业类型设立条件申请登记。

第三十八条　个体工商户变更经营者，应当在办理注销登记后，由新的经营者重新申请办理登记。双方经营者同时申请办理的，登记机关可以合并办理。

第三十九条　市场主体变更备案事项的，应当按照《条例》第二十九条规定办理备案。

农民专业合作社因成员发生变更，农民成员低于法定比例的，应当自事由发生之日起6个月内采取吸收新的农民成员入社等方式使农民成员达到法定比例。农民专业合作社联合社成员退社，成员数低于联合社设立法定条件的，应当自事由发生之日起6个月内采取吸收新的成员入社等方式使农民专业合作社联合社成员达到法定条件。

第六章　歇　　业

第四十条　因自然灾害、事故灾难、公共卫生事件、社会安全事件等原因造成经营困难的，市场主体可以自主决定在一定时期内歇业。法律、行政法规另有规定的除外。

第四十一条　市场主体决定歇业，应当在歇业前向登记机关办理备案。

登记机关通过国家企业信用信息公示系统向社会公示歇业期限、法律文书送达地址等信息。

以法律文书送达地址代替住所（主要经营场所、经营场所）的，应当提交法律文书送达地址确认书。

市场主体延长歇业期限，应当于期限届满前30日内按规定办理。

第四十二条　市场主体办理歇业备案后，自主决定开展或者已实际开展经营活动的，应当于30日内在国家企业信用信息公示系统上公示终止歇业。

市场主体恢复营业时，登记、备案事项发生变化的，应当及时办理变更登记或者备案。以法律文书送达地址代替住所（主要经营场所、经营场所）的，应当及时办理住所（主要经营场所、经营场所）变更登记。

市场主体备案的歇业期限届满，或者累计歇业满3年，视为自动恢复经营，决定不再经营的，应当及时办理注销登记。

第四十三条　歇业期间，市场主体以法律文书送达地址代替原登记的住所（主要经营场所、经营场所）的，不改变歇业市场主体的登记管辖。

第七章　注销登记

第四十四条　市场主体因解散、被宣告破产或者其他法定事由需要终止的，应当依法向登记机关申请注销登记。依法需要清算的，应当自清算结束之日起30日内申请注销登记。依法不需要清算的，应当自决定作出之日起30日内申请注销登记。市场主体申请注销后，不得从事与注销无关的生产经营活动。自登记机关予以注销登记之日起，市场主体终止。

第四十五条　市场主体注销登记前依法应当清算的，清算组应当自成立之日起10日内将清算组成员、清算组负责人名单通过国家企业信用信息公示系统公告。清算组可以通过国家企业信用信息公示系统发布债权人公告。

第四十六条　申请办理注销登记，应当提交下列材料：

（一）申请书；

（二）依法作出解散、注销的决议或者决定，或者被行政机关吊销营业执照、责令关闭、撤销的文件；

（三）清算报告、负责清理债权债务的文件或者清理债务完结的证明；

（四）税务部门出具的清税证明。

除前款规定外，人民法院指定清算人、破产管理人进行清算的，应当提交人民法院指定证明；合伙企业分支机构申请注销登记，还应当提交全体合伙人签署的注销分支机构决定书。

个体工商户申请注销登记的，无需提交第二项、第三项材料；因合并、分立而申请市场主体注销登记的，无需提交第三项材料。

第四十七条　申请办理简易注销登记，应当提交申请书和全体投资人承诺书。

第四十八条　有下列情形之一的，市场主体不得申请办理简易注销登记：

（一）在经营异常名录或者市场监督管理严重违法失信名单中的；

（二）存在股权（财产份额）被冻结、出质或者动产抵押，或者对其他市场主体存在投资的；

（三）正在被立案调查或者采取行政强制措施，正在诉讼或者仲裁程序中的；

（四）被吊销营业执照、责令关闭、撤销的；

（五）受到罚款等行政处罚尚未执行完毕的；

（六）不符合《条例》第三十三条规定的其他情形。

第四十九条　申请办理简易注销登记，市场主体应当将承诺书及注销登记申请通过国家企业信用信息公示系统公示，公示期为20日。

在公示期内无相关部门、债权人及其他利害关系人提出异议的，市场主体可以于公示期届满之日起20日内向登记机关申请注销登记。

第八章　撤销登记

第五十条　对涉嫌提交虚假材料或者采取其他欺诈手段隐瞒重要事实取得市场主体登记的行为，登记机关可以根据当事人申请或者依职权主动进行调查。

第五十一条　受虚假登记影响的自然人、法人和其他组织，可以向登记机关提出撤销市场主体登记申请。涉嫌冒用自然人身份的虚假登记，被冒用人应当配合登记机关通过线上或者线下途径核验身份信息。

涉嫌虚假登记市场主体的登记机关发生变更的，由现登记机关负责处理撤销登记，原登记机关应当协助进行调查。

第五十二条　登记机关收到申请后，应当在3个工作日内作出是否受理的决定，并书面通知申请人。

有下列情形之一的，登记机关可以不予受理：

（一）涉嫌冒用自然人身份的虚假登记，被冒用人未能通过身份信息核验的；

（二）涉嫌虚假登记的市场主体已注销的，申请撤销注销登记的除外；

（三）其他依法不予受理的情形。

第五十三条　登记机关受理申请后，应当于3个月内完成调查，并及时作出撤销或者不予撤销市场主体登记的决定。情形复杂的，经登记机关负责人批准，可以延长3个月。

在调查期间，相关市场主体和人员无法联系或者拒不配合的，登记机关可以将涉嫌虚假登记市场主体的登记时间、登记事项，以及登记机关联系方式等信息通过国家企业信用信息公示系统向社会公示，公示期45日。相关市场主体及其利害关系人在公示期内没有提出异议的，登记机关可以撤销市场主体登记。

第五十四条　有下列情形之一的，经当事人或者其他利害关系人申请，登记机关可以中止调查：

（一）有证据证明与涉嫌虚假登记相关的民事权利存在争议的；

（二）涉嫌虚假登记的市场主体正在诉讼或者仲裁程序中的；

（三）登记机关收到有关部门出具的书面意见，证明涉嫌虚假登记的市场主体或者其法定代表人、负责人存在违法案件尚未结案，或者尚未履行相关法定义务的。

第五十五条　有下列情形之一的，登记机关可以不予撤销市场主体登记：

（一）撤销市场主体登记可能对社会公共利益造成重大损害；

（二）撤销市场主体登记后无法恢复到登记前的状态；

（三）法律、行政法规规定的其他情形。

第五十六条　登记机关作出撤销登记决定后，应当通过国家企业信用信息公示系统向社会公示。

第五十七条　同一登记包含多个登记事项，其中部分登记事项被认定为虚假，撤销虚假的登记事项不影响市场主体存续的，登记机关可以仅撤销虚假的登记事项。

第五十八条　撤销市场主体备案事项的，参照本章规定执行。

第九章　档案管理

第五十九条　登记机关应当负责建立市场主体登记管理档案，对在登记、备案过程中形成的具有保存价值的文件依法分类，有序收集管理，推动档案电子化、影像化，提供市场主体登记管理档案查询服务。

第六十条　申请查询市场主体登记管理档案，应当按照下列要求提交材料：

（一）公安机关、国家安全机关、检察机关、审判机关、纪检监察机关、审计机关等国家机关进行查询，应当出具本部门公函及查询人员的有效证件；

（二）市场主体查询自身登记管理档案，应当出具授权委托书及查询人员的有效证件；

（三）律师查询与承办法律事务有关市场主体登记管理档案，应当出具执业证书、律师事务所证明以及相关承诺书。

除前款规定情形外，省级以上市场监督管理部门可以结合工作实际，依法对档案查询范围以及提交材料作出规定。

第六十一条　登记管理档案查询内容涉及国家秘密、商业秘密、个人信息的，应当按照有关法律法规规定办理。

第六十二条　市场主体发生住所（主要经营场所、经营场所）迁移的，登记机关应当于3个月内将所有登记管理档案移交迁入地登记机关管理。档案迁出、迁入应当记录备案。

第十章　监督管理

第六十三条　市场主体应当于每年1月1日至6月30日，通过国家企业信用信息公示系统报送上一年度年度报告，并向社会公示。

个体工商户可以通过纸质方式报送年度报告,并自主选择年度报告内容是否向社会公示。

歇业的市场主体应当按时公示年度报告。

第六十四条 市场主体应当将营业执照(含电子营业执照)置于住所(主要经营场所、经营场所)的醒目位置。

从事电子商务经营的市场主体应当在其首页显著位置持续公示营业执照信息或者其链接标识。

营业执照记载的信息发生变更时,市场主体应当于15日内完成对应信息的更新公示。市场主体被吊销营业执照的,登记机关应当将吊销情况标注于电子营业执照中。

第六十五条 登记机关应当对登记注册、行政许可、日常监管、行政执法中的相关信息进行归集,根据市场主体的信用风险状况实施分级分类监管,并强化信用风险分类结果的综合应用。

第六十六条 登记机关应当随机抽取检查对象、随机选派执法检查人员,对市场主体的登记备案事项、公示信息情况等进行抽查,并将抽查检查结果通过国家企业信用信息公示系统向社会公示。必要时可以委托会计师事务所、税务师事务所、律师事务所等专业机构开展审计、验资、咨询等相关工作,依法使用其他政府部门作出的检查、核查结果或者专业机构作出的专业结论。

第六十七条 市场主体被撤销设立登记、吊销营业执照、责令关闭,6个月内未办理清算组公告或者未申请注销登记的,登记机关可以在国家企业信用信息公示系统上对其作出特别标注并予以公示。

第十一章 法 律 责 任

第六十八条 未经设立登记从事一般经营活动的,由登记机关责令改正,没收违法所得;拒不改正的,处1万元以上10万元以下的罚款;情节严重的,依法责令关闭停业,并处10万元以上50万元以下的罚款。

第六十九条 未经设立登记从事许可经营活动或者未依法取得许可从事经营活动的,由法律、法规或者国务院决定规定的部门予以查处;法律、法规或者国务院决定没有规定或者规定不明确的,由省、自治区、直辖市人民政府确定的部门予以查处。

第七十条 市场主体未按照法律、行政法规规定的期限公示或者报送年度报告的，由登记机关列入经营异常名录，可以处 1 万元以下的罚款。

第七十一条 提交虚假材料或者采取其他欺诈手段隐瞒重要事实取得市场主体登记的，由登记机关依法责令改正，没收违法所得，并处 5 万元以上 20 万元以下的罚款；情节严重的，处 20 万元以上 100 万元以下的罚款，吊销营业执照。

明知或者应当知道申请人提交虚假材料或者采取其他欺诈手段隐瞒重要事实进行市场主体登记，仍接受委托代为办理，或者协助其进行虚假登记的，由登记机关没收违法所得，处 10 万元以下的罚款。

虚假市场主体登记的直接责任人自市场主体登记被撤销之日起 3 年内不得再次申请市场主体登记。登记机关应当通过国家企业信用信息公示系统予以公示。

第七十二条 市场主体未按规定办理变更登记的，由登记机关责令改正；拒不改正的，处 1 万元以上 10 万元以下的罚款；情节严重的，吊销营业执照。

第七十三条 市场主体未按规定办理备案的，由登记机关责令改正；拒不改正的，处 5 万元以下的罚款。

依法应当办理受益所有人信息备案的市场主体，未办理备案的，按照前款规定处理。

第七十四条 市场主体未按照本实施细则第四十二条规定公示终止歇业的，由登记机关责令改正；拒不改正的，处 3 万元以下的罚款。

第七十五条 市场主体未按规定将营业执照置于住所（主要经营场所、经营场所）醒目位置的，由登记机关责令改正；拒不改正的，处 3 万元以下的罚款。

电子商务经营者未在首页显著位置持续公示营业执照信息或者相关链接标识的，由登记机关依照《中华人民共和国电子商务法》处罚。

市场主体伪造、涂改、出租、出借、转让营业执照的，由登记机关没收违法所得，处 10 万元以下的罚款；情节严重的，处 10 万元以上 50 万元以下的罚款，吊销营业执照。

第七十六条　利用市场主体登记，牟取非法利益，扰乱市场秩序，危害国家安全、社会公共利益的，法律、行政法规有规定的，依照其规定；法律、行政法规没有规定的，由登记机关处 10 万元以下的罚款。

第七十七条　违反本实施细则规定，登记机关确定罚款幅度时，应当综合考虑市场主体的类型、规模、违法情节等因素。

情节轻微并及时改正，没有造成危害后果的，依法不予行政处罚。初次违法且危害后果轻微并及时改正的，可以不予行政处罚。当事人有证据足以证明没有主观过错的，不予行政处罚。

第十二章　附　　则

第七十八条　本实施细则所指申请人，包括设立登记时的申请人、依法设立后的市场主体。

第七十九条　人民法院办理案件需要登记机关协助执行的，登记机关应当按照人民法院的生效法律文书和协助执行通知书，在法定职责范围内办理协助执行事项。

第八十条　国家市场监督管理总局根据法律、行政法规、国务院决定及本实施细则，制定登记注册前置审批目录、登记材料和文书格式。

第八十一条　法律、行政法规或者国务院决定对登记管理另有规定的，从其规定。

第八十二条　本实施细则自公布之日起施行。1988 年 11 月 3 日原国家工商行政管理局令第 1 号公布的《中华人民共和国企业法人登记管理条例施行细则》，2000 年 1 月 13 日原国家工商行政管理局令第 94 号公布的《个人独资企业登记管理办法》，2011 年 9 月 30 日原国家工商行政管理总局令第 56 号公布的《个体工商户登记管理办法》，2014 年 2 月 20 日原国家工商行政管理总局令第 64 号公布的《公司注册资本登记管理规定》，2015 年 8 月 27 日原国家工商行政管理总局令第 76 号公布的《企业经营范围登记管理规定》同时废止。

企业名称登记管理规定实施办法

(2023年8月29日国家市场监督管理总局令第82号公布 自2023年10月1日起施行)

第一章 总 则

第一条 为了规范企业名称登记管理,保护企业的合法权益,维护社会经济秩序,优化营商环境,根据《企业名称登记管理规定》、《中华人民共和国市场主体登记管理条例》等有关法律、行政法规,制定本办法。

第二条 本办法适用于在中国境内依法需要办理登记的企业,包括公司、非公司企业法人、合伙企业、个人独资企业和上述企业分支机构,以及外国公司分支机构等。

第三条 企业名称登记管理应当遵循依法合规、规范统一、公开透明、便捷高效的原则。

企业名称的申报和使用应当坚持诚实信用,尊重在先合法权利,避免混淆。

第四条 国家市场监督管理总局主管全国企业名称登记管理工作,负责制定企业名称禁限用规则、相同相近比对规则等企业名称登记管理的具体规范;负责建立、管理和维护全国企业名称规范管理系统和国家市场监督管理总局企业名称申报系统。

第五条 各省、自治区、直辖市人民政府市场监督管理部门(以下统称省级企业登记机关)负责建立、管理和维护本行政区域内的企业名称申报系统,并与全国企业名称规范管理系统、国家市场监督管理总局企业名称申报系统对接。

县级以上地方企业登记机关负责本行政区域内的企业名称登记管理工作,处理企业名称争议,规范企业名称登记管理秩序。

第六条 国家市场监督管理总局可以根据工作需要,授权省级企业登记机关从事不含行政区划名称的企业名称登记管理工作，提供高质量的企业名称申报服务。

国家市场监督管理总局建立抽查制度，加强对前款工作的监督检查。

第二章　企业名称规范

第七条　企业名称应当使用规范汉字。

企业需将企业名称译成外文使用的，应当依据相关外文翻译原则进行翻译使用，不得违反法律法规规定。

第八条　企业名称一般应当由行政区划名称、字号、行业或者经营特点、组织形式组成，并依次排列。法律、行政法规和本办法另有规定的除外。

第九条　企业名称中的行政区划名称应当是企业所在地的县级以上地方行政区划名称。

根据商业惯例等实际需要，企业名称中的行政区划名称置于字号之后、组织形式之前的，应当加注括号。

第十条　企业名称中的字号应当具有显著性，由两个以上汉字组成，可以是字、词或者其组合。

县级以上地方行政区划名称、行业或者经营特点用语等具有其他含义，且社会公众可以明确识别，不会认为与地名、行业或者经营特点有特定联系的，可以作为字号或者字号的组成部分。

自然人投资人的姓名可以作为字号。

第十一条　企业名称中的行业或者经营特点用语应当根据企业的主营业务和国民经济行业分类标准确定。国民经济行业分类标准中没有规定的，可以参照行业习惯或者专业文献等表述。

企业为表明主营业务的具体特性，将县级以上地方行政区划名称作为企业名称中的行业或者经营特点的组成部分的，应当参照行业习惯或者有专业文献依据。

第十二条　企业应当依法在名称中标明与组织结构或者责任形式一致的组织形式用语，不得使用可能使公众误以为是其他组织形式的字样。

（一）公司应当在名称中标明"有限责任公司"、"有限公司"或者"股份有限公司"、"股份公司"字样；

（二）合伙企业应当在名称中标明"（普通合伙）"、"（特殊普通合伙）"、"（有限合伙）"字样；

（三）个人独资企业应当在名称中标明"（个人独资）"字样。

第十三条　企业分支机构名称应当冠以其所从属企业的名称，缀以"分公司"、"分厂"、"分店"等字词，并在名称中标明该分支机构的行业和所在地行政区划名称或者地名等，其行业或者所在地行政区划名称与所从属企业一致的，可以不再标明。

第十四条　企业名称冠以"中国"、"中华"、"中央"、"全国"、"国家"等字词的，国家市场监督管理总局应当按照法律法规相关规定从严审核，提出审核意见并报国务院批准。

企业名称中间含有"中国"、"中华"、"全国"、"国家"等字词的，该字词应当是行业限定语。

第十五条　外商投资企业名称中含有"（中国）"字样的，其字号应当与企业的外国投资者名称或者字号翻译内容保持一致，并符合法律法规规定。

第十六条　企业名称应当符合《企业名称登记管理规定》第十一条规定，不得存在下列情形：

（一）使用与国家重大战略政策相关的文字，使公众误认为与国家出资、政府信用等有关联关系；

（二）使用"国家级"、"最高级"、"最佳"等带有误导性的文字；

（三）使用与同行业在先有一定影响的他人名称（包括简称、字号等）相同或者近似的文字；

（四）使用明示或者暗示为非营利性组织的文字；

（五）法律、行政法规和本办法禁止的其他情形。

第十七条　已经登记的企业法人控股3家以上企业法人的，可以在企业名称的组织形式之前使用"集团"或者"（集团）"字样。

企业集团名称应当在企业集团母公司办理变更登记时一并提出。

第十八条　企业集团名称应当与企业集团母公司名称的行政区划名称、字号、行业或者经营特点保持一致。

经企业集团母公司授权的子公司、参股公司，其名称可以冠以企业集团名称。

企业集团母公司应当将企业集团名称以及集团成员信息通过国家企业信用信息公示系统向社会公示。

第十九条 已经登记的企业法人，在 3 个以上省级行政区域内投资设立字号与本企业字号相同且经营 1 年以上的公司，或者符合法律、行政法规、国家市场监督管理总局规定的其他情形，其名称可以不含行政区划名称。

除有投资关系外，前款企业名称应当同时与企业所在地设区的市级行政区域内已经登记的或者在保留期内的同行业企业名称字号不相同。

第二十条 已经登记的跨 5 个以上国民经济行业门类综合经营的企业法人，投资设立 3 个以上与本企业字号相同且经营 1 年以上的公司，同时各公司的行业或者经营特点分别属于国民经济行业不同门类，其名称可以不含行业或者经营特点。除有投资关系外，该企业名称应当同时与企业所在地同一行政区域内已经登记的或者在保留期内的企业名称字号不相同。

前款企业名称不含行政区划名称的，除有投资关系外，还应当同时与企业所在地省级行政区域内已经登记的或者在保留期内的企业名称字号不相同。

第三章　企业名称自主申报服务

第二十一条 企业名称由申请人自主申报。

申请人可以通过企业名称申报系统或者在企业登记机关服务窗口提交有关信息和材料，包括全体投资人确认的企业名称、住所、投资人名称或者姓名等。申请人应当对提交材料的真实性、合法性和有效性负责。

企业名称申报系统对申请人提交的企业名称进行自动比对，依据企业名称禁限用规则、相同相近比对规则等作出禁限用说明或者风险提示。企业名称不含行政区划名称以及属于《企业名称登记管理规定》第十二条规定情形的，申请人应当同时在国家市场监督管理总局企业名称申报系统和企业名称数据库中进行查询、比对和筛选。

第二十二条 申请人根据查询、比对和筛选的结果，选取符合要求的企业名称，并承诺因其企业名称与他人企业名称近似侵犯他人合法权益的，依法承担法律责任。

第二十三条 申报企业名称，不得有下列行为：

（一）不以自行使用为目的，恶意囤积企业名称，占用名称资源等，损害社会公共利益或者妨碍社会公共秩序；

（二）提交虚假材料或者采取其他欺诈手段进行企业名称自主申报；

（三）故意申报与他人在先具有一定影响的名称（包括简称、字号等）近似的企业名称；

（四）故意申报法律、行政法规和本办法禁止的企业名称。

第二十四条 《企业名称登记管理规定》第十七条所称申请人拟定的企业名称中的字号与同行业或者不使用行业、经营特点表述的企业名称中的字号相同的情形包括：

（一）企业名称中的字号相同，行政区划名称、字号、行业或者经营特点、组织形式的排列顺序不同但文字相同；

（二）企业名称中的字号相同，行政区划名称或者组织形式不同，但行业或者经营特点相同；

（三）企业名称中的字号相同，行业或者经营特点表述不同但实质内容相同。

第二十五条 企业登记机关对通过企业名称申报系统提交完成的企业名称予以保留，保留期为2个月。设立企业依法应当报经批准或者企业经营范围中有在登记前须经批准的项目的，保留期为1年。

企业登记机关可以依申请向申请人出具名称保留告知书。

申请人应当在保留期届满前办理企业登记。保留期内的企业名称不得用于经营活动。

第二十六条 企业登记机关在办理企业登记时，发现保留期内的名称不符合企业名称登记管理相关规定的，不予登记并书面说明理由。

第四章 企业名称使用和监督管理

第二十七条 使用企业名称应当遵守法律法规规定，不得以模仿、混淆等方式侵犯他人在先合法权益。

第二十八条 企业的印章、银行账户等所使用的企业名称，应当与其营业执照上的企业名称相同。

法律文书使用企业名称，应当与该企业营业执照上的企业名称相同。

第二十九条 企业名称可以依法转让。企业名称的转让方与受让方应当签订书面合同，依法向企业登记机关办理企业名称变更登记，并由企业登记机关通过国家企业信用信息公示系统向社会公示企业名称转让信息。

第三十条 企业授权使用企业名称的，不得损害他人合法权益。

企业名称的授权方与使用方应当分别将企业名称授权使用信息通过国家企业信用信息公示系统向社会公示。

第三十一条 企业登记机关发现已经登记的企业名称不符合企业名称登记管理相关规定的，应当依法及时纠正，责令企业变更名称。对不立即变更可能严重损害社会公共利益或者产生不良社会影响的企业名称，经企业登记机关主要负责人批准，可以用统一社会信用代码代替。

上级企业登记机关可以纠正下级企业登记机关已经登记的不符合企业名称登记管理相关规定的企业名称。

其他单位或者个人认为已经登记的企业名称不符合企业名称登记管理相关规定的，可以请求企业登记机关予以纠正。

第三十二条 企业应当自收到企业登记机关的纠正决定之日起30日内办理企业名称变更登记。企业名称变更前，由企业登记机关在国家企业信用信息公示系统和电子营业执照中以统一社会信用代码代替其企业名称。

企业逾期未办理变更登记的，企业登记机关将其列入经营异常名录；完成变更登记后，企业可以依法向企业登记机关申请将其移出经营异常名录。

第三十三条 省级企业登记机关在企业名称登记管理工作中发现下列情形，应当及时向国家市场监督管理总局报告，国家市场监督管理总局根据具体情况进行处理：

（一）发现将损害国家利益、社会公共利益，妨害社会公共秩序，或者有其他不良影响的文字作为名称字号申报，需要将相关字词纳入企业名称禁限用管理的；

（二）发现在全国范围内有一定影响的企业名称（包括简称、字号等）被他人擅自使用，误导公众，需要将该企业名称纳入企业名称禁限用管理的；

（三）发现将其他属于《企业名称登记管理规定》第十一条规定禁止情

形的文字作为名称字号申报，需要将相关字词纳入企业名称禁限用管理的；

（四）需要在全国范围内统一争议裁决标准的企业名称争议；

（五）在全国范围内产生重大影响的企业名称登记管理工作；

（六）其他应当报告的情形。

第五章　企业名称争议裁决

第三十四条　企业认为其他企业名称侵犯本企业名称合法权益的，可以向人民法院起诉或者请求为涉嫌侵权企业办理登记的企业登记机关处理。

第三十五条　企业登记机关负责企业名称争议裁决工作，应当根据工作需要依法配备符合条件的裁决人员，为企业名称争议裁决提供保障。

第三十六条　提出企业名称争议申请，应当有具体的请求、事实、理由、法律依据和证据，并提交以下材料：

（一）企业名称争议裁决申请书；

（二）被申请人企业名称侵犯申请人企业名称合法权益的证据材料；

（三）申请人主体资格文件，委托代理的，还应当提交委托书和被委托人主体资格文件或者自然人身份证件；

（四）其他与企业名称争议有关的材料。

第三十七条　企业登记机关应当自收到申请之日起 5 个工作日内对申请材料进行审查，作出是否受理的决定，并书面通知申请人；对申请材料不符合要求的，应当一次性告知申请人需要补正的全部内容。申请人应当自收到补正通知之日起 5 个工作日内补正。

第三十八条　有下列情形之一的，企业登记机关依法不予受理并说明理由：

（一）争议不属于本机关管辖；

（二）无明确的争议事实、理由、法律依据和证据；

（三）申请人未在规定时限内补正，或者申请材料经补正后仍不符合要求；

（四）人民法院已经受理申请人的企业名称争议诉讼请求或者作出裁判；

（五）申请人经调解达成协议后，再以相同的理由提出企业名称争议

申请;

（六）企业登记机关已经作出不予受理申请决定或者已经作出行政裁决后，同一申请人以相同的事实、理由、法律依据针对同一个企业名称再次提出争议申请；

（七）企业名称争议一方或者双方已经注销；

（八）依法不予受理的其他情形。

第三十九条 企业登记机关应当自决定受理之日起5个工作日内将申请书和相关证据材料副本随同答辩告知书发送被申请人。

被申请人应当自收到上述材料之日起10个工作日内提交答辩书和相关证据材料。

企业登记机关应当自收到被申请人提交的材料之日起5个工作日内将其发送给申请人。

被申请人逾期未提交答辩书和相关证据材料的，不影响企业登记机关的裁决。

第四十条 经双方当事人同意，企业登记机关可以对企业名称争议进行调解。

调解达成协议的，企业登记机关应当制作调解书，当事人应当履行。调解不成的，企业登记机关应当自受理之日起3个月内作出行政裁决。

第四十一条 企业登记机关对企业名称争议进行审查时，依法综合考虑以下因素：

（一）争议双方企业的主营业务；

（二）争议双方企业名称的显著性、独创性；

（三）争议双方企业名称的持续使用时间以及相关公众知悉程度；

（四）争议双方在进行企业名称申报时作出的依法承担法律责任的承诺；

（五）争议企业名称是否造成相关公众的混淆误认；

（六）争议企业名称是否利用或者损害他人商誉；

（七）企业登记机关认为应当考虑的其他因素。

企业登记机关必要时可以向有关组织和人员调查了解情况。

第四十二条 企业登记机关经审查，认为当事人构成侵犯他人企业名称合法权益的，应当制作企业名称争议行政裁决书，送达双方当事人，并责令侵权人停止使用被争议企业名称；争议理由不成立的，依法驳回争议申请。

第四十三条 企业被裁决停止使用企业名称的，应当自收到争议裁决之日起30日内办理企业名称变更登记。企业名称变更前，由企业登记机关在国家企业信用信息公示系统和电子营业执照中以统一社会信用代码代替其企业名称。

企业逾期未办理变更登记的，企业登记机关将其列入经营异常名录；完成变更登记后，企业可以依法向企业登记机关申请将其移出经营异常名录。

第四十四条 争议企业名称权利的确定必须以人民法院正在审理或者行政机关正在处理的其他案件结果为依据的，应当中止审查，并告知争议双方。

在企业名称争议裁决期间，就争议企业名称发生诉讼的，当事人应当及时告知企业登记机关。

在企业名称争议裁决期间，企业名称争议一方或者双方注销，或者存在法律法规规定的其他情形的，企业登记机关应当作出终止裁决的决定。

第四十五条 争议裁决作出前，申请人可以书面向企业登记机关要求撤回申请并说明理由。企业登记机关认为可以撤回的，终止争议审查程序，并告知争议双方。

第四十六条 对于事实清楚、争议不大、案情简单的企业名称争议，企业登记机关可以依照有关规定适用简易裁决程序。

第四十七条 当事人对企业名称争议裁决不服的，可以依法申请行政复议或者向人民法院提起诉讼。

第六章 法律责任

第四十八条 申报企业名称，违反本办法第二十三条第（一）、（二）项规定的，由企业登记机关责令改正；拒不改正的，处1万元以上10万元以下的罚款。法律、行政法规另有规定的，依照其规定。

申报企业名称，违反本办法第二十三条第（三）、（四）项规定，严重扰乱企业名称登记管理秩序，产生不良社会影响的，由企业登记机关处1万元以上10万元以下的罚款。

第四十九条 利用企业名称实施不正当竞争等行为的,依照有关法律、行政法规的规定处理。

违反本办法规定,使用企业名称,损害他人合法权益,企业逾期未依法办理变更登记的,由企业登记机关依照《中华人民共和国市场主体登记管理条例》第四十六条规定予以处罚。

第五十条 企业登记机关应当健全内部监督制度,对从事企业名称登记管理工作的人员执行法律法规和遵守纪律的情况加强监督。

从事企业名称登记管理工作的人员应当依法履职,廉洁自律,不得从事相关代理业务或者违反规定从事、参与营利性活动。

企业登记机关对不符合规定的企业名称予以登记,或者对符合规定的企业名称不予登记的,对直接负责的主管人员和其他直接责任人员,依法给予行政处分。

第五十一条 从事企业名称登记管理工作的人员滥用职权、玩忽职守、徇私舞弊,牟取不正当利益的,应当依照有关规定将相关线索移送纪检监察机关处理;构成犯罪的,依法追究刑事责任。

第七章 附 则

第五十二条 本办法所称的企业集团,由其母公司、子公司、参股公司以及其他成员单位组成。母公司是依法登记注册,取得企业法人资格的控股企业;子公司是母公司拥有全部股权或者控股权的企业法人;参股公司是母公司拥有部分股权但是没有控股权的企业法人。

第五十三条 个体工商户和农民专业合作社的名称登记管理,参照本办法执行。

个体工商户使用名称的,应当在名称中标明"(个体工商户)"字样,其名称中的行政区划名称应当是其所在地县级行政区划名称,可以缀以个体工商户所在地的乡镇、街道或者行政村、社区、市场等名称。

农民专业合作社(联合社)应当在名称中标明"专业合作社"或者"专业合作社联合社"字样。

第五十四条 省级企业登记机关可以根据本行政区域实际情况,按照本办法对本行政区域内企业、个体工商户、农民专业合作社的违规名称纠正、名称争议裁决等名称登记管理工作制定实施细则。

第五十五条 本办法自 2023 年 10 月 1 日起施行。2004 年 6 月 14 日原国家工商行政管理总局令第 10 号公布的《企业名称登记管理实施办法》、2008 年 12 月 31 日原国家工商行政管理总局令第 38 号公布的《个体工商户名称登记管理办法》同时废止。

企业标准化促进办法

(2023年8月31日国家市场监督管理总局令第83号公布　自2024年1月1日起施行)

第一条　为了引导企业加强标准化工作，提升企业标准化水平，提高产品和服务质量，推动高质量发展，根据《中华人民共和国标准化法》，制定本办法。

第二条　企业标准的制定、公开以及企业标准化的促进、服务及其监督管理等工作，适用本办法。

第三条　企业标准是企业对企业范围内需要协调、统一的技术要求、管理要求和工作要求所制定的标准。

第四条　企业标准化工作应当坚持政府引导、企业主体、创新驱动、质量提升的原则。

第五条　企业标准化工作的基本任务是执行标准化法律、法规和标准化纲要、规划、政策；实施和参与制定国家标准、行业标准、地方标准和团体标准，反馈标准实施信息；制定和实施企业标准；完善企业标准体系，引导员工自觉参与执行标准，对标准执行情况进行内部监督，持续改进标准的实施及相关标准化技术活动等。

鼓励企业建立健全标准化工作制度，配备专兼职标准化人员，在生产、经营和管理中推广应用标准化方法，开展标准化宣传培训，提升标准化能力，参与国际标准制定。

第六条　县级以上人民政府标准化行政主管部门、有关行政主管部门应当按照职责分工，加强对企业标准化工作的指导和监督，完善政策措施，形成合力推进的工作机制。

第七条　企业应当依据标准生产产品和提供服务。

强制性标准必须执行，企业不得生产、销售、进口或者提供不符合强制性标准的产品、服务。鼓励企业执行推荐性标准。

企业生产产品和提供服务没有相关标准的，应当制定企业标准。

第八条 制定企业标准应当符合法律法规和强制性标准要求。

制定企业标准应当有利于提高经济效益、社会效益、质量效益和生态效益，做到技术上先进、经济上合理。

鼓励企业对标国际标准和国内外先进标准，基于创新技术成果和良好实践经验，制定高于推荐性标准相关技术要求的企业标准，支撑产品质量和服务水平提升。

第九条 企业标准制定程序一般包括立项、起草、征求意见、审查、批准发布、复审、废止。

第十条 企业在制定标准时，需要参考或者引用材料的，应当符合国家关于知识产权的有关规定。

参考或者引用国际标准和国内外标准的，应当符合版权的有关规定。

第十一条 鼓励企业整合产业链、供应链、创新链资源，联合制定企业标准。

第十二条 企业制定的产品或者服务标准应当明确试验方法、检验方法或者评价方法。

试验方法、检验方法或者评价方法应当引用相应国家标准、行业标准或者国际标准。没有相应标准的，企业可以自行制定试验方法、检验方法或者评价方法。企业自行制定的试验方法、检验方法或者评价方法，应当科学合理、准确可靠。

第十三条 企业提供产品或者服务所执行的企业标准应当按照统一的规则进行编号。企业标准的编号依次由企业标准代号、企业代号、顺序号、年份号组成。

企业标准代号为"Q"，企业代号可以用汉语拼音字母或者阿拉伯数字或者两者兼用组成。

与其他企业联合制定的企业标准，以企业标准形式各自编号、发布。

第十四条 国家实行企业标准自我声明公开和监督制度。企业应当公开其提供产品或者服务所执行的强制性标准、推荐性标准、团体标准或者企业标准的编号和名称。

企业执行自行制定或者联合制定企业标准的，应当公开产品、服务的功能指标和产品的性能指标及对应的试验方法、检验方法或者评价方法。法律、法规、强制性国家标准对限制商品过度包装另有规定的，企业应当按照有关规定公开其采用的包装标准。

企业公开的功能指标和性能指标项目少于或者低于推荐性标准的，应当在自我声明公开时进行明示。

企业生产的产品、提供的服务，应当符合企业公开标准的技术要求。

第十五条　企业应当在提供产品或者服务前，完成执行标准信息的自我声明公开。委托加工生产产品或者提供服务的，由委托方完成执行标准信息的自我声明公开。

企业执行标准发生变化时，应当及时对自我声明公开的内容进行更新。企业办理注销登记后，应当对有关企业标准予以废止。

第十六条　鼓励企业通过国家统一的企业标准信息公共服务平台进行自我声明公开。

通过其他渠道进行自我声明公开的，应当在国家统一的企业标准信息公共服务平台明示公开渠道，并确保自我声明公开的信息可获取、可追溯和防篡改。

第十七条　国家建立标准创新型企业制度。鼓励企业构建技术、专利、标准联动创新体系。

第十八条　县级以上人民政府标准化行政主管部门、有关行政主管部门应当支持企业参加专业标准化技术组织，鼓励企业参与制定国家标准、行业标准、地方标准或者团体标准。

第十九条　国家鼓励企业开展标准实施效果评价，向国家标准、行业标准、地方标准、团体标准的制定机构反馈标准实施信息。

企业研制新产品、改进产品，进行技术改造的，应当对其制定的相关企业标准进行评估和更新。

第二十条　县级以上人民政府标准化行政主管部门、有关行政主管部门应当支持企业开展标准化试点示范项目建设，鼓励企业标准化良好行为创建，树立行业发展标杆。

第二十一条　国家实施企业标准"领跑者"制度，推动拥有自主创新技术、先进技术、取得良好实施效益的企业标准成为行业的"领跑者"。

第二十二条　国家实施标准融资增信制度。鼓励社会资本以市场化方式建立支持企业标准创新的专项基金，鼓励和支持金融机构给予标准化水平高的企业信贷支持，支持符合条件的企业开展标准交易、标准质押等活动。

第二十三条　国家鼓励企业对照国际标准和国外先进标准，持续开展对标达标活动，提高企业质量竞争水平。

第二十四条　县级以上人民政府标准化行政主管部门、有关行政主管部门应当支持企业参与国际标准化交流与合作，鼓励企业参加国际标准组织技术机构工作、参与国际标准制定。

第二十五条　国家鼓励企业、高等学校、科研机构和社会团体等开展标准化专业技术服务工作，提升标准化服务的社会化、市场化水平，服务企业标准化工作。

第二十六条　国家鼓励高等学校、科研机构等单位开设标准化课程或者专业，加强企业标准化人才教育。

县级以上人民政府标准化行政主管部门、有关行政主管部门应当引导企业完善标准化人才培养机制。

第二十七条　县级以上人民政府标准化行政主管部门、有关行政主管部门按照有关规定加大对具有自主创新技术、起到引领示范作用、产生明显经济社会效益的企业标准奖励力度。支持将先进企业标准纳入科学技术奖励范围。

对在标准化工作中做出显著成绩的企业和个人，按照有关规定给予表彰和奖励。

第二十八条　县级以上人民政府标准化行政主管部门、有关行政主管部门以"双随机、一公开"监管方式，依法对企业提供产品或者服务所执行的标准进行监督检查。对于特殊重点领域可以开展专项监督检查。

第二十九条　企业在监督检查中拒绝提供信息或者提供不实信息的，责令改正；拒不改正的，由县级以上人民政府标准化行政主管部门进行通报或者公告。

第三十条　企业未公开其提供产品和服务执行标准的，由县级以上人民政府标准化行政主管部门责令限期改正；逾期不改正的，在企业标准信息公共服务平台上公示。

第三十一条　企业制定的企业标准不符合本办法第八条第一款、第八条第二款、第十二条规定的，由县级以上人民政府标准化行政主管部门责令限期改正；逾期不改正的，由省级以上人民政府标准化行政主管部门废止该企业标准，在企业标准信息公共服务平台上公示。

第三十二条　企业制定的企业标准不符合本办法第十三条规定的，由县级以上人民政府标准化行政主管部门责令限期改正；逾期不改正的，由省级以上人民政府标准化行政主管部门撤销相关标准编号，并在企业标准信息公共服务平台上公示。

第三十三条　企业自我声明公开不符合本办法第十四条、第十五条、第十六条规定的，由县级以上人民政府标准化行政主管部门责令限期改正；逾期不改正的，在企业标准信息公共服务平台上公示。

第三十四条　企业在开展标准制定、自我声明公开等工作中存在本办法规定的其他违法行为的，依据法律、行政法规的有关规定处理。法律、行政法规没有规定的，县级以上人民政府标准化行政主管部门可以通过发送警示函、约谈等方式，督促其改正；逾期不改正的，在企业标准信息公共服务平台上公示。

第三十五条　法律、行政法规对企业标准化工作另有规定的，从其规定。

第三十六条　本办法自 2024 年 1 月 1 日起施行。1990 年 8 月 24 日原国家技术监督局令第 13 号公布的《企业标准化管理办法》同时废止。

公司债券发行与交易管理办法

(2023年10月20日中国证券监督管理委员会令第222号公布 自公布之日起施行)

第一章 总 则

第一条 为了规范公司债券(含企业债券)的发行、交易或转让行为,保护投资者的合法权益和社会公共利益,根据《证券法》《公司法》和其他相关法律法规,制定本办法。

第二条 在中华人民共和国境内,公开发行公司债券并在证券交易所、全国中小企业股份转让系统交易,非公开发行公司债券并在证券交易所、全国中小企业股份转让系统、证券公司柜台转让的,适用本办法。法律法规和中国证券监督管理委员会(以下简称中国证监会)另有规定的,从其规定。

本办法所称公司债券,是指公司依照法定程序发行、约定在一定期限还本付息的有价证券。

第三条 公司债券可以公开发行,也可以非公开发行。

第四条 发行人及其他信息披露义务人应当及时、公平地履行披露义务,所披露或者报送的信息必须真实、准确、完整,简明清晰,通俗易懂,不得有虚假记载、误导性陈述或者重大遗漏。

第五条 发行人及其控股股东、实际控制人、董事、监事、高级管理人员应当诚实守信、勤勉尽责,维护债券持有人享有的法定权利和债券募集说明书约定的权利。

发行人及其控股股东、实际控制人、董事、监事、高级管理人员不得怠于履行偿债义务或者通过财产转移、关联交易等方式逃废债务,故意损害债券持有人权益。

第六条 为公司债券发行提供服务的承销机构、受托管理人,以及资信评级机构、会计师事务所、资产评估机构、律师事务所等专业机构和人员应当勤勉尽责，严格遵守执业规范和监管规则，按规定和约定履行义务。

发行人及其控股股东、实际控制人应当全面配合承销机构、受托管理人、证券服务机构的相关工作，及时提供资料，并确保内容真实、准确、完整。

第七条 发行人、承销机构及其相关工作人员在发行定价和配售过程中，不得有违反公平竞争、进行利益输送、直接或间接谋取不正当利益以及其他破坏市场秩序的行为。

第八条 中国证监会对公司债券发行的注册，证券交易所对公司债券发行出具的审核意见，或者中国证券业协会按照本办法对公司债券发行的报备，不表明其对发行人的经营风险、偿债风险、诉讼风险以及公司债券的投资风险或收益等作出判断或者保证。公司债券的投资风险，由投资者自行承担。

第九条 中国证监会依法对公司债券的发行及其交易或转让活动进行监督管理。证券自律组织依照相关规定对公司债券的发行、上市交易或挂牌转让、登记结算、承销、尽职调查、信用评级、受托管理及增信等进行自律管理。

证券自律组织应当制定相关业务规则，明确公司债券发行、承销、报备、上市交易或挂牌转让、信息披露、登记结算、投资者适当性管理、持有人会议及受托管理等具体规定，报中国证监会批准或备案。

第二章 发行和交易转让的一般规定

第十条 发行公司债券，发行人应当依照《公司法》或者公司章程相关规定对以下事项作出决议：

（一）发行债券的金额；

（二）发行方式；

（三）债券期限；

（四）募集资金的用途；

（五）其他按照法律法规及公司章程规定需要明确的事项。

发行公司债券，如果对增信机制、偿债保障措施作出安排的，也应当在决议事项中载明。

第十一条 发行公司债券，可以附认股权、可转换成相关股票等条款。

上市公司、股票公开转让的非上市公众公司股东可以发行附可交换成上市公司或非上市公众公司股票条款的公司债券。商业银行等金融机构可以按照有关规定发行公司债券补充资本。上市公司发行附认股权、可转换成股票条款的公司债券，应当符合上市公司证券发行管理的相关规定。股票公开转让的非上市公众公司发行附认股权、可转换成股票条款的公司债券，由中国证监会另行规定。

第十二条 根据财产状况、金融资产状况、投资知识和经验、专业能力等因素，公司债券投资者可以分为普通投资者和专业投资者。专业投资者的标准按照中国证监会的相关规定执行。

证券自律组织可以在中国证监会相关规定的基础上，设定更为严格的投资者适当性要求。

发行人的董事、监事、高级管理人员及持股比例超过百分之五的股东，可视同专业投资者参与发行人相关公司债券的认购或交易、转让。

第十三条 公开发行公司债券筹集的资金，必须按照公司债券募集说明书所列资金用途使用；改变资金用途，必须经债券持有人会议作出决议。非公开发行公司债券，募集资金应当用于约定的用途；改变资金用途，应当履行募集说明书约定的程序。

鼓励公开发行公司债券的募集资金投向符合国家宏观调控政策和产业政策的项目建设。

公开发行公司债券筹集的资金，不得用于弥补亏损和非生产性支出。发行人应当指定专项账户，用于公司债券募集资金的接收、存储、划转。

第三章 公开发行及交易

第一节 注册规定

第十四条 公开发行公司债券，应当符合下列条件：
（一）具备健全且运行良好的组织机构；
（二）最近三年平均可分配利润足以支付公司债券一年的利息；
（三）具有合理的资产负债结构和正常的现金流量；

（四）国务院规定的其他条件。

公开发行公司债券，由证券交易所负责受理、审核，并报中国证监会注册。

第十五条 存在下列情形之一的，不得再次公开发行公司债券：

（一）对已公开发行的公司债券或者其他债务有违约或者延迟支付本息的事实，仍处于继续状态；

（二）违反《证券法》规定，改变公开发行公司债券所募资金用途。

第十六条 资信状况符合以下标准的公开发行公司债券，专业投资者和普通投资者可以参与认购：

（一）发行人最近三年无债务违约或者延迟支付本息的事实；

（二）发行人最近三年平均可分配利润不少于债券一年利息的1.5倍；

（三）发行人最近一期末净资产规模不少于250亿元；

（四）发行人最近36个月内累计公开发行债券不少于3期，发行规模不少于100亿元；

（五）中国证监会根据投资者保护的需要规定的其他条件。

未达到前款规定标准的公开发行公司债券，仅限于专业投资者参与认购。

第二节 注册程序

第十七条 发行人公开发行公司债券，应当按照中国证监会有关规定制作注册申请文件，由发行人向证券交易所申报。证券交易所收到注册申请文件后，在五个工作日内作出是否受理的决定。

第十八条 自注册申请文件受理之日起，发行人及其控股股东、实际控制人、董事、监事、高级管理人员，以及与本次债券公开发行并上市相关的主承销商、证券服务机构及相关责任人员，即承担相应法律责任。

第十九条 注册申请文件受理后，未经中国证监会或者证券交易所同意，不得改动。

发生重大事项的，发行人、主承销商、证券服务机构应当及时向证券交易所报告，并按要求更新注册申请文件和信息披露资料。

第二十条 证券交易所负责审核发行人公开发行公司债券并上市申请。

证券交易所主要通过向发行人提出审核问询、发行人回答问题方式开展审核工作，判断发行人是否符合发行条件、上市条件和信息披露要求。

第二十一条 证券交易所按照规定的条件和程序，提出审核意见。认为发行人符合发行条件和信息披露要求的，将审核意见、注册申请文件及相关审核资料报送中国证监会履行发行注册程序。认为发行人不符合发行条件或信息披露要求的，作出终止发行上市审核决定。

第二十二条 证券交易所应当建立健全审核机制，强化质量控制，提高审核工作透明度，公开审核工作相关事项，接受社会监督。

证券交易所在审核中发现申报文件涉嫌虚假记载、误导性陈述或者重大遗漏的，可以对发行人进行现场检查，对相关主承销商、证券服务机构执业质量开展延伸检查。

第二十三条 中国证监会收到证券交易所报送的审核意见、发行人注册申请文件及相关审核资料后，履行发行注册程序。中国证监会认为存在需要进一步说明或者落实事项的，可以问询或要求证券交易所进一步问询。

中国证监会认为证券交易所的审核意见依据不充分的，可以退回证券交易所补充审核。

第二十四条 证券交易所应当自受理注册申请文件之日起二个月内出具审核意见，中国证监会应当自证券交易所受理注册申请文件之日起三个月内作出同意注册或者不予注册的决定。发行人根据中国证监会、证券交易所要求补充、修改注册申请文件的时间不计算在内。

第二十五条 公开发行公司债券，可以申请一次注册，分期发行。中国证监会同意注册的决定自作出之日起两年内有效，发行人应当在注册决定有效期内发行公司债券，并自主选择发行时点。

公开发行公司债券的募集说明书自最后签署之日起六个月内有效。发行人应当及时更新债券募集说明书等公司债券发行文件，并在每期发行前报证券交易所备案。

第二十六条 中国证监会作出注册决定后，主承销商及证券服务机构应当持续履行尽职调查职责；发生重大事项的，发行人、主承销商、证券服务机构应当及时向证券交易所报告。

证券交易所应当对上述事项及时处理，发现发行人存在重大事项影响发行条件、上市条件的，应当出具明确意见并及时向中国证监会报告。

第二十七条 中国证监会作出注册决定后、发行人公司债券上市前，发现可能影响本次发行的重大事项的，中国证监会可以要求发行人暂缓或者暂停发行、上市；相关重大事项导致发行人不符合发行条件的，可以撤销注册。

中国证监会撤销注册后，公司债券尚未发行的，发行人应当停止发行；公司债券已经发行尚未上市的，发行人应当按照发行价并加算银行同期存款利息返还债券持有人。

第二十八条 中国证监会应当按规定公开公司债券发行注册行政许可事项相关的监管信息。

第二十九条 存在下列情形之一的，发行人、主承销商、证券服务机构应当及时书面报告证券交易所或者中国证监会，证券交易所或者中国证监会应当中止相应发行上市审核程序或者发行注册程序：

（一）发行人因涉嫌违法违规被行政机关调查，或者被司法机关侦查，尚未结案，对其公开发行公司债券行政许可影响重大；

（二）发行人的主承销商，以及律师事务所、会计师事务所、资信评级机构等证券服务机构被中国证监会依法采取限制业务活动、责令停业整顿、指定其他机构托管、接管等监管措施，或者被证券交易所实施一定期限内不接受其出具的相关文件的纪律处分，尚未解除；

（三）发行人的主承销商，以及律师事务所、会计师事务所、资信评级机构等证券服务机构签字人员被中国证监会依法采取限制从事证券服务业务等监管措施或者证券市场禁入的措施，或者被证券交易所实施一定期限内不接受其出具的相关文件的纪律处分，尚未解除；

（四）发行人或主承销商主动要求中止发行上市审核程序或者发行注册程序，理由正当且经证券交易所或者中国证监会批准；

（五）中国证监会或证券交易所规定的其他情形。

中国证监会、证券交易所根据发行人、主承销商申请，决定中止审核的，待相关情形消失后，发行人、主承销商可以向中国证监会、证券交易所申请恢复审核。中国证监会、证券交易所依据相关规定中止审核的，待相关情形消失后，中国证监会、证券交易所按规定恢复审核。

第三十条 存在下列情形之一的，证券交易所或者中国证监会应当终止相应发行上市审核程序或者发行注册程序，并向发行人说明理由：

（一）发行人主动要求撤回申请或主承销商申请撤回所出具的核查意见；

（二）发行人未在要求的期限内对注册申请文件作出解释说明或者补充、修改；

（三）注册申请文件存在虚假记载、误导性陈述或重大遗漏；

（四）发行人阻碍或者拒绝中国证监会、证券交易所依法对发行人实施检查、核查；

（五）发行人及其关联方以不正当手段严重干扰发行上市审核或者发行注册工作；

（六）发行人法人资格终止；

（七）发行人注册申请文件内容存在重大缺陷，严重影响投资者理解和发行上市审核或者发行注册工作；

（八）发行人中止发行上市审核程序超过证券交易所规定的时限或者中止发行注册程序超过六个月仍未恢复；

（九）证券交易所认为发行人不符合发行条件或信息披露要求；

（十）中国证监会或证券交易所规定的其他情形。

第三节 交 易

第三十一条 公开发行的公司债券，应当在证券交易场所交易。

公开发行公司债券并在证券交易场所交易的，应当符合证券交易场所规定的上市、挂牌条件。

第三十二条 证券交易场所应当对公开发行公司债券的上市交易实施分类管理，实行差异化的交易机制，建立相应的投资者适当性管理制度，健全风险控制机制。证券交易场所应当根据债券资信状况的变化及时调整交易机制和投资者适当性安排。

第三十三条 公开发行公司债券申请上市交易的，应当在发行前根据证券交易场所的相关规则，明确交易机制和交易环节投资者适当性安排。发行环节和交易环节的投资者适当性要求应当保持一致。

第四章 非公开发行及转让

第三十四条 非公开发行的公司债券应当向专业投资者发行，不得采用广告、公开劝诱和变相公开方式，每次发行对象不得超过二百人。

第三十五条　承销机构应当按照中国证监会、证券自律组织规定的投资者适当性制度，了解和评估投资者对非公开发行公司债券的风险识别和承担能力，确认参与非公开发行公司债券认购的投资者为专业投资者，并充分揭示风险。

第三十六条　非公开发行公司债券，承销机构或依照本办法第三十九条规定自行销售的发行人应当在每次发行完成后五个工作日内向中国证券业协会报备。

中国证券业协会在材料齐备时应当及时予以报备。报备不代表中国证券业协会实行合规性审查，不构成市场准入，也不豁免相关主体的违规责任。

第三十七条　非公开发行公司债券，可以申请在证券交易场所、证券公司柜台转让。

非公开发行公司债券并在证券交易场所转让的，应当遵守证券交易场所制定的业务规则，并经证券交易场所同意。

非公开发行公司债券并在证券公司柜台转让的，应当符合中国证监会的相关规定。

第三十八条　非公开发行的公司债券仅限于专业投资者范围内转让。转让后，持有同次发行债券的投资者合计不得超过二百人。

第五章　发行与承销管理

第三十九条　发行公司债券应当依法由具有证券承销业务资格的证券公司承销。

取得证券承销业务资格的证券公司、中国证券金融股份有限公司非公开发行公司债券可以自行销售。

第四十条　承销机构承销公司债券，应当依据本办法以及中国证监会、中国证券业协会有关风险管理和内部控制等相关规定，制定严格的风险管理和内部控制制度，明确操作规程，保证人员配备，加强定价和配售等过程管理，有效控制业务风险。

承销机构应当建立健全内部问责机制，相关业务人员因违反公司债券相关规定被采取自律监管措施、自律处分、行政监管措施、市场禁入措施、行政处罚、刑事处罚等的，承销机构应当进行内部问责。

承销机构应当制定合理的薪酬考核体系，不得以业务包干等承包方式开展公司债券承销业务，或者以其他形式实施过度激励。

承销机构应当综合评估项目执行成本与风险责任，合理确定报价，不得以明显低于行业定价水平等不正当竞争方式招揽业务。

第四十一条 主承销商应当遵守业务规则和行业规范，诚实守信、勤勉尽责、保持合理怀疑，按照合理性、必要性和重要性原则，对公司债券发行文件的真实性、准确性和完整性进行审慎核查，并有合理谨慎的理由确信发行文件披露的信息不存在虚假记载、误导性陈述或者重大遗漏。

主承销商对公司债券发行文件中证券服务机构出具专业意见的重要内容存在合理怀疑的，应当履行审慎核查和必要的调查、复核工作，排除合理怀疑。证券服务机构应当配合主承销商的相关核查工作。

第四十二条 承销机构承销公司债券，应当依照《证券法》相关规定采用包销或者代销方式。

第四十三条 发行人和主承销商应当签订承销协议，在承销协议中界定双方的权利义务关系，约定明确的承销基数。采用包销方式的，应当明确包销责任。组成承销团的承销机构应当签订承销团协议，由主承销商负责组织承销工作。公司债券发行由两家以上承销机构联合主承销的，所有担任主承销商的承销机构应当共同承担主承销责任，履行相关义务。承销团由三家以上承销机构组成的，可以设副主承销商，协助主承销商组织承销活动。承销团成员应当按照承销团协议及承销协议的约定进行承销活动，不得进行虚假承销。

第四十四条 公司债券公开发行的价格或利率以询价或公开招标等市场化方式确定。发行人和主承销商应当协商确定公开发行的定价与配售方案并予公告，明确价格或利率确定原则、发行定价流程和配售规则等内容。

第四十五条 发行人及其控股股东、实际控制人、董事、监事、高级管理人员和承销机构不得操纵发行定价、暗箱操作；不得以代持、信托等方式谋取不正当利益或向其他相关利益主体输送利益；不得直接或通过其利益相关方向参与认购的投资者提供财务资助；不得有其他违反公平竞争、破坏市场秩序等行为。

发行人不得在发行环节直接或间接认购其发行的公司债券。发行人的董事、监事、高级管理人员、持股比例超过百分之五的股东及其他关联方认购或交易、转让其发行的公司债券的，应当披露相关情况。

第四十六条 公开发行公司债券的，发行人和主承销商应当聘请律师事务所对发行过程、配售行为、参与认购的投资者资质条件、资金划拨等事项进行见证，并出具专项法律意见书。公开发行的公司债券上市后十个工作日内，主承销商应当将专项法律意见、承销总结报告等文件一并报证券交易场所。

第四十七条 发行人和承销机构在推介过程中不得夸大宣传，或以虚假广告等不正当手段诱导、误导投资者，不得披露除债券募集说明书等信息以外的发行人其他信息。承销机构应当保留推介、定价、配售等承销过程中的相关资料，并按相关法律法规规定存档备查，包括推介宣传材料、路演现场录音等，如实、全面反映询价、定价和配售过程。相关推介、定价、配售等的备查资料应当按中国证券业协会的规定制作并妥善保管。

第四十八条 中国证券业协会应当制定非公开发行公司债券承销业务的风险控制管理规定，根据市场风险状况对承销业务范围进行限制并动态调整。

第四十九条 债券募集说明书及其他信息披露文件所引用的审计报告、法律意见书、评级报告及资产评估报告等，应当由符合《证券法》规定的证券服务机构出具。

证券服务机构应当严格遵守法律法规、中国证监会制定的监管规则、执业准则、职业道德守则、证券交易场所制定的业务规则及其他相关规定，建立并保持有效的质量控制体系、独立性管理和投资者保护机制，审慎履行职责，作出专业判断与认定，并对募集说明书或者其他信息披露文件中与其专业职责有关的内容及其出具的文件的真实性、准确性、完整性负责。

证券服务机构及其相关执业人员应当对与本专业相关的业务事项履行特别注意义务，对其他业务事项履行普通注意义务，并承担相应法律责任。

证券服务机构及其执业人员从事证券服务业务应当配合中国证监会的监督管理，在规定的期限内提供、报送或披露相关资料、信息，并保证其提供、报送或披露的资料、信息真实、准确、完整，不得有虚假记载、误导性陈述或者重大遗漏。

证券服务机构应当妥善保存客户委托文件、核查和验证资料、工作底稿以及与质量控制、内部管理、业务经营有关的信息和资料。

第六章 信息披露

第五十条 发行人及其他信息披露义务人应当按照中国证监会及证券自律组织的相关规定履行信息披露义务。

第五十一条 公司债券上市交易的发行人应当按照中国证监会、证券交易所的规定及时披露债券募集说明书，并在债券存续期内披露中期报告和经符合《证券法》规定的会计师事务所审计的年度报告。非公开发行公司债券的发行人信息披露的时点、内容，应当按照募集说明书的约定及证券交易场所的规定履行。

发行人及其控股股东、实际控制人、董事、监事、高级管理人员等作出公开承诺的，应当在募集说明书等文件中披露。

第五十二条 公司债券募集资金的用途应当在债券募集说明书中披露。发行人应当在定期报告中披露公开发行公司债券募集资金的使用情况、募投项目进展情况（如涉及）。非公开发行公司债券的，应当在债券募集说明书中约定募集资金使用情况的披露事宜。

第五十三条 发行人的董事、高级管理人员应当对公司债券发行文件和定期报告签署书面确认意见。

发行人的监事会应当对董事会编制的公司债券发行文件和定期报告进行审核并提出书面审核意见。监事应当签署书面确认意见。

发行人的董事、监事和高级管理人员应当保证发行人及时、公平地披露信息，所披露的信息真实、准确、完整。

董事、监事和高级管理人员无法保证公司债券发行文件和定期报告内容的真实性、准确性、完整性或者有异议的，应当在书面确认意见中发表意见并陈述理由，发行人应当披露。发行人不予披露的，董事、监事和高级管理人员可以直接申请披露。

第五十四条 发生可能对上市交易公司债券的交易价格产生较大影响的

重大事件，投资者尚未得知时，发行人应当立即将有关该重大事件的情况向中国证监会、证券交易场所报送临时报告，并予公告，说明事件的起因、目前的状态和可能产生的法律后果。

前款所称重大事件包括：

（一）公司股权结构或者生产经营状况发生重大变化；

（二）公司债券信用评级发生变化；

（三）公司重大资产抵押、质押、出售、转让、报废；

（四）公司发生未能清偿到期债务的情况；

（五）公司新增借款或者对外提供担保超过上年末净资产的百分之二十；

（六）公司放弃债权或者财产超过上年末净资产的百分之十；

（七）公司发生超过上年末净资产百分之十的重大损失；

（八）公司分配股利，作出减资、合并、分立、解散及申请破产的决定，或者依法进入破产程序、被责令关闭；

（九）涉及公司的重大诉讼、仲裁；

（十）公司涉嫌犯罪被依法立案调查，公司的控股股东、实际控制人、董事、监事、高级管理人员涉嫌犯罪被依法采取强制措施；

（十一）募投项目情况发生重大变化，可能影响募集资金投入和使用计划，或者导致项目预期运营收益实现存在较大不确定性；

（十二）中国证监会规定的其他事项。

发行人的控股股东或者实际控制人对重大事件的发生、进展产生较大影响的，应当及时将其知悉的有关情况书面告知发行人，并配合发行人履行信息披露义务。

第五十五条 资信评级机构为公开发行公司债券进行信用评级的，应当符合以下规定或约定：

（一）将评级信息告知发行人，并及时向市场公布首次评级报告、定期和不定期跟踪评级报告；

（二）公司债券的期限为一年以上的，在债券有效存续期间，应当每年至少向市场公布一次定期跟踪评级报告；

（三）应充分关注可能影响评级对象信用等级的所有重大因素，及时向市场公布信用等级调整及其他与评级相关的信息变动情况，并向证券交易场所报告。

第五十六条 公开发行公司债券的发行人及其他信息披露义务人应当将披露的信息刊登在其证券交易场所的互联网网站和符合中国证监会规定条件的媒体，同时将其置备于公司住所、证券交易场所，供社会公众查阅。

第七章 债券持有人权益保护

第五十七条 公开发行公司债券的，发行人应当为债券持有人聘请债券受托管理人，并订立债券受托管理协议；非公开发行公司债券的，发行人应当在募集说明书中约定债券受托管理事项。在债券存续期限内，由债券受托管理人按照规定或协议的约定维护债券持有人的利益。

发行人应当在债券募集说明书中约定，投资者认购或持有本期公司债券视作同意债券受托管理协议、债券持有人会议规则及债券募集说明书中其他有关发行人、债券持有人权利义务的相关约定。

第五十八条 债券受托管理人由本次发行的承销机构或其他经中国证监会认可的机构担任。债券受托管理人应当为中国证券业协会会员。为本次发行提供担保的机构不得担任本次债券发行的受托管理人。债券受托管理人应当勤勉尽责，公正履行受托管理职责，不得损害债券持有人利益。对于债券受托管理人在履行受托管理职责时可能存在的利益冲突情形及相关风险防范、解决机制，发行人应当在债券募集说明书及债券存续期间的信息披露文件中予以充分披露，并同时在债券受托管理协议中载明。

第五十九条 公开发行公司债券的受托管理人应当按规定或约定履行下列职责：

（一）持续关注发行人和保证人的资信状况、担保物状况、增信措施及偿债保障措施的实施情况，出现可能影响债券持有人重大权益的事项时，召集债券持有人会议；

（二）在债券存续期内监督发行人募集资金的使用情况；

（三）对发行人的偿债能力和增信措施的有效性进行全面调查和持续关注，并至少每年向市场公告一次受托管理事务报告；

（四）在债券存续期内持续督导发行人履行信息披露义务；

（五）预计发行人不能偿还债务时，要求发行人追加担保，并可以依法申请法定机关采取财产保全措施；

（六）在债券存续期内勤勉处理债券持有人与发行人之间的谈判或者诉讼事务；

（七）发行人为债券设定担保的，债券受托管理人应在债券发行前或债券募集说明书约定的时间内取得担保的权利证明或其他有关文件，并在增信措施有效期内妥善保管；

（八）发行人不能按期兑付债券本息或出现募集说明书约定的其他违约事件的，可以接受全部或部分债券持有人的委托，以自己名义代表债券持有人提起、参加民事诉讼或者破产等法律程序，或者代表债券持有人申请处置抵质押物。

第六十条　非公开发行公司债券的，债券受托管理人应当按照债券受托管理协议的约定履行职责。

第六十一条　受托管理人为履行受托管理职责，有权代表债券持有人查询债券持有人名册及相关登记信息、专项账户中募集资金的存储与划转情况。证券登记结算机构应当予以配合。

第六十二条　发行公司债券，应当在债券募集说明书中约定债券持有人会议规则。

债券持有人会议规则应当公平、合理。债券持有人会议规则应当明确债券持有人通过债券持有人会议行使权利的范围，债券持有人会议的召集、通知、决策生效条件与决策程序、决策效力范围和其他重要事项。债券持有人会议按照本办法的规定及会议规则的程序要求所形成的决议对全体债券持有人有约束力，债券持有人会议规则另有约定的除外。

第六十三条　存在下列情形的，债券受托管理人应当按规定或约定召集债券持有人会议：

（一）拟变更债券募集说明书的约定；

（二）拟修改债券持有人会议规则；

（三）拟变更债券受托管理人或受托管理协议的主要内容；

（四）发行人不能按期支付本息；

（五）发行人减资、合并等可能导致偿债能力发生重大不利变化，需要决定或者授权采取相应措施；

（六）发行人分立、被托管、解散、申请破产或者依法进入破产程序；

（七）保证人、担保物或者其他偿债保障措施发生重大变化；

（八）发行人、单独或合计持有本期债券总额百分之十以上的债券持有人书面提议召开；

（九）发行人管理层不能正常履行职责，导致发行人债务清偿能力面临严重不确定性；

（十）发行人提出债务重组方案的；

（十一）发生其他对债券持有人权益有重大影响的事项。

在债券受托管理人应当召集而未召集债券持有人会议时，单独或合计持有本期债券总额百分之十以上的债券持有人有权自行召集债券持有人会议。

第六十四条　发行人可采取内外部增信机制、偿债保障措施，提高偿债能力，控制公司债券风险。内外部增信机制、偿债保障措施包括但不限于下列方式：

（一）第三方担保；

（二）商业保险；

（三）资产抵押、质押担保；

（四）限制发行人债务及对外担保规模；

（五）限制发行人对外投资规模；

（六）限制发行人向第三方出售或抵押主要资产；

（七）设置债券回售条款。

公司债券增信机构可以成为中国证券业协会会员。

第六十五条　发行人应当在债券募集说明书中约定构成债券违约的情形、违约责任及其承担方式以及公司债券发生违约后的诉讼、仲裁或其他争议解决机制。

第八章　监督管理和法律责任

第六十六条　中国证监会建立对证券交易场所公司债券业务监管工作的监督机制，持续关注证券交易场所发行审核、发行承销过程及其他公司债券业务监管情况，并开展定期或不定期检查。中国证监会在检查和抽查过程中发现问题的，证券交易场所应当整改。

证券交易场所应当建立定期报告制度，及时总结公司债券发行审核、发行承销过程及其他公司债券业务监管工作情况，并报告中国证监会。

第六十七条 证券交易场所公司债券发行上市审核工作违反本办法规定，有下列情形之一的，由中国证监会责令改正；情节严重的，追究直接责任人员相关责任：

（一）未按审核标准开展公司债券发行上市审核工作；

（二）未按程序开展公司债券发行上市审核工作；

（三）不配合中国证监会对发行上市审核工作、发行承销过程及其他公司债券业务监管工作的检查、抽查，或者不按中国证监会的整改要求进行整改。

第六十八条 中国证监会及其派出机构可以依法对发行人以及相关主承销商、受托管理人、证券服务机构等开展检查，检查对象及其工作人员应当配合，保证提供的有关文件和资料真实、准确、完整、及时，不得拒绝、阻碍和隐瞒。

第六十九条 违反法律法规及本办法等规定的，中国证监会可以对相关机构和人员采取责令改正、监管谈话、出具警示函、责令公开说明、责令定期报告等相关监管措施；依法应予行政处罚的，依照《证券法》《行政处罚法》等法律法规和中国证监会的有关规定进行处罚；涉嫌犯罪的，依法移送司法机关，追究其刑事责任。

第七十条 非公开发行公司债券，发行人及其他信息披露义务人披露的信息存在虚假记载、误导性陈述或者重大遗漏的，中国证监会可以对发行人、其他信息披露义务人及其直接负责的主管人员和其他直接责任人员采取本办法第六十九条规定的相关监管措施；情节严重的，依照《证券法》第一百九十七条予以处罚。

第七十一条 非公开发行公司债券，发行人违反本办法第十三条规定的，中国证监会可以对发行人及其直接负责的主管人员和其他直接责任人员采取本办法第六十九条规定的相关监管措施；情节严重的，处以警告、罚款。

第七十二条 除中国证监会另有规定外，承销或自行销售非公开发行公司债券未按规定进行报备的，中国证监会可以对承销机构及其直接负责的主管人员和其他直接责任人员采取本办法第六十九条规定的相关监管措施；情节严重的，处以警告、罚款。

第七十三条　承销机构在承销公司债券过程中，有下列行为之一的，中国证监会依照《证券法》第一百八十四条予以处罚。

（一）未勤勉尽责，违反本办法第四十一条规定的行为；

（二）以不正当竞争手段招揽承销业务；

（三）从事本办法第四十五条规定禁止的行为；

（四）从事本办法第四十七条规定禁止的行为；

（五）未按本办法及相关规定要求披露有关文件；

（六）未按照事先披露的原则和方式配售公司债券，或其他未依照披露文件实施的行为；

（七）未按照本办法及相关规定要求保留推介、定价、配售等承销过程中相关资料；

（八）其他违反承销业务规定的行为。

第七十四条　发行人及其控股股东、实际控制人、债券受托管理人等违反本办法规定，损害债券持有人权益的，中国证监会可以对发行人、发行人的控股股东和实际控制人、受托管理人及其直接负责的主管人员和其他直接责任人员采取本办法第六十九条规定的相关监管措施；情节严重的，处以警告、罚款。

第七十五条　发行人及其控股股东、实际控制人、董事、监事、高级管理人员违反本办法第五条第二款的规定，严重损害债券持有人权益的，中国证监会可以依法限制其市场融资等活动，并将其有关信息纳入证券期货市场诚信档案数据库。

第九章　附　　则

第七十六条　发行公司债券并在证券交易场所交易或转让的，应当由中国证券登记结算有限责任公司依法集中统一办理登记结算业务。非公开发行公司债券并在证券公司柜台转让的，可以由中国证券登记结算有限责任公司或者其他依法从事证券登记、结算业务的机构办理。

第七十七条　发行公司债券，应当符合地方政府性债务管理的相关规定，不得新增政府债务。

第七十八条　证券公司和其他金融机构次级债券的发行、交易或转让，适用本办法。境外注册公司在中国证监会监管的证券交易场所的债券发行、交易或转让，参照适用本办法。

第七十九条　本办法所称证券自律组织包括证券交易所、全国中小企业股份转让系统、中国证券登记结算有限责任公司、中国证券业协会以及中国证监会认定的其他自律组织。

本办法所称证券交易场所包括证券交易所、全国中小企业股份转让系统。

第八十条　本办法自公布之日起施行。2021年2月26日发布的《公司债券发行与交易管理办法》（证监会令第180号）同时废止。

企业档案管理规定

(2023年8月8日国家档案局令第21号公布 自2023年10月1日起施行)

目 录

第一章 总 则
第二章 机构和人员
第三章 设施设备
第四章 文件材料的形成、收集、整理与归档
第五章 档案的保管、保护、鉴定与处置
第六章 档案的利用、开发、统计与移交
第七章 档案信息化建设
第八章 监督管理
第九章 奖励与处罚
第十章 附 则

第一章 总 则

第一条 为加强企业档案工作，推进企业档案科学、规范管理，服务企业各项工作，服务中国特色社会主义事业，根据《中华人民共和国档案法》等法律法规，制定本规定。

第二条 本规定所称企业档案，是指企业在研发、建设、生产、经营和服务等活动中直接形成的对国家、社会和企业具有保存价值的各种文字、图表、声像等不同形式的历史记录。

第三条 中华人民共和国境内设立的按照规定应当形成档案的企业开展档案收集、整理、保管、利用及监督管理等活动适用本规定。

第四条　企业档案工作是企业履行档案管理职责的行为和活动，是企业不可缺少的基础性、支撑性工作，是国家档案事业的重要组成部分，是维护企业和职工合法权益、服务党和国家工作大局的一项重要工作。

第五条　坚持中国共产党对企业档案工作的领导。企业应当加强对档案工作的组织领导，建立健全档案工作责任制，将档案工作纳入企业整体规划、年度工作计划和考核体系，与业务工作同步部署、同步实施、同步发展。

档案工作经费应当列入企业年度财务预算，为档案工作提供保障。

第六条　企业档案工作实行统一领导、分级管理的原则，维护档案完整与安全，便于开发利用。

国家档案主管部门负责全国企业档案工作的统筹规划和组织协调，建立统一制度，对中央企业（包括国务院国有资产监督管理委员会监管中央企业、中央金融企业、中央所属文化企业等，下同）档案工作实行监督和指导。县级以上地方档案主管部门在职责范围内对本区域企业档案工作实行监督和指导。各级各类开发区管理机构档案部门对本区域企业档案工作实行监督和指导。

中央和地方专业主管部门对所属企业（包括上市公司、境外企业等，下同）档案工作实行监督和指导。企业应当按照资产归属关系对所属单位档案工作实行监督和指导。

国有企业应当按照业务监督和指导关系向档案主管部门或母公司（投资主体）报送企业年度档案工作情况。中央企业总部制定的档案管理制度应当报国家档案主管部门备案。

第七条　企业委托档案服务时，应当按照合法、安全、可控的原则选择依法设立的具备相应资质和服务能力的受托方，签订委托协议，约定服务范围、质量和技术标准等内容，并对受托方进行监督，保证服务质量，确保档案安全。

第二章　机构和人员

第八条　企业应当根据规模和管理模式设置档案部门（机构）或者确定负责档案工作的部门（机构），配备与企业规模相适应的专职档案工作人员，满足档案保管利用和业务监督指导的需要。其中档案保管利用人员数量可以根据馆（室）藏档案数量及年度档案增量等确定，档案业务监督指导人员数量可以根据内设部门数量、所属单位数量、项目数量等确定。

中央企业、地方国有大型企业应当在总部设立负责档案工作的职能部门。企业可以根据需要按照规定设立档案馆。

第九条　企业应当确定分管档案工作负责人、档案部门负责人。企业可以根据需要设置档案专业负责人（档案总监），履行建立档案工作体系、审核专业技术标准、组织实施专项工作、服务主营业务等职责。

第十条　企业档案部门履行下列职责：

（一）贯彻执行党和国家有关档案工作法律法规和方针政策，制定档案管理制度和业务标准规范；

（二）组织制定并实施本企业档案工作中长期发展规划、年度计划；

（三）监督和指导各部门文件材料的形成、积累、鉴定、整理及归档工作；

（四）负责档案的收集、整理、保管、保护、鉴定、处置、利用、开发、统计等工作，并按照规定移交档案；

（五）组织协调建设项目、科研项目、产品（业务）等档案验收工作；

（六）监督和指导所属单位的档案工作；

（七）组织实施档案信息化工作；

（八）组织开展档案科学研究、技术创新、宣传培训和业务交流等活动。

第十一条　企业各部门（含项目，下同）应当确定档案工作负责人，配备专（兼）职档案工作人员。

第十二条　企业各部门负责本部门文件材料的形成、积累、鉴定、整理、归档，确保其真实、完整、准确。

第十三条　企业应当加强档案工作人才培养和队伍建设，提高档案工作人员业务素质，为其评聘职称创造条件。

档案工作人员应当忠于职守、遵纪守法，具备相应的专业知识与技能。

第十四条　档案工作人员调离岗位或退休的，应当在离岗前办好交接手续。涉密档案工作人员的调离应当按照国家有关保密法律法规执行。

第三章 设施设备

第十五条 企业应当分别设置档案办公用房、阅览用房和档案库房,可以根据需要设置展览(陈列)室、服务器机房、档案接收、整理、修复、消毒、数字化、缩微、安全监控等用房(以下统称业务和技术用房)。

档案库房应当根据载体类型分别设置,不具备条件的应当根据载体类型分区设置。

第十六条 档案办公用房、业务和技术用房等面积应当满足业务开展需要。

阅览用房面积应当满足不同载体类型档案阅览需求,适应涉密与非涉密档案分区阅览的需要。

档案库房面积应当满足企业档案法定存放年限需要,新建档案库房面积应当满足未来至少10年档案存放需要。

第十七条 档案阅览用房、库房、业务和技术用房选址应当利于档案保护,远离易燃、易爆物品和污染源,宜符合《档案馆建筑设计规范》(JGJ 25)规定。

档案库房如无特殊保护,一般不宜设置在地下或顶层,地处湿润地区的还不宜设置在首层。档案库房不得毗邻水房、食堂(厨房)、变配电室、锅炉房、车库等存在安全隐患的场所。

第十八条 档案阅览用房、库房、业务和技术用房建筑设计宜符合《档案馆建筑设计规范》(JGJ 25)规定。

档案库房内不得设置其他用房和明火设施,不应设置除消防以外的给水点,其他给水排水管道不应穿越库房。

第十九条 档案阅览用房、业务和技术用房应当安装视频监控等设施设备。

档案库房应当安装防盗门窗、视频监控、防光窗帘等设施设备,可以选择智能门禁识别、自动报警、出入口控制、电子巡查等安全防范系统。

第二十条 档案办公用房、阅览用房、业务和技术用房均应当配备消防设施并按照规定通过验收。

档案库房应当配备消防系统和火灾自动报警设备。根据档案重要程度和载体类型的不同，选择采用洁净气体、高压细水雾等灭火效率高且对档案无二次损害的灭火设备。

第二十一条 档案库房应当根据需要配备符合国家规定的档案装具，可以参照《档案装具》（DA/T 6）、《直列式档案密集架》（DA/T 7）、《档案密集架智能管理系统技术要求》（DA/T 65）等。

档案库房配备的装具应当与档案库楼面均布活荷载标准值相匹配。档案库楼面均布活荷载标准值不应小于 5kN/m2，采用密集架时不应小于 12kN/m2。

第二十二条 档案库房应当配备温湿度监测调控系统。档案库房不宜采用水、汽为热媒的采暖系统，确需采用时，应当采取有效措施，严防漏水、漏汽，且采暖系统不应有过热现象。

保存重要档案或具备条件的，可以配置恒温恒湿、通风换气、空气净化等设备。

第二十三条 企业应当按照档案信息化要求，建设、配备能够满足库房现代化管理、档案数字化、电子档案管理需求的设施设备，具体应当符合本规定第七章要求。

第二十四条 形成档案数量较少的企业，应当配备满足安防、消防、温湿度调控和信息化工作基本需求的设施设备。

第四章　文件材料的形成、收集、整理与归档

第二十五条 企业档案部门或者档案工作人员应当参加产品鉴定、科研课题成果审定、项目验收、设备开箱验收等活动，对文件材料的形成、收集、整理与归档进行指导。

企业下达项目计划任务应当同时提出项目文件材料的归档要求；检查项目计划进度应当同时检查项目文件材料积累情况；验收、鉴定项目成果应当同时验收、鉴定项目文件材料归档情况；项目总结应当同时做好项目文件材料归档交接。

第二十六条 企业形成的文件材料应当使用耐久、可靠、满足长期保存

要求的记录载体和方式。归档文件材料应当真实、完整、准确，签字及盖章手续完备。

归档的文件材料应当为原件，以复制件归档的应当注明原因及原件存放处。

第二十七条 企业应当按照《中华人民共和国档案法》《企业文件材料归档范围和档案保管期限规定》（国家档案局令第 10 号）和国家及行业相关规定，确定本企业的文件材料归档范围。

第二十八条 企业应当编制本企业各类文件材料归档范围和档案保管期限表，并按资产归属关系指导所属单位根据有关规定规范各类文件材料归档范围和档案保管期限表的编制并审批所属单位的文件材料归档范围和档案保管期限表。企业档案保管期限分为永久和定期，定期一般分为 30 年和 10 年。

中央企业总部的文件材料归档范围和管理类档案保管期限表，报国家档案主管部门同意后执行。

地方国有企业总部编制的文件材料归档范围和管理类档案保管期限表，报同级档案主管部门同意后执行。

第二十九条 企业应当制定统一的档案分类方案。不同门类、形式的档案分类方法应当协调呼应，便于档案的统一管理和利用。分类方案一经确定，应当保持一致，不得随意变动。

第三十条 归档文件材料整理应当遵循文件的形成规律，保持文件之间的有机联系，便于保管和利用。整理方法可以参照《文书档案案卷格式》（GB/T 9705）、《归档文件整理规则》（DA/T 22）、《科学技术档案案卷构成的一般要求》（GB/T 11822）、《照片档案管理规范》（GB/T 11821）、《数码照片归档与管理规范》（DA/T 50）、《录音录像档案管理规范》（DA/T 78）、《会计档案案卷格式》（DA/T 39）等。

第三十一条 企业档案应当逐卷或逐件编制档号。档号应当指代单一，体现档案来源、档案门类、整理分类体系和排列顺序等基本属性。档号编制方法可以参照《档号编制规则》（DA/T 13）、《归档文件整理规则》（DA/T 22）等。

第三十二条 企业撤销部门的未归档文件材料应当明确归档部门和责任人，在部门撤销后 1 个月内归档，尚未完成的项目（业务）文件材料应当及时移交项目（业务）承接部门按要求归档。

企业人员岗位变动时，应当将待归档文件材料交由接任者按要求归档。

第三十三条 多个企业联合召开的会议、联合研制的产品、联合建设或研究的项目、联合行文所形成的文件材料，原件由主办企业归档，其他企业将相应的复制件或其他形式的副本归档。有其他规定（约定）的从其规定（约定）。

第三十四条 企业文件材料应当经形成部门整理后归档，归档时间可以参照《企业档案工作规范》（DA/T 42）。

企业文件材料归档后，应当按照规定及时向档案部门移交。移交前，形成部门应当编制交接清单，内容包括待移交档案题名、年度、卷（件）号、页数、保管期限、密级等。移交时，交接双方应当按照交接清单所列内容逐项查验，核对无误后交接双方的经办人、负责人在交接清单上签名（盖章）。交接清单一式两份、永久保存。

任何部门或人员不得将应归档文件材料据为己有或者拒绝归档。

第三十五条 需要进行验收（审查或绩效评价）的建设、科研、产品（业务）等项目，还应当按照规定进行档案验收（审查或绩效评价）。

第三十六条 企业可以按照规定通过接受捐献、购买、代存、交换等方式收集档案。

第五章 档案的保管、保护、鉴定与处置

第三十七条 企业应当按全宗管理档案，建立并定期完善全宗卷。全宗卷的编制要求可以参照《全宗卷规范》（DA/T 12）。

第三十八条 企业应当根据档案载体的不同要求对档案进行保管和保护，确保档案实体和信息安全。

企业应当制定档案备份方案，根据档案内容的重要程度分级分类实施异地、异质备份。档案备份应当定期开展，至少每年备份一次。

企业应当制定档案管理应急预案并定期组织演练，做好应急准备，提升应急能力。

第三十九条 企业应当做好档案防火、防盗、防紫外线、防有害生物、

防水、防潮、防尘、防高温、防有害气体等工作。

档案库房温湿度要求应当根据档案的重要性和载体等因素确定，宜符合《档案馆建筑设计规范》（JGJ 25）、《电子文件归档与电子档案管理规范》（GB/T 18894）、《磁性载体档案管理与保护规范》（DA/T 15）规定。

档案库房应当保持安全出口、疏散通道畅通，不得存放与档案保管、保护无关的物品。

第四十条　企业档案人员应当监测和记录库房温湿度，根据需要采取调节措施；定期检查维护档案库房设施设备，确保正常运转；定期清扫除尘，保持库房干净整洁；定期检查档案保管情况，发现问题应当及时处理，并建立检查和处理情况台账；记录人员、档案进出库房情况。

档案库房视频监控记录应当至少保存6个月。

第四十一条　企业档案部门应当建立档案台账，定期组织人员对档案数量进行清点，做到账物相符。

第四十二条　档案入库前一般应去污、消毒。

受损、易损的档案应当及时进行修复、复制或做相应技术处理。档案修复应当保持档案内容的完整，维护档案的原貌。档案修复前应当做好登记和检查工作，必要时进行复制备份，并作修复说明。

第四十三条　企业应当定期对已达到保管期限的档案进行鉴定处置。

鉴定工作由企业档案部门牵头、相关部门参加，必要时可邀请相关领域专家参与。鉴定工作结束后，应当形成鉴定意见。鉴定意见应当由企业法定代表人或其授权人（分管档案工作的负责人）、档案部门负责人和相关部门负责人组成的企业档案鉴定委员会（小组）审批。

对仍需继续保存的档案，应当重新划定保管期限并做出标注；对确无保存价值档案，按照规定予以销毁。

第四十四条　销毁档案按照以下程序办理：

（一）企业档案部门编制档案销毁清册，列明拟销毁档案的档号、文号、责任者、题名、形成时间、应保管期限、已保管期限和拟销毁时间等内容，报企业档案鉴定委员会（小组）审批；

（二）企业档案鉴定委员会（小组）在档案销毁清册上签署意见；

（三）企业档案部门组织档案销毁工作，并与相关业务部门共同派员监销。档案销毁前，监销人应当按照档案销毁清册所列内容进行清点核对，确认无误后档案部门做好档案出库记录；档案销毁后，监销人应当在档案销毁清册上签名、盖章。档案销毁清册永久保存。

档案销毁应当在指定场所进行。

电子档案和传统载体档案数字化成果的销毁还应当符合本规定第六十六条要求。

涉密档案的销毁应当符合《国家秘密载体销毁管理规定》。

第四十五条　企业发生资产与产权变动的，应当按照业务监督指导关系及时向相应档案主管部门或母公司（投资主体）报告有关情况。国有企业按照《国有企业资产与产权变动档案处置办法》（国家档案局令第17号）开展档案处置工作。

第六章　档案的利用、开发、统计与移交

第四十六条　企业应当积极开展档案利用工作，建立健全档案利用制度，根据档案的密级、内容和利用方式，规定不同的利用权限、范围和审批手续。

企业提供利用档案时，不得损害国家安全和利益，不得侵犯他人的合法权益。

第四十七条　利用企业档案应当严格执行利用制度，履行档案查阅、复制、借出审批和登记手续。通过网络方式提供利用时，应当采取身份认证、权限控制等安全措施。

企业档案一般不得对外借出，确因工作需要且根据国家有关规定必须借出的，应当严格按照规定办理相关手续。利用者应当妥善保管和利用借阅的档案，严禁篡改和损坏，确保档案的安全完整，并在规定时间内归还。

企业人员办理退休或离岗手续时，应当经由档案部门确认已归还借阅的档案。

第四十八条　档案部门应当编制检索工具，满足手工检索和计算机检索需要。

档案工作人员应当进行档案利用效果登记，对利用活动及时跟踪和监督。

第四十九条　企业应当积极推进档案信息开发工作，采取编制专题汇编、

大事记、组织沿革、项目（工程）简介、企业史志等，以及举办陈列展览、拍摄专题片、建设档案专题数据库等多种形式，发挥档案价值。

企业应当加强对突发事件应对管理活动相关档案的研究整理和开发利用，为突发事件应对管理提供文献参考和决策支持。

企业宜围绕重大活动、重点工作和重要历史节点开展档案编研。

第五十条 企业应当做好档案统计工作，对所保管档案情况、年度档案及人员出入库情况、档案设施设备情况、档案利用情况、档案交接情况、档案鉴定处置情况、档案信息化建设情况、档案人员情况、档案委托服务情况等定期统计、建立台账，并按照《全国档案事业统计调查制度》填写报送统计报表。

第五十一条 企业应当按照国家有关规定，定期向档案馆移交档案。

企业移交档案后需要利用的，接收档案的档案馆应当提供便利。

第五十二条 企业向档案馆移交档案时，应当按照相关规定标注档案密级变更情况，并附具档案开放审核意见。

对已移交进馆的档案，企业应当按照国家有关规定配合档案馆做好档案降解密和开放审核工作。

第七章 档案信息化建设

第五十三条 企业应当加强档案信息化建设，将档案信息化纳入企业信息化总体规划。具备条件的企业宜建设数字档案馆（室）。

第五十四条 企业应当配置满足档案数字资源管理需要的网络设施、服务器及存储设备、基础软件、安全保障系统、终端及辅助设备等。

第五十五条 企业电子档案管理信息系统应当符合国家安全保密要求，具备收集、整理、保存、利用、鉴定与处置、统计、格式转换、审计、备份、系统管理等基本功能，并与企业其他信息系统相互衔接，规范运行、定期维护。具体可以参照《档案信息系统运行维护规范》（DA/T 56）。

第五十六条 企业应当充分考虑办公自动化系统、产品数据（业务）管理系统、企业资源计划系统、会计核算系统、电子邮件系统、门户网站、社交媒体等信息系统中电子文件的归档需求，选择适宜的电子文件格式，捕获相应的元数据，完备归档接口，按照要求完成（进行）电子文件归档。

第五十七条 企业各信息系统批量和零散形成的、以及外部接收的属于归档范围的电子文件，均应当归档，并采取有效措施确保电子文件真实、完整、可用、安全。电子文件元数据应与电子文件一并归档。

第五十八条 电子文件归档时间应当与其他载体文件归档时间相协调，一般不晚于同批次其他载体文件归档时间。无其他载体的电子文件可以在办理完毕后实时归档。

第五十九条 电子文件的归档格式应当符合格式开放、不绑定软硬件、文件自包含、可转换等长期保存要求。不符合长期保存要求的，应当转换为符合要求的归档格式或将专用软件一并归档。

第六十条 电子文件与传统载体文件并存的，应当在电子档案管理信息系统内将二者建立关联。

电子文件整理应当按照本规定第三十、三十一条执行，具体可以参照《电子文件归档与电子档案管理规范》（GB/T 18894）。

第六十一条 电子档案管理应当实施全方位的安全与保密措施，确保电子档案安全。

第六十二条 企业电子档案应当根据国家有关规定，按照《电子档案移交与接收办法》的信息组织方式实施在线和离线存储，重要档案应当离线存储、一式三套。

第六十三条 企业应当制定电子档案管理信息系统备份策略，实施电子档案管理信息系统备份管理。

第六十四条 企业应当定期对电子档案的真实性、完整性、可用性、安全性进行检测，对存在问题或风险的电子档案及时进行迁移或采用经过评估的其他技术延长其可用时间。

电子档案迁移应当按照确认需求、评估风险、制定实施方案、测试与实施、评估与结果报告的步骤进行，确保过程可控。迁移活动应当在电子档案管理过程元数据中记录。

电子档案迁移后，根据本企业实际，对迁移前的电子档案进行销毁或留存。

第六十五条 企业应当积极开展传统载体档案数字化工作，保证数字化过程规范安全。具体可以参照《纸质档案数字化规范》（DA/T 31）、《录音录像档案数字化规范》（DA/T 62）等。

第六十六条　销毁电子档案和传统载体档案数字化成果，应当确保在线存储设备、容灾备份系统、离线存储介质中均不可识读。

第六十七条　来源可靠、程序规范、要素合规的电子档案与传统载体档案具有同等效力，可仅以电子形式作为凭证使用。

第八章　监督管理

第六十八条　企业应当接受并配合档案主管部门依法组织开展的档案检查，检查内容包括：档案工作责任制和管理制度落实情况；档案库房、设施、设备配置使用情况；档案工作人员管理情况；档案收集、整理、保管、提供利用等情况；档案信息化建设和信息安全保障情况；对所属单位等的档案工作监督和指导情况。

第六十九条　企业发现存在档案安全隐患的，应当及时采取措施，消除档案安全隐患。发生档案损毁、信息泄露等情形的，应当及时向档案主管部门报告。

有下列情形之一的，应当视为存在档案安全隐患：

（一）档案库房选址、设计、建设不规范，库房面积严重不足的；

（二）缺乏必要的设施、设备，或者设施、设备老化、性能不符合要求，存在档案保管安全隐患的；

（三）档案资源未集中统一管理，面临散失、损毁危险的；

（四）电子档案管理信息系统或者功能模块不符合安全保护要求，关键功能缺失，无法确保电子档案来源可靠、程序规范、要素合规的；

（五）对电子档案的接收、存储、备份不规范，无法确保电子档案长期有效的；

（六）档案开放审核、利用程序不规范，致使开放、利用的档案内容存在安全风险的；

（七）委托档案服务不符合规定的；

（八）存在其他严重危及档案实体和信息安全的。

第七十条 档案主管部门发现企业存在档案安全隐患的，应当责令限期整改，消除档案安全隐患。

第七十一条 国有企业应当按照资产归属关系定期对所属单位的档案工作开展检查考核。检查考核时应当制定计划、明确标准、完善过程记录、反馈结果、督促问题归零，确保检查考核工作形成闭环。

第七十二条 企业任何单位和个人有权向档案主管部门和有关机关举报企业档案违法行为。

接到举报的档案主管部门或者有关机关应当及时依法处理。

第九章 奖励与处罚

第七十三条 有下列情形之一的，档案主管部门和企业应当根据实际情况进行表彰奖励：

（一）档案收集、整理、移交成绩显著的；
（二）档案保管、保护和现代化管理成绩显著的；
（三）档案开发利用、宣传、教育取得突出效果的；
（四）在档案学理论研究、档案科研方面做出重要贡献的；
（五）在重大活动、突发事件应对管理档案工作和档案应急处置中表现突出的；
（六）同违反档案法律、法规的行为作斗争，表现突出的。

第七十四条 对违反本规定的企业或个人，根据《中华人民共和国档案法》等法律法规予以处理。

第十章 附 则

第七十五条 各省、自治区、直辖市档案主管部门可以根据本规定制定实施细则。

第七十六条 科技事业单位可以参照本规定执行。

第七十七条 本规定由国家档案局负责解释，自 2023 年 10 月 1 日起施行。国家档案局 2002 年 7 月 22 日发布的《企业档案管理规定》同时废止。

图书在版编目（CIP）数据

公司法及司法解释、相关规定与典型案例指引／中国法制出版社编．—北京：中国法制出版社，2024.3
ISBN 978-7-5216-4112-7

Ⅰ．①公⋯ Ⅱ．①中⋯ Ⅲ．①公司法-法律解释-中国 Ⅳ．①D922.291.915

中国国家版本馆 CIP 数据核字（2024）第 032610 号

责任编辑：马春芳　　　　　　　　　　　　　　封面设计：蒋　怡

公司法及司法解释、相关规定与典型案例指引
GONGSIFA JI SIFA JIESHI、XIANGGUAN GUIDING YU DIANXING ANLI ZHIYIN

编者/中国法制出版社
经销/新华书店
印刷/三河市紫恒印装有限公司
开本/787 毫米×1092 毫米　16 开　　　　　　印张/ 18.75　字数/ 222 千
版次/2024 年 3 月第 1 版　　　　　　　　　　2024 年 3 月第 1 次印刷

中国法制出版社出版
书号 ISBN 978-7-5216-4112-7　　　　　　　　　　　定价：49.80 元

北京市西城区西便门西里甲 16 号西便门办公区
邮政编码：100053　　　　　　　　　　　　　　传真：010-63141600
网址：http://www.zgfzs.com　　　　　　　　编辑部电话：010-63141822
市场营销部电话：010-63141612　　　　　　　印务部电话：010-63141606

（如有印装质量问题，请与本社印务部联系。）